山をはしる

1200日間山伏の旅

井賀 孝

ブックデザイン　落合慶紀（ガレージ）

いつも自分を磨いておけ。
あなたは世界を見るための窓なのだ。

バーナード・ショー

プロローグ　役行者とおかん

ぶをーん、ぶをーん……。

法螺貝の音が山に鳴り響く。

ここは、奈良は吉野から、遠く和歌山の熊野にまで1500メートル級の山々が南北にわたって連なる、紀伊半島の背骨、大峯山《おおみねさん》。一度山深く入ってしまえば容易に出ることはできない、山また山の異界。

その景色は千三百年前から変わることはない。

今年もまた奥駈《おくがけ》の季節がやってきた。

そう、金峯山寺《きんぷせんじ》別格本山東南院《とうなんいん》主催による大峯奥駈修行のことだ。

＊

1970年7月21日、俺は和歌山県和歌山市園部に生まれた。

作家有吉佐和子の代表作『紀ノ川』。その紀ノ川の幅もだいぶ広くなった河口近く、北面に位置するべつになんてことのない地方都市、そんな郊外の住宅地だ。小学校入学まで育った家は、山の斜面を削ってならし更地にして造成された、よく「〇〇ニュータウン」などと称されるような地域の一軒家やった。

親父は大阪の住之江に勤務するサラリーマンで、おかんは俺が小学校にあがるまでは専業主婦、その後は家で商売をしながら、ひとり息子の俺を育ててくれた。商売を始めたのは、俺の小学校入学を機に店舗付きの住まいに引っ越したためだ。はっきりとは覚えてないが、もしかしたら1学期の途中やったかもしれない。引っ越しといっても、もとの家から歩いていける距離やったし、転校するわけでもなく、友達と別れるわけでもないから別段さみしいとは感じなかった。むしろ家は新しいし、自分の部屋ももらえたから、嬉しいぐらいやったかもしれない。

新しい家は、もといた山の中腹斜面の家から、子どもの足で15分くらい下った平地にあった。主要な県道に近く、ちらほら店などもあり、そのあたり一帯が開けはじめていた時期だったので商売を始めるにはちょうど良かったんやろう。1階が店で2階が住まい。左隣が酒屋で右隣は……（なんやったか、パーマ屋やったかなあ）、あんまり覚えてない。

お好み焼き屋に花屋、散髪屋、居酒屋、駄菓子屋と、ジーンズショップみたいなのもあった気がする。とにかく似たような形の店舗付き住まいが10～20軒、道沿いに並んでいた。

で、うちはなんやったかというと、はじめは「ピジョン」という名のプラモデル屋、次にクリーニング屋、そして最後がタバコ屋やった。自分ちが商売してるいうのは、子ども心にどこか嫌やった。なんか格好悪いみたいな感覚があったんやと思う。てがわれたり、いじめられたりしたんやろか。まあ、でもそんな感覚も小学校までで、中学高校ともなればまったく気にならへんようになった。

ひとつ嬉しかったのは、ガンプラが人より早く手に入ったことだ。俺らの世代が小学生だった頃といえば、なんといってもガンダムが一世を風靡していた。ガンダムのプラモデル、通称ガンプラがえらい流行《はや》って、どこのおもちゃ屋さんも入荷待ち、仮に入っても買えるのはひとり何個までとかというような制限付きで、買いだめは許されない状況やった。そんな中、さすがに俺は入荷したら好きなのを1個か2個先に優先的に選ばせてもろてた。

最初おかんは勤めに出ようかとも思ったらしいが、幼稚園児の俺が近くの文房具屋で万引きをしたのを機に、家を空ける仕事はあきらめたらしい。この子は近くで見てやんといかん、と思ったんやろう。

当時の家の周りは、住宅地とはいえ田んぼや畑、空き地などがまだまだいっぱい残されていて、魚釣りや虫捕り、野球にサッカー、基地づくり、探検ごっこと遊びには事欠かなかった。その中でもとくに好きやったのは、近くの鳴滝川上流での渓流釣りやカブトムシなどの虫捕り、あとは汚いドブや用水路でのザリガニ捕りだ。スルメをエサにしたザリガニ釣りもようやった。

学校帰りにはイチゴ畑に侵入して、匍匐《ほふく》前進で進み、イチゴを盗んでは食べ、神社の境内の竹やぶに侵入しては生えてるタケノコを引き抜いて持ち帰り、おかんにタケノコご飯にしてもらう。いま思えば食文化のほうもなかなかに豊かやった。山に生えている栗の木に登って枝にぶらさがり、体重をかけてゆらゆらしてはイガ栗を落とし、割って中から栗を取り出す。それで栗ご飯をつくってもらったこともある。おかんも俺がそうやってタケノコや栗を持って帰ってくるのを喜んでいたような気がする。

そういった山遊び、川遊びのほとんどはランドセルを持ったままの学校帰りのコースで、家に帰るまでが遊びやった。ド田舎でもなく都会でもない、ちょうどええくらいに山あり川ありの「里山」という感じやった。

多少やんちゃではあったものの、警察のご厄介になるほどの悪さをするでもなく、まあいわゆる普通の田舎の子どもとして、山や川でよく遊び、小学校、中学校と過ごした。


大学進学で上京し、卒業後、24の夏に写真を始めた。もっとも当初意識していたのは、写真よりも、むしろペンのほうだった。

「ペン一本で世界を変える。変えられるはずや！」

ジャーナリストになったる、それしかないと思っていた。まあ、青かったのだ。しかし、たとえ新聞記者になれたとしても、それぞれの新聞社にはそれぞれ独自の色があるわけで、書きたいものを自由に書けるわけでもない――なりもしないうちから、そんなことには次第に気づいていった。どっちにしても、若さゆえの頭でっかちというやつだ。

だったらペンやなく、カメラやったらどうだろう。フォトジャーナリストだったら……。生まれてこのかた、自分でちゃんとした写真など撮ったこともない世代だ。写真を撮るのは何かの記念や、記録として残す必要があるとき。今のように気軽に撮れるケータイもなければデジカメもない。〝撮る〟という行為がまだまだ特別なことだった。

とはいえ、やってみなきゃ分からんと、とりあえずカメラを買ってみることにした。キヤノンのEOS5だった。いじればいじるほど、撮れば撮るほど、写真の特性に惹《ひ》かれていった。写真は速い。シャッターを押せばとりあえず写る。出来上がる。作品になってしまう。そのスピード感と、〝行って写す。行かないと写せない〟というシンプルな原理原則、現場主義感が自分に合ってると思った。

首からカメラ一台ぶらさげて〝そこ〟に行けば、あと必要なのは人間力と行動力だから、個人でもできる。もちろん大手出版社や新聞社の看板をしょってるほうがやりやすいことは事実やろうが、個人でもある程度勝負できる。映画はひとりではどうにもできへんし、小説だと日数がかかる。もちろん写真にも日数はかかるし、逆に大勢でやったほうがより充実感を得られることもある。後にそれを実感することもあったが、この時点ではまだまだ知る由もない。

最初は、カメラの使い方や写真の写し方を学ぶために、肉体労働のバイトをして金を稼いでいた。今となってはこれまた興味深い、建築現場で資材を揚げる「荷揚げ屋」という仕事だ。それ以外の時間に、身近なもの、友人や路地裏などを夢中で撮った。

しかし次第にそれにも行き詰まり、写真での自分探しが始まる。

(いったい俺は何者で、何が撮りたいんやろ)

答えが見つかるかどうかなんて分からなかったけれど、このまま東京にいても埒《らち》があかんと思い、最後のチャンスのつもりでニューヨークに行くことにした。1997年のことだ。写真を始めてから3年が経過していた。

前に旅行で訪れたとき、マンハッタンのビル群と人種の多様さに圧倒され、その印象が強く残っていた。「最後のチャンス」「作品撮り」といえばかっこええけど、まあ一種の現実逃避やったかもしれない。卒業した大学がアメリカの大学の日本校で、一応授業はすべて英語で受けていたこともあり、英語力アップにもなるやろという感じだった。

ニューヨークでの最初の1ヶ月間は、見るものすべてが新鮮でシャッターを押しまくった。でも結局やはり行き詰まる。単に場所を東京からニューヨークへ移してみたところで、それは解決することではなかった。

(いったい俺は何者で、何が撮りたいんやろ)

ニューヨークにはそれこそ世界中から写真家やデザイナー、アーティストの卵たちがわんさかと集まってきている。俺がその場所で撮る意味は1ミリもなかった。そんな鬱屈した日々が続き、マンハッタンの路地で何をするでもなく座り込んでいたとき、その後の俺の人生を決めることになった生涯2番目の出合いをした。

太っちょの黒人のあんちゃんが右手を伸ばし、陽気な笑みをこぼしながら差し出した一枚のチラシ。そこには〝JIU-JITSU〟というアルファベットの文字が踊っていた。

ちなみに生涯1番目の出合い、それは15の夏に始めたボクシングだ。その頃、家から自転車で5分のところに、和歌山市内からボクシングジムが移転してきた。その名も「ワールドクラトキボクシングジム」。

小さい頃から格闘技、というか闘うことは好きやった。金曜8時のゴールデンタイムに中継されていた「ワールドプロレスリング」は毎週欠かさず見ていたし、ブルース・リーやジャッキー・チェンの映画も欠くことのできないバイブルやった。梶原一騎の『プロレススーパースター列伝』もよう読んだ。小学5〜6年生にもなると、日頃の山遊びのほかにプロレスごっこもかなりの頻度で加わってきた。アントニオ猪木やブルース・リー、ジャッキー・チェンは少年時代のヒーローだった。もうちょっと大きくなってからは、そこに『あしたのジョー』『空手バカ一代』『がんばれ元気』などが加わった。

乗り物好き、天体観測などの科学好き、ヒーローもん好きなど、概して男の子はいくつかの志向性に分かれると思うが、俺は小さい頃からミニカーや電車のおもちゃというより、仮面ライダーやウルトラマン、ゴジラなんかのソフビや超合金で遊ぶのが好きな筋金入りのヒーローもん派やった。

そんな俺が、記憶にあるなかではじめて親に自分の主張をしたのは、幼稚園時代の「空手がやりたい」やったと思う。なんや知らんけど強くなりたかったんやろう、理屈やない本能的な部分で。ただその願いは「空手は危険や」のひと言で却下された。

そんな思いがくすぶり続けていたからか、近所にボクシングジムができたときは、今度こそは、とおかんに懇願した。もうあきらめたのか、おかんは許してくれた。

ワールドクラトキボクシングジムに集う面々は、それはもう個性的やった。実際どうだったのかは分からないが、もともとは和歌山のヤクザの大親分が始めたジムという触れ込みだった。その影響なのか、とにかく腕自慢の荒くれ者がいっぱいいた。もちろん現役のプロやプロ志望もいるんやけど、どちらかというと純粋なボクサーというよりは喧嘩に強くなりたいというようなやんちゃな奴らが集うジムだった。ボクササイズなどといった洒落た概念とはまったく無縁の時代。東京のような都会の洗練されたボクシングジムとはちがって、プレハブ造りの平屋建てで、夏はめちゃくちゃ暑い。空調システムなどが整っているわけもないから、湿度も異常に高い。そう、矢吹丈のために丹下段平が泪《なみだ》橋のたもとで開いた丹下ジムさながらの雰囲気やった。加えてその頃というのは、「水を飲むなんてのは根性のない奴のやることや」と本気で言われていた時代で、練習中の2時間は水分をとらないのが当たり前やった。まあ減量にはええのかもしれんけど体には悪い。昔の選手寿命が短かったのも当たり前やと思う。

そんな環境のなか、減量中でもないのに常に長袖を着て練習しているパンチパーマの兄ちゃんや、人を撲殺して「別荘」に入っていたというかつての先輩、そしてそんな先輩とも対等に渡り合っていたという鬼コーチと、とにかく15の少年には刺激的な面々が勢揃いしていた。

当時の俺にはボクシングがすべてやった。

バルセロナオリンピックの200メートル平泳ぎで金メダルを取った岩崎恭子ちゃんが14歳にして口にした言葉「いままで生きてきた中でいちばん幸せです」やないけど、人生ではじめて生きがいというものを見つけた。やらされるのではなく、能動的に自らがやりたいもの。月曜から土曜まで、日曜以外はほぼ毎日ジムに通った。練習時間は学校帰りの夕方6時くらいから8時までの約2時間。家に帰って風呂に入り、晩ご飯を食べる。それらすべてを終えて自分の部屋に入る頃には疲れもピークでなにもやる気が起きない。あとはただ眠るだけ、そんな毎日の繰り返しやった。

高校はそのあたりじゃそこそこの進学校に入学したが、全然勉強せえへんもんやから成績は落ちる一方。中学まではテスト前一週間の一夜漬けでなんとかなったけど、高校はそんなわけにはいかへん。入学したときは100番ぐらいやったと思うが、卒業するときは540人中、下から15番やった。

ボクシングはアマチュアの公式戦に出場して最高戦績は近畿大会2位やった。競技人口がそんなに多くないから近畿で2位といってもたいしたことはない。とはいえ当時はほんまに真剣やった。いま思えばかわいいもんやけど、人生賭けていた。

高校3年のときに奈良で開かれたインターハイでは1回戦で負けて、人目もはばからず泣いた。いまやったら試合で負けたからといって泣くことはまずない。人前で泣いたのは、おそらくあれがはじめてだろう。本人としてはもっと上にいけると思っていただけに、1回戦敗退という事実は無性に悔しく、情けなかった。普段一緒に練習している仲間が全国3位になっただけに、俺ももっとやれたはずやという思いが、より悔しさを増長させた。

もともと格闘技が好きで本気でボクシングもやっていたわけやし、なにを撮っていいのか分からなくなっていた当時の俺にとって、太っちょのあんちゃんから渡されたチラシはまさに神の啓示やった。当時は写真に打ち込んでいたこともあって格闘技の試合はあまり見なくなっていたけど、「UFC」や「グレイシー柔術」という名前は知っていた。

深く考えることなく、やってみるかとその場で決めた。チラシに書かれた地図を頼りに道場を探す。たどりついたのは、マルコという茶帯のブラジル人が教えているマチャド系の柔術道場だった。

（柔術ってなんか、ちんたらちんたら、ネチネチネチネチ寝技ばっかりやっておもんない格闘技やなあ。殴ったらええやん。そのほうが早いやん）

正直、はじめの頃はあまり練習に身が入っていなかった。柔術自体がどうしても格好よく見えなかった。しかし1ヶ月くらい経ったある日、

「タカシ、ちょっと軽く何でもありルールでやってみる？」

マルコから言われ、

（よし、ちょっとやってやるか。軽くパンチでも入れてやるで）

とその提案を気軽に受け入れた。

一定の距離を取って対峙する。数秒か数十秒かが過ぎた次の瞬間、ズバッとマルコの両足タックルが俺の下半身に入った。あっという間に持ち上げられ、マットにたたきつけられ馬乗りになられ、パンチを叩き落とされた（寸止めで）。

その瞬間、すべてを悟った。まさにその何年後かに、日本の総合格闘技イベント「PRIDE」のリングで延々と繰り返された〝ファーストコンタクトでのストライカーのやられ方〟を身をもって思い知らされたのだ。

(柔術すげぇ!)

それからは身を入れて真剣に練習するようになった。といっても、身長180センチ、体重100キロ級のアメリカ人たちから関節を極められつづけていただけやけど。練習に行くたび、あまりにスパーリングで毎回毎回極められるもんやから、ある日数えてみた……なんとその日は40回やった。

とはいえようやく撮りたいもの、撮るべきものが見えてきた。

俺にしか撮れないもの。

ニューヨークを皮切りにニュージャージー、フィラデルフィア、ピッツバーグ、デトロイト、シカゴ、サウスダコタ、ニューオーリンズ、テキサス、ロサンゼルスと、グレイハウンドバスとアムトラックの長距離列車で各地をまわり、その地に道場があれば、カメラと練習衣を片手に入っていき短期入門、スパーリングをして写真を撮らせてもらう。もちろんうまくいかないことは多々あった。ジムや道場が見つけられないこともあれば、あったとしてもハンパなく危険な場所にあったり、仮に練習はできても写真はなかなか撮らせてもらえないような雰囲気だったり。

それでもやるべきことが決まった。

俺のスタイル。

結果的に実りある1年間のアメリカやった。

その後帰国し、アメリカで撮った写真をブックとして東京で写真の仕事を始めた。29〜30歳のことだ。しかし仕事をしながらも、ある思いが常に胸の内にあった。そしてその思いが、どんどんどんどんどんどん大きくなっていった。

「ブラジルに行ってみたい！」

俺がやっていた柔術の本場はブラジルだった。

ブラジリアン柔術は、そもそも日本の柔道（柔術）から派生したものだ。日本人の柔道家「コンデ・コマ」こと前田光世がブラジルに渡って伝えた柔術がブラジルで独自に発展、変化し、寝技に特化した格闘技として定着した。日本では「グレイシー柔術」という呼び名のほうが一般に馴染みがあるかもしれない。

そしてブラジルの格闘技にはもうひとつ興味深い概念があった。その名も「バーリトゥード」（ポルトガル語で「なんでもあり」の意）。噛みつき、目潰し、金的攻撃以外なら何をやってもいいというルール、もしくは概念。そんな過激なルールのもとでおこなわれる闘いが存在した。その中心的役割を担っていたのが、グレイシー一族をはじめとするブラジリアン柔術家たちだ。その対抗勢力として、裸の柔術と呼ばれる「ルタ・リーブリ」、またバーリトゥード仕様のブラジル流「ムエタイ」などがあった。まさに子どもの頃、テレビや映画、マンガで見ていたヒーローもんの世界がリアルワールドに存在したのだ。フェイク（嘘）じゃないガチの、基本タイマンの決闘。

こうしてブラジルは俺にとって「彼《か》の地」となった。

スパーリングをして交流を深め、写真を撮らせてもらう。アメリカで学んだスタイルだ。男と男、体と体、何度かぶつかり合えば、そこに絆が生まれる。格闘技と写真、ともにノンバーバル。言葉は必要ない。国境も関係ない。

以後、仕事、作品撮り、トレーニングと、結果ブラジルには10回訪れた。その他にも格闘技やスポーツの取材として、オランダ、ドイツ、ポルトガル、ベネズエラ、韓国と大半を海外での撮影に費やしてきた。そういう生活が7～8年続き、ここでまたある思いが膨らんでくる。

俺は自分が生まれた国「日本」を撮ってないなと。

この美しき国「日本」を。

海外に行くにつれ、次第に思いはじめていた。日本はなんて良い国なんやろと。もちろんブラジルは刺激的で、あんな国はふたつとしてない。ブラジルは天国であり地獄でありつづける。だからこそ魅惑的。

しかし当たり前の話だが、日本には日本にしかない魅力がある。日本人ほど、親切できめ細やかな心遣いができる人種はいないんやないやろか。勤勉さとホスピタリティ、その国民性を養ってきた滋味深き風土、エメラルドグリーンの海ではなく青色の海、決して高くはないけれど豊かな渓流を抱く山々、熱帯・亜熱帯性の植物ではなく、桜、松、杉、梅、ブナ、白樺、ダケカンパといった繊細な趣を持つ多種多様な木々たち、雨季か乾季かの二択じゃなく、春・夏・秋・冬と織りなす四季……。

そう、俺はこの美しき国「日本」を撮ってなかった。奇しくも10年前に見つけられなかった命題にふたたび帰ってきたのだ。すなわち日本で何を撮るか。

しかし今回は思いが固まるのは早かった。

それは外国に行きながらも、少しずつ意識していたからだ。

俺は日本の風景を撮りたかった……山を。

日本は実に国土の76パーセントまでが森林という世界でも類を見ない山国で

ある。その中でもとくに俺が生まれ育った和歌山というところは、かつて「紀伊の国」と呼ばれ、さらにいえば「木の国」ともいわれた、大昔から現在に至るまで山に囲まれた土地柄である。弘法大師「空海」が開いた真言密教の総本山「高野山」もあり、いにしえよりあまたの神々がおわします浄土として、信仰の地でありつづけている。平安時代以降、多くの貴族や武家がこぞって訪れたという「蟻の熊野詣《もうで》」としても有名な「熊野」もあり、まさに山と宗教が密接に絡みあった山岳宗教の聖地なのだ。

ちなみにこれら高野山と熊野は、奈良の吉野とともに、2004年7月7日に「紀伊山地の霊場と参詣道」として世界遺産に登録された。

振り返れば山、そんな環境で育った。

アメリカ、ブラジル、日本と俺が追いつづけてきた闘いに生きる者たちも、考えてみれば、その多くが山に籠もって心身を鍛えてきた。かの極真空手の創始者大山倍達しかり、グレイシー柔術の生きる伝説ヒクソン・グレイシーしかり。マンガやテレビなどで描かれる世界でも、鍛えるといえば山に籠もって修行、「山籠もり」みたいな感じで表現されることが多い。日本では「鍛える」「修行」といえば山籠もりが当たり前なのである。『がんばれ元気』の関拳児や、鞍馬山で天狗とともに修行したとされる牛若丸もまたしかり。どんなにデフォルメされようとも、そういう題材として描かれること自体が、いかに日本が山国であるかということの証だ。砂漠に囲まれたような国で似たような物語を作ろうとしても、まずそうはならへんやろう。あるイメージを育む環境、自然発生的にできあがる世界観、それを文化と呼ぶのやと思う。

つまり日本を撮るということは、ある意味「山」を撮ることなのである。

俺の中で、生まれ育った「山」と、追いかけてきた「格闘技」が結びついた。ただ普通に山の頂《いただき》を撮ってもしょうがない。そんな写真はあまたある。俺らしいもの。和歌山。山。宗教。格闘技。肉体。鍛錬。これらのキーワードから、そして自宅の本棚に並んでいたある本から、ある種の世界観、そして言葉が浮かび上がってきた。

修験道《しゅげんどう》。山伏《やまぶし》。

山の宗教「修験道」。山に伏して行をする者「山伏」。

そうや、信仰の山を撮ろう。

こうして次に進むべき道が決まった。

＊

「星が見えない」

子どもの頃、おかんから何度か聞いた言葉だ。

おかんは網膜色素変性症という難病を患っていて、極端に目が弱かった。俺が小さい頃にはまだ結構見えていたようやけど、ただ星は見たことがないらしかった。網膜色素変性症というのは単純に視力も弱いのやけど、年を経るごとに視野がどんどんどんどん狭くなってくるという症状が特徴的な病気だ。光に対しても弱く、強い光を浴びると不快感や痛みが生じる一方で、暗い中だとほとんど見えなくなってしまう。だから星が見えないのだ。夜目が利かない鳥のようなものか……。

おかんのおかん、つまり俺のおばあちゃんの話では、太平洋戦争真っ只中の昭和16年、4人姉弟の3番目として生まれたおかんは、当時栄養のゆき届いた食事を満足にとることができず、栄養失調状態だったらしい。それが原因で目を患ったんじゃないかと、「かわいそうなことをした」と、事あるごとにおばあちゃんが悔いていたと叔母から聞いたことがある。

ただし、おかんの他の姉弟には、そうした意味で身体が悪いところはとくにない。だから一概に栄養失調が原因とはいえやんのかもしれない。当時満足に食べられなかった乳幼児はこの国にたくさんいたやろうし、その子らがみんな網膜色素変性症を患ったわけでもない。難病指定されているだけあって、まだ解明されていない部分も多く、なぜ罹患するのか原因ははっきりと分かっていないのだ。遺伝という説もあるし、いやいや、やはりおばあちゃんが気にしていた栄養失調が原因やったのかもしれへんし、それは分からない。

そして困ったことに……これがいちばん困るんやが治療法がなかった。おかんは若い頃から、「いつか目が見えへんようになる。失明する」と医者から宣告されていた。はっきりしたことは覚えてないけど、おかんは中学だか高校の頃に、(自分の目はなんか人と比べておかしいんとちゃうやろか)と疑問を抱いたそうだ。そう思ってそのとき病院に行ったのが始まり。そこで発覚した。けれど、当時はまだかなり見えていたこともあって、どうせ医者なんかに行ったって治るわけでもないんやしと、その後はほとんど病院には通わなかったようだ。おかんもまだまだ若かった。

時は流れ、親父と結婚したおかんは29歳で俺を産んだ。

俺が高校生になり、おかんが40代半ばくらいだった頃から症状がかなり進んできた。目が原因で、車はもちろん自転車にもバイクにも乗れなかったおかんは、どこに出かけるにも歩いていくしかなく、スーパーへの買い物などで家を出るのがちょっと遅れて、帰りが暗くなってしまったりすると、大きなドブや用水路に誤って落ちてしまい、手足を擦りむいて血だらけになって帰ってくるといったことがたびたび起きた。

そうしたことは俺の成長につれて、つまりはおかんが歳を取るにつれて年々増えていった。それでもおかんは、危ないからそろそろ杖《つえ》とか持って歩きなよと言っても、頑として持とうとはしなかった。周りの人に目が悪いのを悟られるのが嫌やったらしい。

そう、うちのおかんはプライドが高かった。その性格が原因で、俺もおかんに対して長い間わだかまっていたこともある。10代後半から30歳くらいまでやったろうか……。

＊

そんなおかんが、なんの因果か66歳のとき乳ガンになった。

おかんはもうほとんど目が見えていなかった。99パーセント見えてなかったと思う。家のこともほとんどできなくなっていたから、介護ヘルパーさんと親父とおかんとで協力してやっていたようやし、外を歩くのはもう誰かの介助がなくては厳しかった。ただし家の中だけは、家の構造を頭の中でイメージして、勘を頼りに壁伝いに手を添え歩くことによって、なんとか動けていた。

おかんも俺も親父も、そして親戚一同、神も仏もないんやろかと思った。ここにきて乳ガンかと。ただでさえ失明寸前やのに、どこまでおかんを苦しめるんや。いったい、おかんの人生はなんなんやろと。いままで楽しいことあったんやろかと。目が見えなくなってきたここ十年というもの、おかんは人の集まるような派手なところには行きたがらず、軽い引きこもり状態になっていた。そのうえの乳ガンだった。

ガン発見のタイミングとしてはあまりよくなく、いまどきの風潮からすると珍しく、全摘手術をしてその後放射線治療と決まった。おかんは自分でしこりに気づいたんやけど、どうせならもっと発見が遅かったらよかったと思っていたような節もあった。

おかんはとにかく死ぬことよりも失明することのほうを恐れていた。いまでこそ1パーセントの光は残されているが、この状態で全摘手術と放射線治療を受けたら、間違いなく完全に失明するやろうと思っていたらしい。自分にしか分からん感覚やろう。だからなかなか放射線治療を受けることに同意しなかった。

医者は、「放射線治療を受けたからといって失明するわけではない。その両者に直接の因果関係があるわけではない」と話す。そらそうや。「網膜色素変性症」自体、難病指定で解明されてない部分が多いのに、そのうえその患者が放射線治療を受けた後どうなるか、なんてデータがあるわけない。やから医者が悪いわけではない。医者ははっきりと証明されたことでもないかぎり因果関係があるとは言えない、言わない人種だ。それが科学というものだ。

なんとか家族、親戚みんなで説得して、渋々おかんに全摘手術、そしてその後の放射線治療案を受け入れさせた。手術後に見せられた乳房ひとつ分の、血の肉の塊。あの衝撃が忘れられない。大きい生のステーキ肉にプツッと干しぶどうのような乳首がついていた。

「おかん、よう頑張ったな」

手術自体は成功したが、ガンの発症部位がリンパ腺近くだったこともあり、医者からはくれぐれも放射線治療は受けるようにと念を押された。

おかんは、かろうじて今は自分ひとりでやれている「トイレに行くこと」「風呂に入ること」などが、失明することによりできなくなり、介護が必要になって親父や俺、そして周りの人たちに迷惑をかけるようになることが死ぬことよりも嫌やった。そうなってまで生きたくないと主張した。

「自分みたいな年寄りが長生きして国の介護費を無駄に使うより、若い子や今後生まれてくる子たちのために有効に使ってほしい。やからはよ死にたい」

そればっかり言っていた。

俺ら家族は、そんなこと言うもんやない、手術してきちっと放射線治療を受けて少しでも長生きすべきや、とそんな型にはまったことを言うしかなかった。

おかんは半年間継続して受けなければならない放射線治療を最初の1回か2回受けただけで、その後は受けなくなった。次第に薬も真面目に飲まなくなり、そして春が来て夏になり……その夏も終わろうとしていた。


2008年9月3日、水曜日。

俺は現在、日本を代表する柔術家早川光由さんが主宰する「トライフォース柔術アカデミー」という道場（池袋本部）に所属し、自らトレーニングしながら指導もしている。自分たちで名づけた通称「朝柔」（月・水・金の朝10時30分から始まる午前中のクラス）がホームグラウンドだ。

その日もいつものように朝柔でのトレーニングを終え、昼飯を食おうと仲間のふたりと巣鴨の中華料理屋に入った。日常のひとコマだ。せいぜい変わっていたことといえば、行きつけの店ではなく、はじめて入る店やったことぐらいで。まだまだ残暑の厳しい晴れた日やった。青空が強く印象に残っている。ひととおり注文して談笑しているとケータイが鳴った。親父からやった。

俺はケータイを持って外に出た。

「もしもし、どうした？」

「おかんが死んだ」

あまり覚えていないが、親父の第一声はそんなふうやったと思う。「お母さん（もしくは章子《あきこ》）が死んだ」やったかもしれない。

「えっ？」

一瞬の間、絶句。

親父のセリフが脳にうまく伝わらなかった。

親父は取り乱していた。そしてとにかく同じことを繰り返し叫んでいた。

「お母さんが死んだんだよ！」

泣き喚くように、いや怒りにも似た感情やったかもしれへん。

俺はケータイを耳にあてながら、目の前に広がるこの晴れた日の和やかな昼下がり、その風景と電話の向こう側から聞こえてくる親父の反狂乱めいた声とのギャップに、まだうまく適応できなかった。

たぶん親父にしてみれば、電話を通じて伝わってくる俺のポーッとした感じにイラついていたんだろう。しかし、しょうがなかった。身体がうまく反応してくれなかったのだ。

時間にして何秒か、何十秒かは分からない。

ようやく次に俺の口からついた言葉は「なんで？」だった。

「えっ、なんで死んだん？」

それに対して答えた親父のセリフは覚えていない。

ただ分かったのは、自ら命を絶った……ということだった。

スーパーに買い物にいって帰ってくると、普段いるはずの1階のリビングにおかんがいない。あれ、おかしいなと親父は一瞬思ったらしい。2階かな、と階段に歩を進めると、上のほうで横たわっているおかんを発見した。その首には紐《ひも》が巻かれていて、もう一方の先は階段の手摺りに繋がれていたらしい。一瞬寝てるのかなと思ったほど安らかな表情をしていたそうだ。親父はひと目見て、内心もうあかんやろなと思ったらしい。

俺に電話をかけてきたのは、救急車を呼んで死亡を確認し、警察が検死に来て、おかんが病院に運ばれていった後のようだった。

＊

　和歌山に帰る新幹線の中で考えつづけていたのは、（なにもしてやれやなんだ）ということと（なんでや）という、もうそればっかりだった。

温泉ひとつ連れていってあげたこともなければ、飯すら連れていったこともなかった。しかも最後に会ったときには、けんか別れのような気まずい形になってしまっていた。感謝の言葉も別れの言葉も、もっといえば優しい言葉ひとつかけてあげてない。こちらから電話することもほとんどなかった。かかってきた電話を受けていただけだ。最後に電話で話したのは、おかんが亡くなる2日前、つまりおとといの晩のことだった。

　電話の向こうのおかんは、「手術前もほとんど見えてはなかったんやけど、それでもまだかろうじて光を感じ取ることはできたんよ」と言った。といっても、それは暗闇に針で突いて開けた穴ほどのもんやったんやけど。それでも、その光の穴があるから、勘を働かせてまだ少し動くことができたという。

「それがもう今は完全に見えやん、まったくの闇なんよ」

　7月に入って完全に見えやんようになってしまった、とおかんは言った。はっきりとした因果関係は分からないが、やはり手術と抗ガン剤による体力低下の影響かなと俺も思った。皮肉にも、手術前おかんが危惧していたことが当たってしまった。

「昨日お風呂で、すてんと後ろに転んでもうたんよ。最近はもう歩くどころかうまく立ってることもできへん」

「危ないなあ。頭打ってたらえらいことやったで。ちゃんと壁伝いに手ついて歩いてる?」

「いや、それが足がうまく前に出えへんのよ」

「前に足出えへんってどういうことよ? 足は前に出そうと思えば出せるやろ? 足腰が弱ってんのとちゃう?」

いま思えばすごく簡単なことで、おかんは目が見えなくなってから闇の世界が怖くて筋肉が萎縮してしまい、うまく足を運べなかったのにちがいない。若い頃ならいざしらず、65歳を過ぎてからそうなったのだからなおさらだ。

最後に会ったときのおかん……たしかにうまく足を運べていなかった。本人は結構歩幅を広く歩いてるつもりなのだろうが、壁に手をついてズズーズズーズズーと、ほんの3センチずつくらいしか足が前に出ないのだ。地面から足裏をまったく上げられない。歩くというより擦り足でかろうじて進んでいるという感じやった。ある種異様な光景だったことを思い出す。

しかしあの日、電話口の俺はそんなことに気づいてやることもできず、足が前に出せやんやなんて変なこと言うなあ、としか思えなかった。前に出す意思さえあれば足は前に出るもんやろと。受話器を片手に自分も目をつぶって、こう歩いてみ？　と指南していた。

「まず壁に片手つくやろ。それから足をゆっくりでええから地面から離して上にあげてそれをゆっくり下ろすと。なっ、簡単やろ？　ゆっくりでええんやで。ただゆっくりでええんやけどあんまり怖がりすぎててもあかんで」

おかんは、おとなしく俺の言うことを聞いているようだった。

「それから、壁に手をついた状態でええから、スクワットみたいな屈伸運動をしたらどうや？　あんまり動かさなんだら、筋肉が余計に弱ってくるで」

「分かった。やってみるわ」

失明して以降、最近までの電話のなかでは比較的明るい感じで話は終わった。それがおかんとの、今生での最後の会話となった。その2日後に、あんなことをするような兆候は微塵も感じられなかった。

遺書はなかった。

そらそうや。

目が見えやんのに字なんて書けるわけもない。だからおかんの真意も分からず、しばらくのあいだは疑問と後悔、自責の念がくすぶり続けた。

「いつからそんなこと、考えてたんやろ……」

俺に電話をかけてきたときは、もう決心してたんやろか。

最期の日の朝、親父がスーパーに買い物に出かけるときも、「いってらっしゃい」といたって普通に、むしろ明るいくらいの口調で送り出したらしい。だから親父がおかんを発見したときの衝撃は計り知れない。

ただ、おかんと仲の良かった近所の人や親父によると、兆候は若干あったようだ。死ぬ何日か前の深夜に、親父が2階の寝室から1階の台所に下りてくると、包丁を持って床に座り込んでいるおかんがいたとか……、「2階から飛び降りたら死ねるかな」と独り言のようにつぶやいていたとか……。

おかんにしてみれば、いざ決心してみても実行に移すのは大変やったはずや。目が見えやんおかんが自らの命を絶つということは、健常者が同じことをする何倍も大変やったはずや。失敗して植物人間にでもなってしもうたら、余計に家族に迷惑がかかるわけやし、おかんにしてみればやるからには、絶対に失敗してはならんことやった。

方法もいろいろ考えたんやろうな。

どんな思いでやったんやろか。

その心情に思いを馳せたとき、涙がこぼれた。

「おかん、ようやったな。頑張ったな。あんなに神さん仏さんにお願いしつづけても、ええことなんかいっこもなかったのに……。でも最後の最後に、神さまはおかんの望みを聞いてくれたんやな」

最後までプライドが高く、格好よくいえば誇り高かった。たしかにその性格が災いしたこともあったけど、おかんはブレていなかった。最後の最後までおかんらしかった……おかんらしいよ。誰にも迷惑をかけず、最後まで独りで見事に己が望んだミッションをやりきったんやから。

放射線治療も薬も拒否して、この先いずれトイレや風呂などの下の世話を誰かにやってもらわなきゃならん状況などもぜんぶ拒否して、おかんはやったんや。やりきったんや。

間違ってんのかもしれへんけど、俺は（おかん、ようやった）という気持ちもあった。頑張ったなと。あとは、おかんが無事天国に行ってますようにと、それだけが望みだ。安らかに成仏できてますように……。

賛否両論あるやろが、俺は死に方も生き方のひとつやと思っている。自分の死に場所、死ぬときを本人が決めてもいいと思っている。長く生きればいいというもんではない。なんでもかんでも延命治療やというのもおかしい。

翌日おかんは荼毘にふされ、ひと筋の煙となって空に昇っていった。

*

諸般の事情で、おかんの初盆は少し早めて7月頭にやることになった。

2009年、その頃の俺はもう信仰の山を撮りはじめていた。

そのうえで今後もそういったモチーフを追いかけていくなかで、どうしても見ておきたい、体験してみたい世界があった。奈良から和歌山にかけて、紀伊半島のまん真ん中を背骨のように縦に貫く大峯山脈、その山々を駈ける修験道最大にして最奥の行、「大峯奥駈修行」だ。縁あって、7月の中盤から終盤にかけておこなわれるその奥駈修行に、俺は参加することを許されていた。

おかんの初盆のため、俺は自分の家族を連れて和歌山に帰った。おかんと兄貴（生まれて間もなく亡くなった）が眠るうちの菩提寺「圓明寺《えんみようじ》」に、親戚や生前おかんと親しくしてくれていた方々に集まっていただき、初盆の法要が粛々と執りおこなわれた。

圓明寺は実家から歩いて10分ほどのところにある。親父とおかんは親父の定年後、下の家を売って、俺が生まれた山の中腹のもといた家に戻ってきていた。初盆の儀も無事終わり、皆さんと昼食に向かおうとした折、親父がふと言い出した。

「このすぐ近くに、生前章子が毎日散歩を兼ねて拝みにいってた滝があるんやけど、見にいかんか？　地元じゃそこそこ有名なんやけど」

じゃあ、ちょっと行ってみよかということになり、みんなで歩いていった。その滝は俺が子どもの頃、カブトムシを捕り、肝だめしをやり、魚を釣った、あの山にある。圓明寺から歩いて5分、滝の神域に近づいた。滝に着くまでの参道には鳥居や小さい祠などがいっぱいあった。

その滝は「鳴滝不動」という。滝に到着し、あたりを見回していると、鳴滝不動についての謂《いわ》れが書かれた看板を見つけた。いままで何度となくここには来てるけど、そんなものまともに読んだこともなかった。大人になってこそ、そういった歴史や文化などにも興味は湧くが、子どもにとってはまったく興味がないもんやった。

読んでみた……。愕然《がくぜん》とした。鳴滝不動の謂れの中に、この行場を開いたのは役行者《えんのぎょうじゃ》だと書いてあった。

役行者！

その文字を見つけたときのあの興奮、身震い。いまもそのときの感覚が身体の中に残っている。役行者。本名、役小角《えんのおづぬ》。何日か後に俺が参加しようとしている大峯奥駈修行で駈ける道を開いた、いままさに俺が追いかけている世界観を構築した人物。修験道の開祖だ！

あのときの衝撃は忘れない。


東京に戻ってから調べまくった。

すると、おかんが眠るうちの菩提寺「圓明寺」も役行者が開いた寺やということが分かった。鳴滝不動を管理しているのは圓明寺なんやから、ちょっと冷静になってみればある意味当たり前の話ではあるが、そのときは身体が固まってしまった。

調べれば調べるほど、いろんなことが分かってきた。実家、鳴滝不動、圓明寺、俺が通った中学校、それらの背後にある山々、それらを繋ぐ道——すべて役行者が開いたものやった。役行者が開いたとされる「葛城28宿」と呼ばれる行場と宿があるのだが、俺の周りにあったそれらの場所は、すべてその葛城28宿の中にあった。

俺は役行者に抱かれていたんや！

生まれ育ち、日が暮れるまで飽きることなく遊んだあの山が、そんな謂れのあるものだったとは！　瞼《まぶた》に映像が浮かぶ……。そういえば鳴滝不動には注連《しめ》縄《なわ》がしてあって、時折白装束に身を包んだ人が滝に打たれにきてたな。子ども心に（なんやろな？　あの人たち）とは思ってたけど、当時の俺は、罰当たりにもその神聖なる滝で泳いだり、ハヤを釣ることに夢中であまり深くは考えていなかった。

そんな結びつきがあったのか……。

役行者との出会い、これが俺の人生3番目、いや最大にして最後となるかもしれない出合いである。

大峯奥駈修行に参加する日が近づいていた。

俺は役行者に呼ばれていた。

大峯奥駈修行8泊9日

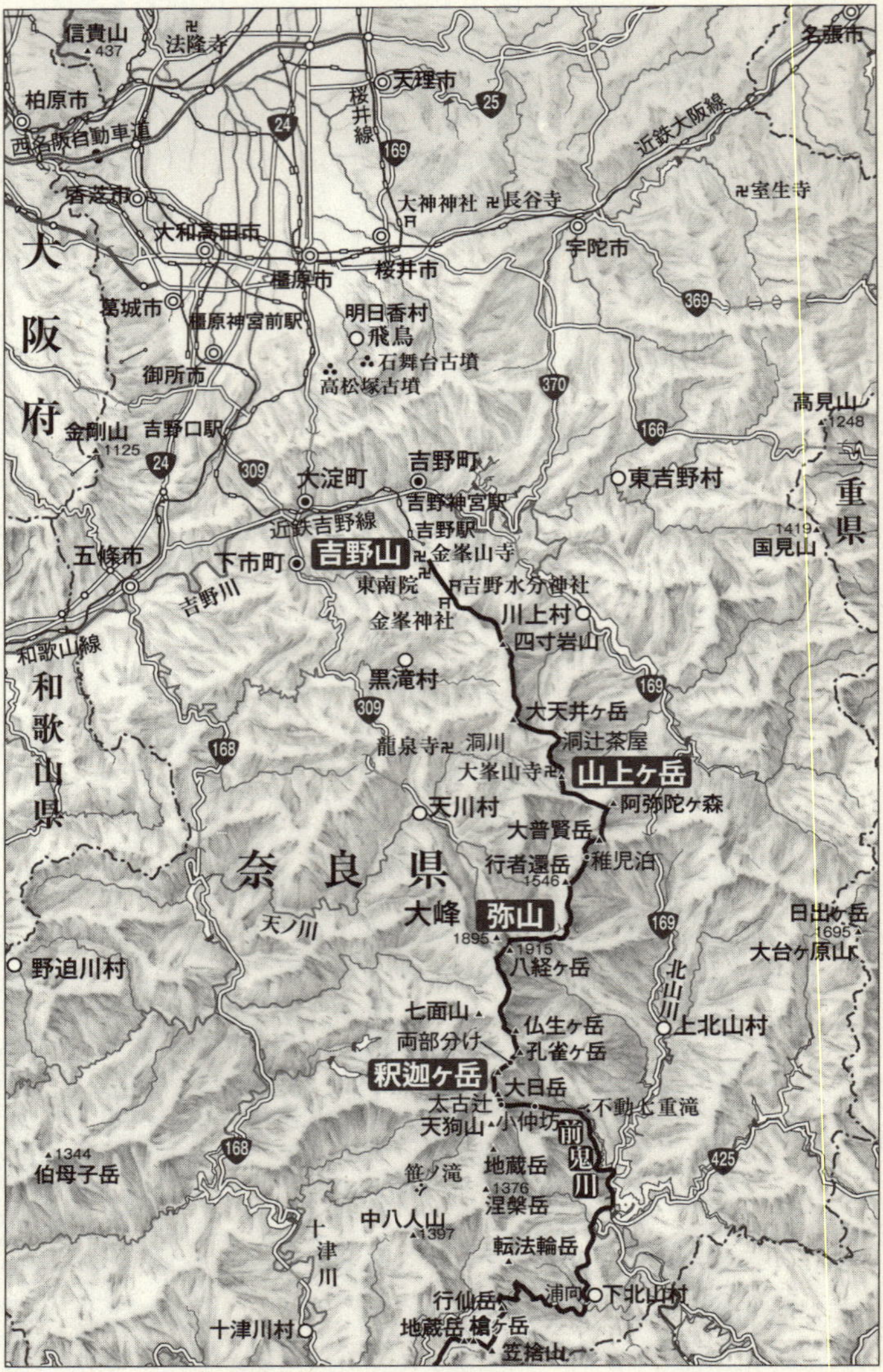
信貴山
437
法隆寺
名張市
柏原市
天理市
桜井線
25
24
169
西名阪自動車道
近鉄大阪線
香芝市
大神神社
長谷寺
室生寺
大和高田市
宇陀市
大阪府
橿原市
桜井市
葛城市
橿原神宮前駅
明日香村
飛鳥
369
石舞台古墳
御所市
高松塚古墳
370
高見山
1248
金剛山
1125
吉野口駅
166
24
309
吉野町
大淀町
東吉野村
吉野神宮駅
三重県
近鉄吉野線
吉野駅
1419
国見山
五條市
下市町
吉野山
金峯山寺
東南院
吉野水分神社
吉野川
金峯神社
川上村
和歌山線
四寸岩山
和歌山県
黒滝村
169
309
大天井ヶ岳
洞辻茶屋
龍泉寺
洞川
168
大峯山寺
山上ヶ岳
阿弥陀ヶ森
天川村
大普賢岳
稚児泊
奈良県
行者還岳
1546
日出ヶ岳
大峰
弥山
169
1695
天ノ川
1895
1915
大台ヶ原山
野迫川村
八経ヶ岳
北山川
七面山
仏生ヶ岳
上北山村
両部分け
孔雀ヶ岳
釈迦ヶ岳
大日岳
太古辻
不動七重滝
天狗山
小仲坊
前鬼川
1344
168
425
伯母子岳
地蔵岳
笹ノ滝
1376
涅槃岳
十津川
中八人山
1397
転法輪岳
浦向
下北山村
行仙岳
地蔵岳
槍ヶ岳
十津川村
笠捨山

大峯奥駈道

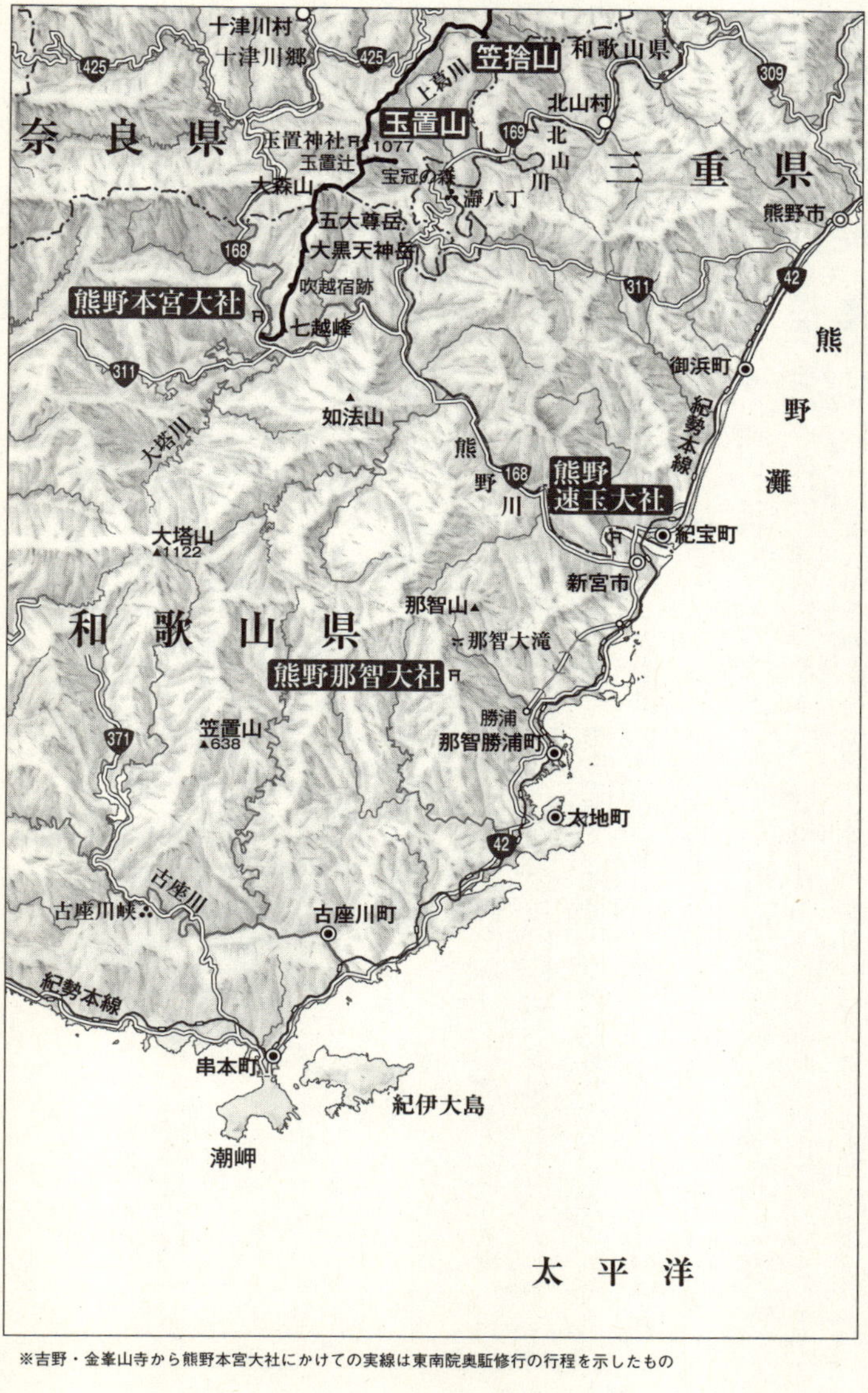

※吉野・金峯山寺から熊野本宮大社にかけての実線は東南院奥駈修行の行程を示したもの

めざすは奈良の東南院

新幹線の車窓から見える湘南から熱海にかけての景色はすっかり夏だった。青い空と入道雲、火照ったアスファルトにみずみずしい苗。光と生命力に満ちあふれた光景が視界いっぱいに広がっている。

昨年来、俺にとっての夏は、ここから西へはるか遠くの峰々で始まる。

奥駈《おくがけ》。すなわち山伏《やまぶし》の修行だ。

そう、俺は山伏になったのだ。

今回の大峯《おおみね》奥駈修行は7月17日（土）から25日（日）までの9日間をかけて実施される。大峯奥駈修行とは、奈良県吉野郡吉野町にある大峯山の護持院、東南院《とうなんいん》（金峯山《きんぷせん》修験本宗別格本山）が主催する、修験道の中でも最も規模の大きな行のひとつだ。吉野山から和歌山県の熊野本宮大社までの大峯山系の峰々を、勤行《ごんぎょう》をあげながら縦走していく山岳修行。「大峯山」「金峯山」とは単独の峰の呼称ではない。吉野山およびその南方に広がる大峯山系の山上ヶ岳《さんじょうがたけ》を含む霊場を総称して金峯山という。伽藍《がらん》を擁する本山は金峯山寺、開山は役行者《えんのぎょうじゃ》とされ、約千三百年の歴史を刻んでいる。

護持院としては東南院の他に竹林院、喜蔵院、櫻本坊、龍泉寺がある。奈良や比叡山などの古い霊地霊山では、開基または始祖といわれる人がその霊地を開くとき、まず中心となる伽藍を配し、そこから辰巳（東南）の方角に当たるところに寺を建て、一山の安泰と興隆を祈願した。よって東南院も金峯山寺から見て東南の方角に位置している。なお東南院は現在、宿坊も営んでいる。

東南院の住職は、東南院奥駈修行の大先達《だいせんだつ》（修行における最上位の指導者）を務める五條良知さんだ。

7月17日（土）

集合時間は午後3時。それに合わせて全国からさまざま思いを抱いた行者たちが三々五々集まってくる。東京駅から乗った新幹線を京都駅で降りて近鉄線へ。橿原《かしはら》神宮前駅で吉野線に乗り換え、終着駅吉野へと向かう。京都から吉野までは2時間弱。東京からだと5時間くらいだろうか。移動時間からも分かるとおり、けっして近くはない。

参加者はやはり関西圏の住人が多く、大阪、奈良、京都、滋賀がほとんどだ。はじめて体験した昨年の奥駈では和歌山の人は少なかった。

京都駅での乗り換えの際、明らかに東南院をめざしているのであろう、金剛杖《こんごうづえ》を手にした巨体の男性を昨年この場所で目にしたことを思い出す。あれは印象的な光景だった。のっしのっしと脇目もふらず駅構内を歩いていく異形の姿、その力みなぎるさまに、一瞬その場で立ち尽くしてしまった（奉行を務めるその方には奥駈でお世話になった）。初参加だった昨年は、そんな細かなことまで覚えているくらいすべてが新鮮だった。また、そのぶん緊張もしていた。

橿原神宮前駅で乗り換える際、昨年お世話になった方ふたりと同じ電車に乗り合わせた。終点のひとつ前の吉野神宮駅で下車し、3人でタクシーに乗り東南院をめざす。

思えば、昨年は戦々恐々としながら東南院のつつましい敷居をまたいだものだ。寺での修行、ましてや修験道最奥といわれている奥駈修行である。参加者はどんな人たちで、どんな修行が待っているのか、何をやらされるのか、はたして最後までやり通せるのかと気が気ではなかった。なにしろ、万が一不慮の事故で怪我を負ったり死亡したとしても、東南院にはその責任を一切問わない、奥駈にはあくまでも自分の意思で参加している、という文面の誓約書に全員がサインをしなくてはならないのだ。いったいこの先どんな修行が待ってるんや、と。

東南院の門を勇んで通り抜け、入口の受付で今年も参加の手続きを無事済ませる。自分では昨年とはちがって結構冷静だと思っていたが、いざ誓約書の文言を目で追うと、やはり少しだけドキッとした。

その場で、今回の参加メンバーの出身地や年齢、所属、法名、参加回数など簡単なプロフィールが書かれた名簿を受け取る。昨年参加していたメンバーの名前があるかどうかをすかさず探した。

奥駈で出会ったメンバーはある種、戦友だ。その中でも、同じ年にはじめて参加したメンバーは同期ということになり、より強い思い入れがある。戦友なんて大袈裟な、一年365日のうちのわずか9日間のことじゃないか、と思われるかもしれない。しかし、この9日間が濃密すぎるくらいに濃密なのだから仕方がない。

まず体力的にキツい。大峯山脈を吉野から熊野まで実質7日間で歩き通す行程は、その距離170キロメートルともいわれる。単純計算で一日に25キロメートルほど歩くことになる。さらに7月半ばということもあり、通常まだ梅雨が明けきっていない時期のスタート。奥駈中は雨に降られることもしばしばで、そうなれば全身ずぶ濡れのまま山を歩くほかはない。

もちろん平坦な道のりではなく、初日の山上ヶ岳までは登り一辺倒、それを過ぎるといくつかの峰々を越えていくアップダウンの繰り返しだ。気を抜けば命に関わる危険な箇所もある。加えて、東南院の奥駈修行では白い地下足袋を履いて歩くことが決まりとなっており、地味な話だがこれがいちばんキツい。地下足袋には登山靴のような厚くて硬いソールはないから、それで岩の上を歩くと、ときに足の裏に激痛が走る。普段登山靴での山歩きに慣れている身には相当にこたえる。

また精神的にも消耗する。9日間、大勢の赤の他人と一緒に過ごすためプライバシーなどありえない。ひとりきりで物思いに耽《ふけ》ることなど100パーセント不可能だ。そして基本的に、夜は大部屋での雑魚寝《ざこね》状態。もちろん布団はあるし、夏だから寒くはない。それでも40〜50代のおっちゃんたちが一日中歩き回って疲れているわけだから、毎晩いびきのオンパレードとなる。はよ寝たもん勝ち。メンタルもタフでなければやっていけない。

時間にも追われる。とくに1年目は、慣れない環境での集団生活なので大変だった。大概、午後9時就寝の午前3時起床、4時出立。大袈裟ではなく、うんこをする時間もない。ある種、排便も自分でコントロールできなくてはならないのだ。

さらに、これが東南院の奥駈修行においてもっとも顕著な特徴なのだが、空気がとにかくピリピリとしている。一般の社会ではある程度の地位や立場にある、いい歳をした大人が本気で怒られるのだ。ちょっとした気の緩みで命を落としかねない行場をゆくのだから、それも仕方がないことだろう。ましてや大所帯での山行なのだ。東南院の奥駈では、修行者一行のことを自ら「隊」と呼ぶ。実際、まさに隊と呼ぶにふさわしい雰囲気があり、ちょっとした軍隊のようですらある。

ちなみに、はじめての参加者のことは新客《しんきゃく》と呼び、2回目以降は土衆《どしゅう》と呼ばれる。隊は、東南院の住職である五條大先達を筆頭に、総奉行ひとり、副奉行ふたり、奉行数人で構成される。参加人数は昨年、今年ともに約30人だ。過去には50~60人という大所帯のときもあったらしい。

体力的にも精神的にも非常にキツく、命の危険性すらともなう行場を9日間それなりの人数で一緒に歩くのだから、そこには自然と強い連帯感が生まれる。だから戦友なのだ。たかが9日間、されどの9日間。よくタレントなどが「自分を見つめ直したい」と3ヶ月なり6ヶ月なり海外へ語学留学などに行くケースがあるが、そういう人たちは奥駈に参加してみたらいいと思う。わずか9日間で人生観すら変わりかねない濃密で非日常な時を味わうことができるはずだ。

7月の大峯奥駈の時期が少しずつ近づいてくると、昨年参加していた人たちの顔を思い出すようになる。今年は誰が来るんやろ？　あの人は来るんやろか？　彼はどうだろう？　戦友たちの面持ちや声が次々と浮かんでくる。

受付でもらった名簿には、会いたかった人の名もあれば、残念ながら発見することができない人もいた。

「そうか参加してへんのか。残念やな」

奥駈とは、人との、そして自然との一期一会。それがまた魅力なのだと思う。

一年のある決まった時期の9日間、まるまる休暇を取ってやってくるということは、まともな社会生活を送っている者にとっては、なかなかに難しいことである。

修験道《しゅげんどう》においては、必ずしも出家（得度《とくど》して僧籍を持ち、寺に仕えること）は義務づけられていない。在家（得度せず一般社会に暮らすこと）でもかまわない。だから参加者の大半は、普段なにかしらの仕事を持っている在家信者だ。早い話が、お坊さんじゃない人たちが多数参加しているということ。これが修験道の特徴でもある。

お坊さんでもない人が、その宗派の最奥の修行に参加できるなんてことは修験道の世界だけではないだろうか。だから雑誌や広告で撮影の仕事をしている俺のような人間も参加できるのだ。とはいえ参加者の職業を聞いてみると、実際普通のサラリーマンは少ない。建設業に不動産関係、金貸しに接骨医、ヒーリングのセラピストや占い師など、経営者や自由業に携わっている人が多いようだ。また大学の先生とか研究生といった学究系や公務員も目立つ。教職者や公務員は意外にまとまった休みが取れるのだろう。

昨年はじめて参加したとき、いちばん驚いたのは参加者たちの年齢だった。キツいキツいといわれている奥駈修行だから、20〜30代が大半だろうと思っていたら、じつは40〜50代がメインだった。いちばん上は70歳の人までいた。

38歳で参加した昨年は下から4番目だったが、今年は下から7番目になった。誕生日が7月21日だから、奥駈の直後もしくは最中に年をひとつ重ねる。昨年はそれで39になった。今回の奥駈では40歳を迎えることになる。40といえば社会的には中堅。若手と老年世代のつなぎ役として、そこそこのポジションにあるはずだ。しかし、この奥駈修行ではいちばん下っ端なのである。

参加している人たちの多くは、大阪の下町・西成を舞台にしたマンガ『じゃりン子チエ』に出てくるようなアクの強い関西のおっちゃんたちだ。おかげで普段は東京ですました標準語をしゃべっている俺も、奥駈に参加すると彼らにつられてかなり関西弁に戻ってしまう。

受付を済ませると、初日の寝床となる大部屋へ向かう。部屋はいくつかあるが、なんとなく昨年と同じいちばん奥の部屋の障子を開けた。すでに参加者は結構来ていたが、昨年寝たスペースが空いていたのでそこに荷物を置く。見知った顔を発見し、挨拶と近況を伝える会話を交わす。懐かしい。

今年も奥駈が始まるんやな、と次第に実感が湧いてきた。

東南院の奥駈修行には参加費として8万5000円かかる。高いのか安いのか、感じ方は人それぞれだろう。しかし、お金さえ払えば誰もが参加できるのかというと、そうではない。奥駈修行の申し込みは、ケータイにテレビ電話がのっかっているこの時代に、メールでも電話でも、ましてやファクスでもなく、往復ハガキでおこなうことになっている。名前、年齢、志望動機、法名、所属先があればそれらを書いて東南院へ送るのだ。

志望動機を熱い筆致で書きつづりたくても、なにせハガキだから書ける文字数にはかぎりがある。長く書けばいいというものでもないのかと最初は少し戸惑った。特例はないようで、過去何十回と参加されているベテラン奉行の方たちでさえ、毎回他の参加希望者と同じように往復ハガキでの参加申し込みをしているという。

締め切りは毎年5月末日で、うまくいけばその約1ヶ月後に赤い太字で「入山許可」と書かれた復信ハガキが届く。駄目だった場合どうなのかは、まだ経験がないので分からない。「入山許可」と大きく書かれたハガキはインパクトがあって、はじめて届いたときはテンションが上がった。そしてこのハガキが届くと、（いよいよか！）という気になる。

大先達は言う。参加できるかどうかはまさに縁なのだと。

大先達との縁、ひいては役行者との縁、すなわち蔵王《ざおう》権現《ごんげん》との縁ということなのだ。

蔵王権現と役行者

さて、その蔵王権現だが、正式には金剛蔵王権現という。役行者が山上ヶ岳でおこなった千日の修行の際に感得した修験道の本尊である。感得とは、感じとること、信心が神仏に通じて願いが叶うことをいう。役行者の祈りの力、その霊力によって出現したともいわれる。

蔵王権現は恐ろしい姿をしている。ひと言でいえば憤怒の形相だ。その怒りに燃えた表情は、当時の乱れた世に生きる心の曲がった者たちに対して厳しく指導し、魔を粉砕せんがため、つまりは衆《しゅ》生《じょう》を救済せんがための表情なのだという。優しい姿で現れると、末世の人々は畏れ敬うこともなく、いままでとなんら変わらず悪行を重ねてしまうやもしれない、だからそのような恐ろしい姿で現れたのだと。

それは、役行者が望んだことでもあったのだろう。

では役行者とはいかなる人物だったのだろうか。

本名、役小角《えんのおづぬ》。634年の元旦、葛城山の麓《ふもと》に生まれ、飛鳥時代から奈良時代にかけて活躍した修験道の開祖だ。書き物などを残さなかったこともあり幾多の伝説に彩られた人物でもある。幼少の頃から神童のほまれ高く、土で仏像や仏塔を作っては拝んでいたという。長じて当時日本に渡来して間もなかった仏教を学んだ。しかし次第に仏法を学ぶだけでは物足りず、葛城山に登って苦行と修練の生活に入った。その後19歳にして葛城山を出、金峯山に修行の場を移し、そこで千日の行に入り、蔵王権現を感得した。

彼を慕って集まる多くの弟子たち、そのなかのひとりに韓国連《からくにのむらじ》廣足《ひろたり》という者がいた。彼は弟子でありながら役行者の名声を妬み「妖術で人を惑わしている」と時の天皇（文武天皇）に嘘の密告をした。

天皇は直ちに役人を派遣して役行者を捕えさせようとしたが、呪術を用いる役行者をなかなか捕えることができない。思案した彼らは役行者の母を捕える。役行者は母を救うため姿を現して捕えられ、伊豆大島へと流された。ただ昼間はそこで大人しくしているものの、夜になると海上を越えて富士山へ飛んでいき、そこで修行をしていたと伝えられる。２年後の大宝元年（７０１年）に赦されてようやく大和へと帰ってくると、まもなく大峯山に入り、同年６月７日にその生を終えたとされる。

役行者について書かれた文献は多くないが、『続日本紀《しょくにほんぎ》』には「葛木山に住し呪術を以て称せられ」と記されており、また薬師寺の僧景戒によって著された『日本霊異記《にほんりょういき》』には、「役優婆塞《えんのうばそく》は葛上郡茅原里に生れ、賀茂役公《かもえのきみ》の人」と記されている。優婆塞とは、出家せず在家のまま有髪で仏道修行している者をさす言葉だ。役行者は生涯、在家を通した。これは現在に続く修験道の特徴のひとつでもある。

さまざまな伝説に彩られてはいるものの、このような資料からも実在の人物であるとされている。『日本霊異記』にはまたこうも記されている。

「孔雀明王の呪法を修して思うままに鬼（鬼神）を使うことができた」――あるとき、役行者は葛城山から金峯山へと長い橋を架けようとした。そのため近くの神々に手伝うよう命じたという。しかしなぜか仕事がはかどらない。なぜかと問いただしたところ、葛城山を支配している一言主神《ひとことぬしのかみ》が、自分の醜い顔を見られるのが嫌だから昼間は働かないと言った、それが原因で仕事が滞っていたのだという。怒った役行者は一言主神を葛《かずら》で七縛りして、深い谷に閉じ込めてしまった。

神様を縛る……おそらくそれくらい役行者の験力《げんりき》がすごかったという喩え話だろう。こんな話がまことしやかに囁《ささや》かれるぐらい、当時、役行者の名声は天下に鳴り響いていたということか。「鬼を使う」とは、「山の民を使う」ということなのかもしれない。火のないところに煙は立たないというが、役行者にまつわる伝説はまったくの荒唐無稽な話というわけではなく、なんらかのもとになる実際の出来事がたしかにあったのではないかと思わせる。語り継がれていくなかで神秘性を増していったのであろう。ともかく尋常ではない不思議な力を持った魅力あふれる人物だったにちがいない。

山伏スタイル

ここで、山伏はどんな格好で山に入るのかを少し説明したい。個人的にも当初、修験道に関するもののなかで、かなり興味を惹《ひ》かれるポイントのひとつだった。

山伏の装束とは、じつに個性的かつ実用的なものだ。多くの人が思い浮かべるとおり、山伏は基本的に白装束を身につける。白という色には、「死」という意味もある。

山に入るときにすべてを断ち切ることによって、これまでの自分が一度死に、無事修行を終え下山してきたときには、神仏の力によってふたたび生き返らせていただく。そのとき穢《けが》れは皆払われ、清浄な心と身体を持つ新たな自分があらわれる——これを擬死再生《ぎしさいせい》という。それくらいの覚悟で行に及ぶべし、という精神性をも表しているのだろう。

吉野の駅から東南院へと続く山道沿いに法具屋があり、そこで山伏装束一式を購入することができる。袴《はかま》に地下足袋が基本だが、白い色であればジャージなどの歩きやすい服でもかまわない。ただし白の地下足袋と数珠、〝大峯奥駈修行〟と大きく書かれたはちまき、これらは必須だ。

行者の心得はまずは服装からだと、新客である初年から張り切って袴にした。とはいえ行者装束を身に着けるのは新客にとっては大変な作業で、昨年は早朝の時間のないなか、ひいひい言いながら必死になって着替えたものだった。とくに慣れない最初の2～3日は、ジャージにしておけばよかったかなと本気で後悔した。とにかく時間厳守、一分一秒たりとも遅れられないため、まずは朝の着替えがその日最初の大仕事となる。昨年は、同じ部屋に陣取っていた奉行の方々に装束の着方を教えていただいた。

山伏が持つ数珠は独特だ。最多角念珠《いらたかねんじゅ》といって、ふつうの数珠玉が丸いのに対して、最多角念珠の数珠玉は角がそろばん玉みたいに尖っている。その尖った角は、煩悩や悪魔を打ち砕く利剣《りけん》（切れ味鋭い剣）を表しているといわれる。勤行の際、ジャリジャリジャリと数珠玉を激しく押し揉《も》むことによって、山伏は煩悩を滅し、悪魔を追い払うのだ（数珠玉の数は煩悩の数を表す１０８個）。

兜巾《ときん》は頭につける黒くて丸い物体で、直径10センチくらい。「頭襟」とも書く。髪の生え際あたりに装着する。従来は木製だったが、現代ではプラスチック製のものが主流になっている。山の中で尖った岩や突き出た木の枝から頭を守る役目がある。山伏専用の小さなヘルメットみたいなものだ。沢などでは、水をすくうコップの代わりにもなる。

手の甲から前腕部分までを覆うのが手甲《てっこう》、ふくらはぎを覆うのは脚絆《きゃはん》。このふたつを装着していれば虫刺されや怪我などの心配も軽減する。また脚絆はぐっと締めることによって足の鬱血を防ぎ、血行を促進してくれる。現代でいうところのサポーターのような役割も果たしていると思われる。

引敷《ひっしき》は坐るときにお尻に当てるもので、獣の皮でつくられている。皮の種類は鹿が多い。法具屋で迷った結果、俺が買ったのはアナグマの皮でできた引敷だ。大きさは縦40センチ、横30センチほど。いちばん上のところに紐《ひも》が付いていて、その紐で腰に巻きつけると、ちょうどお尻のあたりを皮が覆うように垂れ下がる。

山伏の修行は険しい山の中でおこなわれるため、座る場所を確保することさえ難しい。その点、獣の皮でつくられた引敷は、ぶ厚く丈夫なので、木の根であろうと岩の上であろうと濡れた場所であろうと、どこでも平気で座れるから非常に便利だ。昨年は丸腰で行ったため、濡れたところに座るときは往生した。だから今年は必ず買おうと決めていた。

引敷は、山伏が険しい山の中を獣のごとく勇ましく迅速に駈けまわることを暗喩しているともいわれる。獣になれ、山に馴染め、駈けろ、山と一体化しろ、ということか。山伏らしさをもっともシンボリックに表している装具と言っていいかもしれない。

本格的な行者装束には欠かせない袴は、穿《は》くまでが手間だが、いったん穿いてしまえば快適でいい。風通しがよく涼しいのだ。ジャージではこうはいかないだろう。

出発前夜

部屋に居合わせた人たちとしゃべっているとすぐに時間が過ぎてしまう。自分では気づかないだけで、奥駈を直前に控えた軽い興奮がそう感じさせているのか。けれど、それでも昨年に比べればかなりリラックスできているなと思えた。今年は奥駈全体の流れがはじめからある程度分かっているからだろう。

午後4時30分から護摩堂《ごまどう》にて護摩焚きをおこなうことになっている。衣帯《えたい》（衣装）を着けて10分前に護摩堂前の廊下へ集合。引敷は必要なしとの指示が入った。

護摩焚きはもともと密教にのみ存在する修法だが、後にその密教から強く影響を受けた修験道においても執りおこなわれるようになった。細長く切った薪木を入れて燃やし、災厄が降りかからないよう祈願したり、自らの内にある煩悩や業を仏の智慧の火によって焼き払うというものだ。火には業魔を滅す力があるとされる。

護摩焚きは採燈《さいとう》護摩とも呼ばれ、お堂の中だけでなく屋外でもおこなわれる。「採燈」は「柴燈」とも書く。野外にある木の枝、すなわち柴《しば》などを採取して焚く護摩という意味だ。かつては室内で執りおこなわれるのが常だったが、後に、山野に寝起きする修験者たちが落ちている木の枝を拾ってきて集め、山の中でそれを燃やして護摩焚きをするようになった。簡略化された形の護摩焚きはこうして始まった。

東南院護摩堂にて、明日からの道中安全を祈願する護摩供修法が執りおこなわれた。あまり広いとはいえない護摩堂に30人が一度に入る。戸はすべて閉められているから密閉感がとにかくすごい。護摩焚きが始まると、湿度と火の熱気にあおられ汗が大量に噴き出してきた。後ろのほうでお経を唱えているだけでもそんな具合だから、火の前で勤行している大先達はじめ奉行の方々が感じる熱さは相当なものだろう。

とめどなく汗はあふれ出てくるが、不快な感じは一切しない。いよいよ奥駈が始まったんや！　と身が引き締まる思いだった。

午後5時20分からは風呂の時間だ。風呂には新客から入る。奥駈修行においては、すべてが新客からとなる。先輩のベテラン行者によると、はじめての修行は非常に厳しい、だからせめて修行以外のところでは新客に優しく接してあげよう、大切にしようということのようだ。そうしないと、どんどんやめていって人手不足となる、といった部分もあるのかもしれない。

ありがたい話ではあるが、といって、後に控える土衆や奉行の方々を待たせるわけにもいかず、

(早く入らなきゃ。早く入らなきゃ)

と、かえって時間に追われていた昨年のことを思い出す。

実際に奥駈が始まったら今度いつ入れるか分からないから、入れるときにはきちっと入っておきたい。かぎられた時間のなか念入りに体を洗い、湯につかる。「風呂から上がるとき、水を3杯かぶるように!」との指示。明日からの本格的な行入りを前に、これが身を清める意味での水行代わりとなる。

その後、6時15分から食事。全員が揃って正座し、黙っていただく。まずはみんなで般若心経をあげた後、一斉に「いただきます」。肉、魚を使わない精進料理だがボリュームはかなりある。ご飯のお代わりも自由だ。

しかし、新客だった前回は2日目からお代わりをしないようにしていた。初日なにも考えずに腹の空くままご飯のお代わりをしていたら、みんながどんどん食べ終わっていって箸を置き、じっと正座のままで、最後に唱和する「ごちそうさま」のときを待っていた。シーンと静まり返ったなか、ひとり自分だけカシャカシャと箸を動かす音が響き、かなりあせった。あれは二度と味わいたくない種類

のバツの悪さだった。大先達をはじめ奉行の方々を待たせるなんてことは感覚的にありえないことだ。もちろん理屈のうえでは待っていただいてもかまわないのだろうが、いやそんなことはとても許されないと思えるような、有無をも言わせぬ雰囲気で部屋はピーンと張り詰めている。

だから、どうしてもお代わりをしたければ、かなり急いでかき込まければならない。

「修行に来てまで、そんな餓鬼みたいなことしたないわ。修行のあいだぐらい、おなかいっぱい食べやんでもかまへん、死ぬわけでもないし」

それが昨年の修行を経たうえでの結論だった。ただし、そんな中でも必ずお代わりをする猛者はもちろんいる。

じつは、もうひとつ別の理由もあってお代わりは遠慮していた。その理由とは、できるかぎり、うんこの回数を減らしたかったからだ。冗談みたいだがいたって真面目な話だ。

行中はとにかく時間に追われている。悠長にうんこをしてる暇もない。それに奥駈は大所帯な割にトイレはどこへ行ってもたいてい少ないから、みんなが同じような時間帯にやりたくなると、すぐにトイレに入れるともかぎらない。やりたいときにやれるわけでもないのだ。

また、行中にどうしてももよおしてしまったら山でしてもいいのだが、袴を穿いているため排泄行為が非常にやりづらい。もしやる場合は隊のいちばん後ろにまで下がって、道からちょっと外れたあたりで、ということになる。それは大小問わず同じだ。

こうした排泄行為に関することは意外に無視できない問題である。自分のペースや思いどおりにはいかない集団生活、こういったことも含めての奥駈修行なのだ。ただ山を歩くだけではない。

食事の後には結団式がおこなわれた。金峯山修験本宗宗務総長の田中利典氏が、「安楽行」という言葉を用いていろいろと話をしてくださった。

やらされてやる行は安楽行にならない。ここにいるのは自ら望んでお金と時間をかけやってきた者たちである。なにも強制されてきたわけではない。だからこそ一度すべてを捨てて、まっさらになって修行すること。ここでは背負ってきたもの、地位や名誉、しがらみ、因縁、悩み、すなわち今までの自分を捨てて身をゆだねる。言われるがままに、ただただ歩く。それが安楽行につながる。

大先達や奉行の言うことを聞くということは、我を捨てるということになる。ひいてはそれが安楽行につながる。なぜ？　なに？　どうして？　という疑問符はいらない。言われることに、いちいち疑問、反論を抱いているようでは安楽行にならない。それでは我を捨て切れていない証だ。

やらされてやるのではなく、自ら進んでやること。それが自らの意思でここにやってきた者たちの姿勢であろう。もちろんそれは勝手なことをするという意味ではない。配膳の上げ下げから布団の出し入れなど、自ら動かなければならないことは多々ある。

「安楽行」とは、まさに奥駈修行の根幹を成す考え方だ。

出発前によい言葉をいただいた。この言葉を胸に明日からの修行に臨もう。

いよいよ明朝から始まるということもあって神経は高ぶっている。とはいえ実際はまだ歩いているわけではないので肉体は疲れていない。両方の理由で、その夜はなかなか寝つけなかった（午後9時就寝）。

いよいよ第一歩を踏み出す

7月18日（日）

午前3時起床。誰かひとりがパッと起きだして部屋の明かりを点けると、それに合わせて皆が黙々と布団をたたみだす。無駄口を叩く者はいない。そんな暇はないのだ。昨年は、新客のリーダー的存在だった米田さんがその役をやっていた。米田さんの発する「起床！」の合図、あの大きな声が懐かしい。

それが終わると、新客は朝食の配膳準備へと走る。トイレに行っている暇もない。我々土衆はその時間に靴下や脚半などの衣帯を身に着けはじめる。新客のときとはちがって、ある程度時間に余裕があるから助かる。食事が済むと配膳の片づけだ。通常は新客だけでおこなうのだが、今年の新客は少々まとまりに欠け、また動きも遅いため土衆も手伝った。

衣帯をつけて外に集合。4時出立ということは、3時50分までには集まっていなければならない。そうなのだ。奥駈修行においては、「●時集合！」と言われれば、実質その10分前には待機していなければならない。皆がバタバタと同時刻、同じ場所に一斉に集まるものだから、出口あたりは大変混雑する。加えて普段履かない地下足袋だから、その留め金をとめるのにもひと苦労だ。

「入り口で座って履くな！　邪魔やろ！　地下足袋つっかけたら、向こうで留め金つけんかい！」

早速、奉行の檄が飛んだ。

常に周りや他人に気を配っていなくてはならないから、的確な状況把握能力が求められる。自分のペースやルールは一切許されない、それが奥駈修行なのだ。

出発に向けて隊列を組む。奥駈修行では隊列にもルールがある。総奉行を先頭に、新客、土衆、真ん中あたりに大先達、そしてまた土衆、後尾に副奉行と続く。そのあいだに等間隔で奉行たちが入り、大先達のすぐ後ろには法螺を吹く人たち（法螺隊）が入る。

歩くのは隊の後ろになればなるほどキツいので、経験者である土衆は後ろのほうに入り、新客やあまり脚に自信のない人、高齢の方などは前のほうに入る。

行中は前後の人と等間隔で歩くのが基本なのだが、キツい登りが続いたり、長時間になってくると、どうしても遅れをとる人が出てくる。そういう人たちは遅れを取り戻そうと、下りや平地になると走る。結果、それ以降の皆も走ることになる。しかしまたキツくなったら遅れはじめ、またあるとき突然走り出す。その繰り返しとなる。そんなふうに走ったり歩いたりをドタバタと繰り返していると余計にしんどくなるのだ。

隊というものは、前のほうはある程度コンパクトに保てるのだが、後ろはだんだんと間延びしてくる。後方集団はそういった帳尻を合わさなければならない宿命にある。

4時きっかりに東南院を出立。修行の始まりだ。

外はまだ暗い。懐中電灯は必須だ。手持ち式でも頭につけるヘッドランプ型でもいいのだが、俺は昨年も今年もヘッドランプを選択した。

各自明かりを点けて、まずは金峯山寺蔵王堂へと向かう。東南院から蔵王堂までは歩いて10分足らずの距離だ。道幅は広くはないがアスファルトで舗装されており、両脇にはお土産屋や食堂、法具屋、宿坊などが軒を連ねている。早朝ということもあり金剛杖を突くことは許されない。まだ山中ではなく里だからだ。前夜の結団式において、その旨きつく言い渡されている。30人からの一団が一斉に金剛杖をアスファルトに突く音は、寝ている人にとっては騒音以外のなにものでもないだろう。行者一行は、二列の場合、右側の人は右手で、左側の人は左手で、金剛杖を縦横斜め45度に持って歩く。里においてはそれが基本姿勢だ。

金峯山寺に着くと、蔵王堂で勤行をあげる。蔵王堂は東大寺（大仏殿）に次ぐ日本第2位の大きさを誇る木造建築物で、そこに金剛蔵王権現が鎮座している。蔵王権現さまに出発の挨拶、道中の安全を祈願し、いよいよ大峯山に向けて出発だ。

今度こそ本当に本当の大峯奥駈修行の始まりである。

大峯奥駈修行は、ただ山道を歩くだけではない。

靡《なびき》と呼ばれる聖なる場所、神仏が祀られている霊地を拝しながら歩いてゆく。かつては百ヶ所以上あったらしいが、さまざまな変遷を経て、現在は75ヶ所で落ち着いているようだ。

大峯奥駈75靡

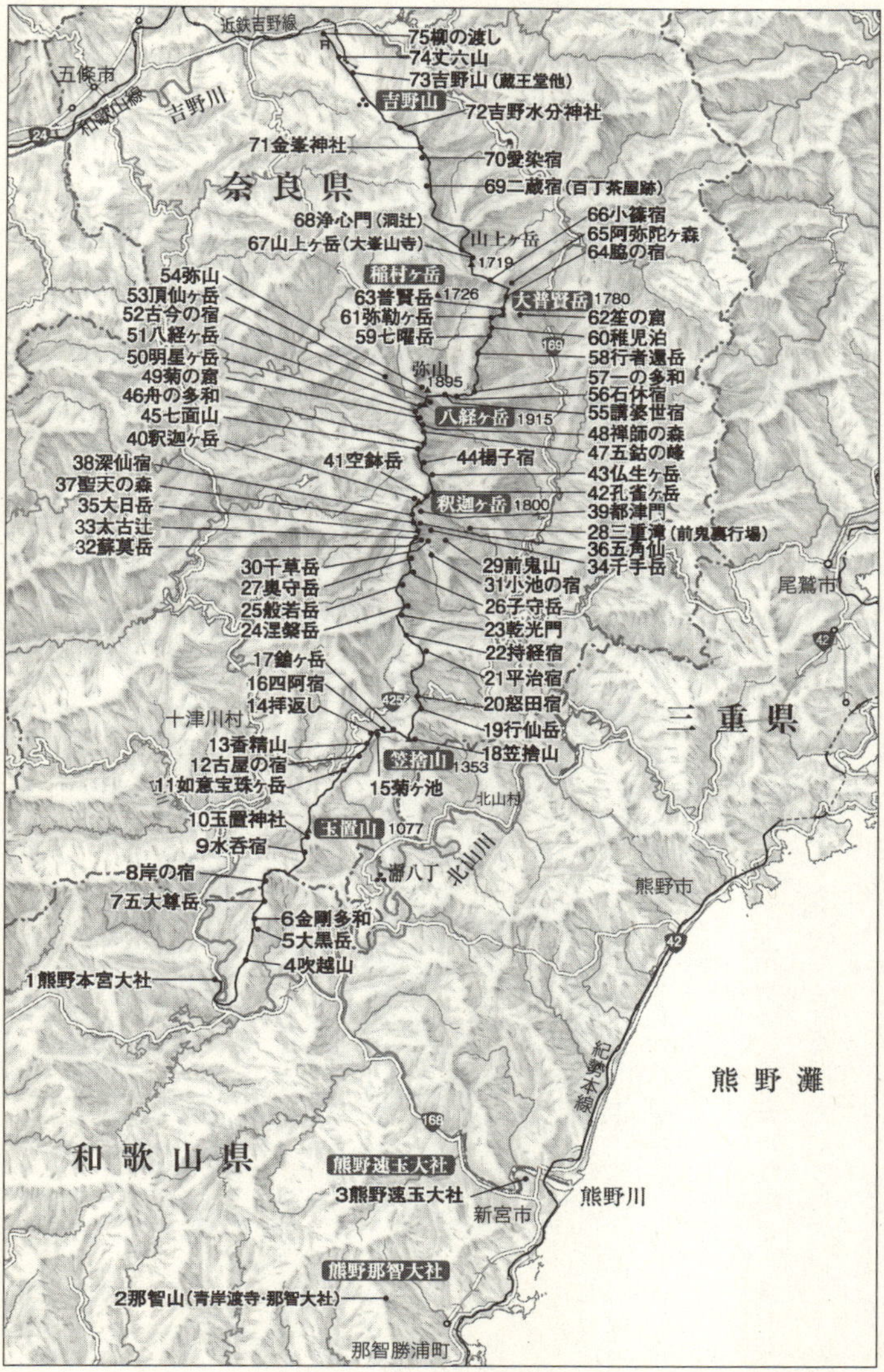

近鉄吉野線
五條市
和歌山線
吉野川
75柳の渡し
74丈六山
73吉野山（蔵王堂他）
吉野山
72吉野水分神社
71金峯神社
70愛染宿
奈良県
69二蔵宿（百丁茶屋跡）
68浄心門（洞辻）
67山上ヶ岳（大峯山寺）
山上ヶ岳
1719
66小篠宿
65阿弥陀ヶ森
64脇の宿
稲村ヶ岳
54弥山
53頂仙ヶ岳
52古今の宿
51八経ヶ岳
50明星ヶ岳
49菊の窟
46舟の多和
45七面山
40釈迦ヶ岳
63普賢岳
1726
61弥勒ヶ岳
59七曜岳
大普賢岳
1780
62笙の窟
60稚児泊
58行者還岳
弥山
1895
57一の多和
56石休宿
八経ヶ岳
1915
55講婆世宿
48禅師の森
47五鈷の峰
41空鉢岳
44楊子宿
43仏生ヶ岳
42孔雀ヶ岳
38深仙宿
37聖天の森
35大日岳
33太古辻
32蘇莫岳
釈迦ヶ岳
1800
39都津門
28三重滝（前鬼裏行場）
36五角仙
34千手岳
29前鬼山
31小池の宿
26子守岳
23乾光門
22持経宿
21平治宿
20怒田宿
19行仙岳
18笠捨山
30千草岳
27奥守岳
25般若岳
24涅槃岳
17鎗ヶ岳
16四阿宿
14拝返し
十津川村
13香精山
12古屋の宿
11如意宝珠ヶ岳
笠捨山
1353
15菊ヶ池
北山村
10玉置神社
玉置山
1077
9水呑宿
瀞八丁
北山川
8岸の宿
7五大尊岳
6金剛多和
5大黒岳
4吹越山
1熊野本宮大社
尾鷲市
三重県
熊野市
紀勢本線
熊野灘
和歌山県
熊野速玉大社
3熊野速玉大社
熊野川
新宮市
熊野那智大社
2那智山（青岸渡寺・那智大社）
那智勝浦町

靡は距離を表しているという説もあるが、修験道においては「役行者の法力に草木も靡いた」という逸話から名づけられたとされている。靡は仏像やお堂といった人工物の場合もあれば、洞窟や岩場、滝といった行場自体をさす場合もあり、もっといえば山や木そのものを靡とする場合もある。

山、川、木、岩、滝といった自然そのものを神や仏とみなす、そこに神仏が存在すると考える。これこそまさに修験道の根幹を成す思想であり、俺が修験道に惹かれる最大の理由のひとつでもある。機会があれば、山深く入ってみることをぜひお勧めする。素直な感受性があれば、こうした物の見方はすとんと腑に落ちるはずだ。

山上ヶ岳をめざして

初日は山上ヶ岳山頂までのおよそ24キロメートルの行程だ。

吉野の蔵王堂から歩きつづけ、午前7時45分に1回目の大休止となった。奥駈修行では、およそ1時間ごとに5分ほどの小休止がある。各自その時間を使って用を足したり水分を補給したりする。それ以外に大休止が一日に2回ある。

昼食は日の丸弁当かおにぎりが基本だ。弁当は通常、前夜宿泊した先でつくっていただく。日の丸弁当の場合、白米に梅干しが乗っかっていて、たいてい横にたくあんと塩昆布が添えられている。おにぎりの場合もほぼ同じで、海苔なし白米おにぎり3個に、梅干し、たくあん、塩昆布などがつく。

それを2回の大休止に分けて食べる。半分ずつ食べてもいいし、1回目の大休止で3分の2、次の大休止で残り3分の1を食べる人もいる。その逆もしかり。俺はだいたい半分ずつ食べるようにしている。

しかし修行が進むにつれ、早いと2日目ぐらいから昼食を食べない人が出てくる。食べないというより、食べられないのだ。夏の炎天下を一日中歩きつづけるわけで、ご飯が喉を通らない人が出てきてもなんらおかしな話ではない。ただ、やはりそういう人から先に弱っていく。食べられないから弱るのか、弱いから食べられないのか、どっちが先かは分からないが、とにかくそういう人から消耗していく。人のことばかりも言っていられない。俺自身、昨年は全部いただくことができたけれど、今回の奥駈では少し残してしまった日もあった。

8時過ぎ、ふたたび山上ヶ岳に向けて出発する。

未明に出発した金峯山寺蔵王堂からここまではアスファルト道が主だったが、この先は山に向かって延びている白い手摺りの階段を上り、いよいよ本格的な山道へと入っていく。里から山、神仏のおわします世界へと入ってゆくのだ。

「路肩注意！」

前を歩く奉行の激が飛ぶ。

奥駈では山道に入ると、ほとんどが一列での行動となる。先頭を総奉行が歩き、次いで奉行が歩く。この2番目に歩く奉行の役割は重要だ。隊の中では比較的若くて元気のある声のでかい人が請け負う。言ってみれば若頭的な存在だ。まあ若いとはいっても40代だけど、それでも隊の中では充分若い。去年は中山さん、今年は上西さんだった。

役目としては「いくぞ！　オラッ！」と要所要所で気合いを入れたり、誰かが落石したときなどに「なにやっとんじゃ！　コラッ！」と喝を入れたりする、いわばお目付け役だ。

またもうひとつ別の重要な役割もある。それは歩いていて何か異変があったとき、たとえば道が滑るとか、崩落していて危険な状態にあるときなど、それを的確に後ろへ伝えることにある。

「浮き石注意！」

「根っこ注意！」

「枝はね注意！」

「スリップ注意！」

「足下注意！」

注意を促すこうした文言を奉行が唱えたときには、それとまったく同じ表現方法ですぐ後ろの人がそのまた後ろの人へと伝えていく。そうして数珠繋ぎになった言葉が最後尾まで続いていくのだ。

今年一発目の掛け声は「路肩注意！」だった。

次第に道は険しくなってくる。すると、

「サーンゲ、サンゲ、ロッコンショージョー」

と節にのった掛け声を総奉行が唱えはじめる。それに合わせて皆も唱える。やがて「サーンゲ、サンゲ、ロッコンショージョー」の大合唱となる。漢字で書くと「懺悔、懺悔、六根清浄」。懺悔とは文字どおりざんげを意味し、六根とは眼、耳、鼻、舌、身、意の六つを表す。

日々暮らす雑然とした下界では、なにかを懺悔しようと思ってもなかなかできることではない、というかピンとこない。しかし、奥駈で歩く霊気漂う深山幽谷の雰囲気の中ではどうか。そこには自分よりも大きな絶対的な何かが存在する。客観的に表現すれば、それは自然の大きさ、ということになるだろう。しかしまた別の表現をすれば、それは我々人類が到底及ばない力ともいえる。山伏はそれを神仏だと感じる。表現方法はどうでもいい。そんなものはただの言葉遊びでしかない。大切なのは、自分は、人間はちっぽけなもんなんだなと感じること、感じられるかということだろう。

そしてなにより大事なのは、山とはそういう感覚に自然となれる環境なのだということ。大きなものに抱かれているという感覚。そんな大きな存在の中にいるから、ちっぽけな自分を少しは省みる気持ちになれるのだ。

黙々とただ歩く、それだけだ。自分がいままでにしてきたおこない、自分を取り巻く環境、そして自分自身と、見つめ直す時間はたっぷりある。修験道が「歩く禅」ともいわれる由縁である。

7月のうだるような暑さのなか、懺悔の念を持ってただただ一所懸命に歩く。そうすると身体中の毛穴という毛穴から不純なものが汗となり脂となって滲み出していく。身体が浄化されていく。それが六根清浄なのである。六根（眼、耳、鼻、舌、身、意）が穢《けが》れていれば、当然それらを通して入ってくる情報や事物も穢れている。つまり世界が穢れて見えてしまう。それでは本質を見抜く力がなくなり、くだらない噂や妬み、嫉みなどに惑わされ、うがった見方や誤った判断を下すことにもなりかねない。だから、歩いて汗をかいて六根を清浄するのだ。身体がきれいになれば、心もきれいになるはずだ。身体と心はリンクしているのだから。

また規則正しく大きな声で「懺悔、懺悔、六根清浄」と繰り返し唱えると、自然と息が整えられていくという説もある。一種の呼吸法になっているという解釈だ。だからだろうか、坂道の息も絶え絶えの苦しいときにこそ、余計に「懺悔、懺悔、六根清浄」と唱える。

こうして夏の大峯山には、幾度となく山伏の掛け念仏がこだますることとなる。

10時5分、百丁茶屋跡に到着。

ここで福岡から来ていた60代の方が、これ以上は無理ということでお帰りになった。奥駈は何十年ぶりで二度目だったとのこと。残念ではあるけれど、ここで帰られるのは賢明な判断だろう。この時点でそれだけ苦しいようだとこの先は確実に歩けない。過去に一度歩いているだけに、ご本人がいちばんよく分かっていたのだろう。

ここでは飲み物の「お接待」をいただいた。奥駈では、奥駈を支援してくださる方々——東南院や金峯山寺ゆかりの人であったり、歩いていく先々の土地の人だったりするのだが——そういった人たちから時折飲み物や食べ物の差し入れをいただくことがある。それをお接待といって、基本的にいただいたものはすべて食べる。残すことは許されない。

昨年はじめて奥駈に参加したときの驚きのひとつが、行中にコーラやCCレモンといった清涼飲料水が飲めることであった。参加する前には、精進料理と水にお茶ぐらいしか飲食できないものと勝手に思っていたので、なおさら驚いた（もちろん酒、魚、肉は御法度だが）。また休憩中であれば、喫煙も可。これも意外だった。実際に参加してみなければ分からないことはたくさんあるものだ。

百丁茶屋跡でいただいたお接待はコーラだった。

「旨い！」

月並みな表現になってしまうが、それ以外に言葉はない。夏の盛り、なんやかやとここまでもう5時間以上も歩いてきているので、身体が糖分と水分を欲していた。

それにしても太陽が気持ちいい……夏の日差しだ。たとえ暑くてもやっぱり雨よりはいい。すべての生命の源、太陽。ありがたい。

今日の目的地、山上ヶ岳はまだまだ先だ。

大休止を挟んで、午後1時50分、洞辻《どろつじ》に到着。

辻というだけあって、いくつかの道が交わるところ、分岐点に当たる。我ら奥駈行者一行が歩いてきた道と、それとは別の天川《てんかわ》村洞川《どろがわ》からの道がここで交わっている。

辻というのは、村と村の境であったり、こちら側とあちら側がぶつかるところ、つまりこの世とあの世の境目といったような、ある種の境界線になっている。そこには昔から道祖神やお地蔵さんなどが安置されていることが多い。おかしなものが——それは人であったり、災厄であったり、魔物であったりするのだが——こちら側に入ってこないように守ってもらうためのものだったのだろう。辻にはもうひとつ特徴がある。道が交わるところだから、辻周辺にはそれぞれの道をたどりやってきた人々が集う。人が集まれば商いが始まる。休憩するところも欲しいな、となる。それで茶屋ができることになる。ここにも数軒の茶屋がある。

洞辻では葛湯のお接待をいただいた。恥ずかしながら奥駈に参加するまで葛湯を飲んだことがなかった。温かくトロっとしていてほんのり甘い。この甘さが疲れてきている身体には嬉しかった。洞辻まで来れば山上ヶ岳はもうすぐだ。長かった初日の行程も、もうすぐ終わる。

西の覗きの名物修行

しかし、新客にとっては本日最大の山場と言ってもいい修行がこの先に待っている。俺も昨年やったが、ある意味、奥駈修行の代名詞といっても過言ではない修行だ。

新客と奉行数人が先に洞辻茶屋を発つ。しばらく行くと、ここまでの歩みにはなかった岩場が現れはじめる。そしてそれを登りきると巨大な岩の壁が眼前に立ちはだかる。本日の核心、山上ヶ岳「表《おもて》行場《ぎょうば》」の一端に到達した証だ。その壁は鐘掛岩《かねかけいわ》と呼ばれている。

表行場は「油こぼし」「鐘掛岩」「お亀石」などと呼ばれる行場によって構成されている。新客はこの鐘掛岩で本当の奥駈修行の厳しさを知ることになる。「奥駈って怒鳴られるんや」ってことを。

ここまでは道はそれほど険しいわけでもないし、実質今日が修行初日ということもあって、まだ奥駈修行がどういったものだかピンときていない新客も多い。昨年の自分がそうだった。（なんだかなー）みたいな感じで、納得するでもしないでもなく、ただ歩きつづけていたらここに到着した、もしくは歩かされてここまで来たという感覚。

鐘掛岩は高さ10メートルくらいの岩の壁を登りきる行だ。今風にいえばロッククライミングみたいなものともいえる。ただ、つかむところはいっぱいあるので、そういったことが得意な人にはそれほど難しいことではないはずだ。とはいえ高さは10メートル、落ちたらただでは済まない。高所恐怖症の人にはたまったものではないと思われる。

だから奉行たちはピリピリしている。生半可な気持ちで臨まれてはたまらない、ということだろう。新客10人。これだけの人数が集まれば高所が得意な人も、そうでない人もいる。通常こういった危険な行場では、先達である奉行たちが要所要所に留まり、補助する形がとられる。鐘掛岩の場合は奉行が上と下に分かれて、それぞれのポジションからアドバイスを送ることになっている。

新客はひとりずつ縦一列になって、それぞれ1〜2メートルの間隔をとって登っていく。半ば過ぎまではそれほど難しくない。しかし最後にこれを登ったら終わりという地点で、しばしば多少の問題が生じる。

ある人が奉行の言うことを聞かずに我流で登ろうとした。もしかしたらそれでも登れるのかもしれない。しかし奥駈では我流は許されない。

「手はここ、足はここ」

奉行の細かい指示が入る。それを無視して登ろうとすると怒声が飛ぶ。

「なにしてんのや、こら！」

「そこやないて言うてるやろ！」

「ここやここ！」

すぐに反応して対処できればいいが、そうでない場合はさらにテンションの上がった怒号が飛ぶ。

「おい、おまえ聞いてんのか！　死にたいんか！　言うてるとおりにせえ！」

お年を召した方や緊張しやすい人は、高所への恐怖に加えて、こうした荒々しい物言いに軽いパニック症状を引き起こしてしまう。ますます悪い状況に追い込まれ、その結果、岩にへばりついて立ち往生という事態が起こる。とかく高齢の方は反応が遅いうえに我の強い傾向があり、

「はいっ、はいっ」

と口では言っているものの、そもそも奉行の声を聞いているようで聞いていない。反抗しているわけではないのだろうが、脳に届いていないのだ。無意識のうちに我流で事に当たろうとするのは、たいてい高齢者か山登り経験者に多いようだ。

新客は自分が怒られなくても、誰かが怒鳴られているのを見ていて、すべからく奥駈とはこういったものなのかと知ることになる。奥駈の雰囲気といったものを悟るわけだ。社会経験の豊富な60代の方や、日常ではもう人から指図されることもない立場にある方々が、年下の奉行に怒鳴られる。しか

も人前でだ。これはキツい。しかし、それが東南院の奥駈修行なのである。

どこまで我を捨て、自尊心を捨て、ただのまっさらな一個人となって臨めるか……。新客はここにきてそういったことを感じだす。前回の俺がそうだったように。

そして新客一行はいよいよ初日最大の山場、「表行場・西の覗き」に到着する。

西の覗きでは、行者は身体を綱で括《くく》られ、頭を下にした逆さまの状態で断崖絶壁の上から吊される。眼下には緑まぶしい木々たち……その高低差、じつに数百メートル。はるか下まで見事に落ち込んでいる崖の上から宙ぶらりんなのだ。頼みは奉行が持つ綱のみ。文字どおりそれが命綱となる。

その状態のまま奉行からこう問われる。

「親孝行するか!」

「奉行の言うことをよく聞くか!」

吊された新客たちはただもう「はいっ! はいっ!」と言うしかない。とにかく早く上に引き上げてほしい、その一心だ。これでもう終わった、上げてもらえるとほっとしていると、ズズッズズッとふたたび下ろされて、「ほんとに分かったんか!」とフェイントを掛けられることもあるから気が抜けない。

と一応書いておくが、じつは西の覗きは傍目で見ているほどには、それほど怖くはない(高所が苦手な人にとってはまたちがう話だとは思うが)。もっと怖くて危険な行場は他にもある。俺も新客だった昨年はもちろん吊された。けれど、幸い高所がそんなに苦手じゃないのと、綱と奉行の手によって身体が想像以上にしっかりホールドされていることを感じて、安心できたのだ。西の覗きはそんなに怖くない、なんて偉そうに言っていられるのも、早い話、安全確保がきっちりとなされているからなのだ。

しかし、かつてはそうではなかった……。

西の覗きでの行は、「捨身行」の名残りではないかといわれる。往時は、現在の場所ではなく、ちがうところにある岩でおこなわれていたという。そこでは300人以上の行者が断崖から落ちて亡くなったという話だ。よって現在のところに覗きの場所を移したのだと。いつの時代から数えて、いったいどのくらいの期間で300人なのかは不明だが、それにしてもあまりに多い数だ。ゆえに事故ではなく、自らの意思(捨身)で命を絶った者も数多くいたのではないかといわれている。

かつてその行がおこなわれていたという岩を実際に見たが、あれは現代の感覚でいうならば無理。まずどうやってその岩に取りついたのかすら見当がつかない。単純に跳ぶしかない。たしかに跳べない距離ではないにせよ、成功の確率はそう高くない。その確率にかけて跳んだのだとすれば、信仰、そして行とはすさまじいものだと言うほかない。あれを跳ぶとはまさに天狗だ。千年以上も前に剱岳《つるぎだけ》に登頂していた修験者もいたという話だから、ありえる話かもしれない。昔の行者はきっと小さくて軽くて、山猿のような身のこなしをしていたのだろう。

捨身とは文字どおり身を捨てて、すなわち自らの今生での命を絶って、人々の救済をはかるというものだ。世の安寧、衆生救済を願って、自らの意思で谷底へと消えていった者たちがいた……すさまじい話だ。

奈落に向かって逆さ吊りにされることによって自分の中の迷いや逡巡を断ち切り、覚悟を持って進む、行に臨む。我を捨てるという点で、現在のこの行もまた精神的な意味での捨身に通じている。あるいは、それを促すためのもの。そういった意味合いではないだろうか。

山上ヶ岳山頂に到着

西の覗きが終わると、新客、土衆、奉行ら全員がふたたび合流する。ここまで来ればめざす山上ヶ岳山頂はもうすぐそこだ。少し歩いて今日の宿泊所となる宿坊に到着した。この宿坊は山上ヶ岳山頂からほんの少し下った平地にあり、東南院が運営している（このあたりには他の宿坊もいくつか存在する）。

一度全員で入って休憩し、新客だけが別の行場へと向かう。今度は裏行場だ。奉行に導かれて宿坊の裏から岩場へと入っていく。「蟻の戸渡り」「胎内潜り」「平等岩」と銘打たれた行場が点在する岩稜帯だ。上がったり下がったりしながらそれらを通り抜けていく行である。最大の難所は最後に控える平等岩で、空中に屹立《きつりつ》するかのごとく突き出た岩の縁をぐるっと回らなくてはならない。落ちたら確実に命が潰えるような断崖絶壁にあり、縁を回る瞬間はいわば空中遊泳の状態になる。岩をつかんでいる手と片方の足のみが命綱。とてもじゃないが、下を見ながらやる余裕はない。岩を回りきるときの一瞬ふわっとした足下の覚つかない感触は、いまも身体に残っている。

裏行場を無事通過した新客は、少し行ってようやく今日の最終目的地である山上ヶ岳山頂にたどり着く。本当にようやくだ。土衆たちは裏行場を通らず別の道から上がっていく。

午後４時、山頂にて全員が集合し、大峯山寺本堂の前で勤行をあげた。

この山上ヶ岳（１７１９メートル）こそ、役行者が金剛蔵王権現を感得した地だ。

山頂は比較的広い平地になっており、そこに大峯山寺本堂が建っている。現在の本堂は江戸時代の元禄元年（１６８８年）〜宝永３年（１７０６年）に再建されたもので、国の重要文化財に指定されている。幅約23メートル、奥行き約20メートル、高さは約13メートル。上から見たら、おそらくスクエアな印象を受けるだろうなと思わせる建物だ。亀の甲羅のような平べったいイメージ。とにかく、こんな大きな建築物が標高千七百メートルもの山頂にあることに驚く。

山上の大峯山寺、そして山下の金峯山寺蔵王堂、ともに役行者が開いた寺だ。かつてはこの大峯山寺と蔵王堂をひっくるめて金峯山寺と称したらしい。

千三百有余年の昔、にわかに天地が揺れ動き、あたりを雲が覆い、雷鳴が轟いた。すると、恐るべき地鳴りとともに岩を割り、大地の狭間からすさまじい憤怒相の金剛蔵王権現が立ち現れたという。役行者が金剛蔵王権現を感得した瞬間だ。そのときのものだとされる湧出岩《ゆうしゅつがん》が、いまも残っている。

古来より巨岩には神が宿り、また神が降臨する聖なる場所であると考えられてきた。磐座《いわくら》とも呼ばれ、注連縄《しめなわ》を張って、岩そのものを神さま、ご神体とするところも少なくない。熊野速玉《はやたま》大社の摂社《せっしゃ》、神倉神社に祀られているゴトビキ岩はそれに当たる。蔵王権現もまた、聖なる岩を依《よ》り代《しろ》として現れたのだ。

この地では現代には珍しい女人禁制が守られている。しかし昔は霊山といえば大半がそうだったようだ。富士山もしかり。よって東南院の大峯奥駈修行においては、女性信者は後半行程（山上ヶ岳を越えて以降）からの参加となる。

個人差のある水分の確保

宿坊にて夕食が済むと、明日の準備に取りかかる。そのうちのひとつが水分の確保だ。奥駈修行では、行中の水分摂取はまことに重要である。なんせ真夏の炎天下を歩きつづけるのだ、きちんと水分補給をしていないとすぐに熱中症になってしまう。とはいえ、持っていく量が難しい。（多いに越したことはないやろ）と勇んでリュックに詰め込めば、それはそれで重さが仇となる。余らせてしまうほど持っていっても仕方がない。荷物になるだけだ。

人によってまちまちだが、だいたい１・５～３リットルくらいの範囲で自分の体力と照らし合わせて決める。比較的水分を多めにとる俺は、２～２・５リットルほど持っていく。なかには体力を温存するために、わずか0・5~1リットルで賄う人もいる。八木奉行がそうだ。当然荷物は軽くなるが、それはそれで大変だと思う。

「水は飲まずに舐めるんや。ごくごくとやったら終わりやで。そんな飲み方してたら、いくらあっても足りへん」

うーん。たしかにそうかもしれないが、やはりある程度はガブガブといきたい。八木さんの境地には、俺はまだほど遠い。

たいていは宿泊先でお茶を用意してもらえる。冷えたものではなく、沸かしたての温かいものが多い。なにぶん山の中なので冷やすのも大変なのだ。奥駈修行も後半行程になって、山里に近づいてくれば水も確保しやすいが、初日、2日目の山の中だとそうもいかない。水は貴重品だ。それに、行中はなるべく生水は飲むなと言われている。細菌などにアタって山の中で食中毒にでもなったら大変だからだ。水を沸騰させてお茶にするのには、殺菌の意味合いもあるのである。

去年は容器として水筒を持ってきた。しかし実際に奥駈に参加してみて、水筒よりもペットボトルを利用している人のほうが多いのを見て、今年は俺もペットボトルにした。500ミリリットルのペットボトルを4~5本、これにお茶を入れて行に臨む。

行中の水分は基本的には水かお茶なのだが、ポカリスエットやクエン酸の粉を持ってきて、それを水やお茶に溶かして飲むことも許されている。許されているというか、まあ怒られることはない。昨年そういうふうにしている人を見て、今年は俺も甘酸っぱいクエン酸の粉を持ってきた。まあでも本当の本当に喉が渇いたときには、やはり水かお茶のほうが旨い。ときに甘さは邪魔になる。別口としてコーラは常に飲みたいけど。

大先達の講話

奥駈修行では毎日夕食後にミーティングがある。明日歩く道や行場についての注意事項や心得などを奉行たちが話してくれる。その中でも大先達の話はとくに興味深い。その日一日大先達が歩いて感じられたことや、山とは、信仰とは、行とは、そういったことを過去のいきさつや自分の経験、知識をふまえて話される。

初日の今夜は「大峯奥駈行者の姿を模索してほしい」との講話。奥駈行者とはいかなるものなのか、どうあるべきなのか……それぞれがそれぞれに明日からの行を通じて考えろ、感じろということだろう。また、東南院の奥駈修行が底の薄い地下足袋を履いておこなうのは、「岩の道、根っこの道を歩き、そのときに感じる足の痛みを、しっかりと自分で分かってもらうため」だとも。目と耳と心、そして自分の身すべてをフル稼働して山を感じろということだろうか。

その後、宿坊2階の大広間にて就寝。宿泊者は我々奥駈行者だけだったので、比較的広々としたスペースで床につくことができた。ありがたい。

長かった初日がこうして終わった。午後9時消灯。

ご来光の恵み

7月19日（月）

午前3時起床。今日も晴れそうな予感。4時に出立。

まずは、ふたたび山上ヶ岳山頂に上がり、大峯山寺にて勤行をあげる。夏とはいえ、早朝4時はまだ闇の中だ。山だけにその暗さは際立つ。ひっそりと佇む大峯山寺は静かで厳かな雰囲気に包まれており、えもいわれぬ神聖な気分になる。闇の中、動いているのは我々が放つ懐中電灯の明かりのみ。

勤行後、今日の目的地「弥山《みせん》」に向け出発。

しばらくのあいだ懐中電灯が頼りの夜間歩行となった。ほとんどの人が手に持つタイプの懐中電灯ではなく、頭につけるヘッドランプ型だ。奥駈行者は手に金剛杖を持っているため片手が常にふさがっている。そのためヘッドランプ式が人気なのだ。このあたりは近代登山となんら変わらない。奥駈といえども、登山の良いところは、それはそれとして取り入れる。これが偽らざる現在の奥駈修行の姿であろう。

金剛杖で足下を確認しながら黙々と歩きつづける。

険しい山道を歩くときに身体を支えるための金剛杖は、長さ約1・3〜2メートル。奥駈修行においては命の次に大事なものとされていて、絶対に落としてはならない。行中、山伏の身に不慮の出来事が起きた場合には、金剛杖を卒塔婆代わりにして葬ったともいわれている。ちなみに、お遍路の世界では弘法大師が宿った化身であるとされる。

頭の先から照らされている直径2~3メートルの円い明かり。見えているのはそこだけ。足下はガレた石ころ。油断すれば即転倒だ。神経を集中させ歩くことに没頭する。これぞ奥駈の神髄。ただただ無心に歩く。余計なことは一切考えない。ただ歩く。

夜間歩行は感性が磨かれる。理屈ではない。この時間はまだ山の精霊たちの力が強い。怖いけど、好きな時間だ。そうして小一時間ほど歩いていると、いつしか山の稜線が白んできた。青から薄紫、それが濃い紫になり、さらにそこに赤みがついてきたころ太陽が姿を現す。ご来光だ。ありがたい。この世の万物を照らす天照大神《あまてらすおおみかみ》。そしてその本地仏である大日如来《だいにちにょらい》。ご来光というと富士山のイメージだが、なにも富士山で見るものだけがご来光ではない。今日一日の天候、道中の安全を祈願して、自然と手が合わさる。山の民とはそういうものだろう。山、川、木、岩、石ころ、草花、滝、月、そして太陽、森羅万象に神が宿ると捉える修験道ならではの考え方だ。

しかしこのような感覚は、役行者より以前、もっとはるか昔から我々が抱いてきたものでもある。この国には、かつて八百万《やおよろず》の神々がいたという。八百万。本当にあらゆるものに神がいたのだ。自然は敵でもなければ、まして征服するものでもない。畏怖を抱いて接し、敬い、感謝し、そして共存するものだったはずだ。

その精神は、明治期以来の政治的な介入によって一度は失われたかにも見えたが、地球環境の危機といった観点などから、今日ふたたび見直されつつある。

この日は山の稜線に皆横一列に並んで、真正面から昇ってくる太陽に向かって勤行をあげた。優しいオレンジの光が俺たちを包んでくれていた。素晴らしい瞬間。今日もきっと良い日になると感じさせてくれる光だった。

しばらく行くと、昨日まで歩いてきた道とは異なる場の雰囲気に包まれた。いわゆる山道とはちがい少し開けた場所で、苔むした倒木と光を遮る巨木たちが佇んでいる。このあたりは阿弥陀ヶ森《あみだがもり》と呼ばれている。

やわらかい朝の光に包まれて、阿弥陀ヶ森はその原始のままの姿を晒《さら》していた。ここに立ってぐるっと首を回してみれば、視界すべてが緑に埋め尽くされる。それも乾いた緑ではなく、潤いのある優しい緑だ。昨年はじめてここを訪れたときの、あの癒され感が蘇った。長い奥駈修行の道のりの中でも、もっとも好きな場所のひとつだ。

吉野から山上ヶ岳までは途中アスファルトの道あり、お茶屋ありと、山の中とはいえまだ人の気配があった。しかしここから先は山の神々、精霊たちが待つ深山幽谷の世界だ。

阿弥陀ヶ森の最後の緩やかな傾斜を上がったあたりで休憩となった。

小休止の後、土衆は待機。大先達、総奉行、副奉行、数人の奉行と新客らが隊をつくり、ある場所へと向かう。新客修行の中でも一、二を争う危険な行場「経筥岩《きょうばこいわ》」だ。ここは同時にきわめて神聖な場所でもある。

数年前、ひとりの新客が滑り落ちて大変な騒動になったという。幸い一命はとりとめたが、崖下からの引き上げ、病院までの搬送と、そのとき居合わせた奉行方は、それはそれは大変な思いをされたそうだ。そんな経緯があるからこそ、ここでの奉行たちは格段に厳しい。まあ普段も厳しいのだが、その2倍掛け、3倍掛けである。

「経筥岩」と呼ばれる岩は、崖下50~60メートルの地点にある。そこまで下りていくのが大変なのだ。途中ひとりかふたりが立てる程度の岩棚はあるものの、鎖やロープはない。仮にここが有名な山の登山道だったら、当然鎖かロープなどなんらかの補助が施してあるはず。それくらいの危うさである。

新客として臨んだ昨年は道が大量の落葉で埋め尽くされていたのと湿気で岩が濡れていたのとで、かなり危なかった。前夜のミーティングで聞いたかつての事故の話も頭をよぎる。どうしても身体全体に余計な力が入ってしまう。加えてそこに奉行の厳しい檄が飛ぶのだ。

「絶対に気ぃ抜くなよ!」

「姿勢を低くしろ!」

「ゆっくり慎重に!」

「そこで立つな!　立ち上がるな!」

「枝持って確認しながら下りてこい!」

否が応にも現場には緊張が走る。

山登りをされている方なら分かると思うが、落ち葉というのはじつに厄介なもので、とくに下山時、一歩足を置いた瞬間、その足下の落ち葉のかたまりがズルッとずれて、そのまま転倒してしまうということがよくある。場所が場所なら、それで一巻の終わりだ。

さらに雨、氷、雪、霜などによる濡れも恐ろしい。

昨年の経筥岩にはその嫌な要素がふたつともあった。

特別に許されて土衆となった今年も下りたが、今回は落ち葉もほとんどなく、岩もからっと乾いていて状態は昨年よりかなりよかった。といっても危険な行場であることに変わりはない。当然、奉行の檄が飛ぶ。今年はふたりの新客が危険だと判断され「下りてくるな」と言い渡された。奉行たちは、それぞれが途中にある岩棚に立って、下りてくる新客にアドバイスを送る。なんとか無事に皆が下りきった。

経筥岩に向かって勤行をあげる。経筥岩の前は少し広い岩棚になっていて、身を寄せ合えばかろうじて十人ぐらいが立てるスペースがある。経筥岩は幅63センチ、高さ43センチ、奥行き32センチの箱型の穴があいた岩だ。ひと目見れば、明らかに人の手によってくり抜かれた穴だと分かる。そんなものが尾根道から逸れた断崖絶壁の岩にある。石箱に入れた法華経八巻を役行者がここに納めたということだ。

なぜそんな人が絶対に近寄らないようなところにあるこの場所が分かったのか。それはこの岩が光を発していたからだという……。平安末期、普賢岳から蔵王堂に向け光が放たれた。寺の者たちは何事かと大いに怪しみ、その光源をめざして普賢岳までやってきた。そこで法華経八巻を入れた石箱を発見した。それを蔵王堂に持ち帰り安置したところ、ある夜、蔵王堂に雷が落ちてあたりは闇となった。闇が晴れたときには法華経は消えていた。龍神が天へと持ちかえってしまったのだ――そんな伝承がある。

太陽が我々の背中越しに経筥岩を照らす。真っ白な光に包まれた中での勤行。表現としてはおかしいのかもしれないが、こう言いたい。すごくきれいな時間だった、と。

登らせていただく

経筥岩を後に、先に進む。

今日の行程である山上ヶ岳から弥山までは、標高1000~1500メートルの稜線をゆく非常に気持ちのいい道のりだ。空中散歩。真夏とはいえ、このあたりは標高が高いのでそこまで暑くない。太陽が心地いい。まことに感謝、感謝だ。

大普賢岳が近づいてきた。しかし頂上は踏まずに横に巻いて進んでいく。東南院の奥駈修行ではこうしたルートをとることがしばしばある。大先達はこれを「横駈《よこがけ》」と呼ぶ。

山の頂には神仏がおられるのだから、そこに我々人間が上がるのは畏れ多い、という考え方がその根底にはある。もちろん、すべての頂を避けるというわけではない。昨日は山上ヶ岳にも登ったし、今日は弥山にも登る。ただ、頂上を踏むことに拘泥する必要はないし、そこにこだわらない点に修験道ならではの意味があるのだ。要は気持ちの問題。それくらいの気持ちで我々は「お山に登らせていただいている」ということだ。

こういった考え方は、近代登山「アルピニズム」にはない。

山は取るもの。頂は踏むもの。より高く、より困難な場所を狙って。

基本的には征服するもの……とはちょっと言い過ぎか。押さえるもの、これぐらいか……。アルピニズムとは、とにかくそういう考え方(感覚)に根ざしている。ヨーロッパ諸国が「新大陸」を求めて海に出た大航海時代と基本的には重なる。未開の地は拓くもの。これはある意味では、「人間が人間であること」の存在意義であると言えなくもない。

ある土地に順応している動物は決して危険を侵してまで、ちがう地(環境)に行こうとはしない。動物が別の地へ移動し、その新たな環境に順応しようとするのは、かつていた環境下では、なんらかの理由で生存しつづけることが困難になったからだ。移動を余儀なくされたから動く。危険が及んでいるわけでもないのに、わざわざ安住の地を捨てるようなことはしない。それが自然の摂理。

かたや我々人類は、仮に生存の危険に侵されていなくても新天地をめざす。それを突き動かすものは好奇心かもしれないし、はたまた功名心かもしれない。誰も行ったことのないところ、誰もやったことのないことへの挑戦……それを人は冒険と呼ぶ。いまのままでいいや、だったら、決して人類は月にはたどり着かなかった。当然「冒険」には「科学」も必要だ。新しい技術革新があってこそ、はじめて次のステージにいける。

登山がまさにそれだ。道具の刷新が次々となされたからこそ、かつては絶対に無理だと思われていた山や壁に人類は取りつけるようになった。

修験道は、そういった考え方とは根本的に異なっている。

しかし、日本以外にも似たような考え方をする民はいる。やはり山の民だ。インド、中国、ブータン、ネパール、パキスタン、アフガニスタンと六つの国にまたがる世界最高峰の山「エベレスト」(チベット語ではチョモランマ)を含むヒマラヤ山脈、その文化圏で暮らす人々は、やはり山の上には神さまがいると考えているようだ。

だから彼らも、個人的な理由では基本的に頂上へは登らない。登るのは登山家の荷物運び(シェルパ)としてのみ。家族を養うためのお金を稼ぐ仕事としてだけ登る。彼らにも生活があるから、それはそれでしょうがない。

ともかく、山に接して、山と共に暮らしてきた民は、我々日本人にかぎらず山に畏敬の念を抱くものなのだろう。

大普賢岳を横に巻いて先に進んでいくと、だんだん奥駈らしい厳しい道のりになってきた。通称

「さつまころび」。文字どおり、かつて薩摩の山伏が転落したことからついた名だとか。非常に急な坂道だ。吉野から来た場合は下り坂となり、鎖と梯子《はしご》を使って慎重に下りていく。昨日の山上ヶ岳までの道のりには決してなかった険しさだ。ようやく奥駈修行らしくなってきた。

その険しい道を下ってようやく一段落。平地に降り立った。ここは「稚児泊《ちごどまり》」と呼ばれる靡だ。稚児（子ども）を安全なここに留め置いて修行に向かったということだろうか。

8時40分、本日1回目の大休止。ここで弁当を半分食べる。

9時5分出発。一度鞍部《あんぶ》（尾根の一部が窪んで馬の鞍のように低くなっている部分）まで下りきったので、登り返す。結構キツい登りだ。

9時18分、「七つ池」に到着。池とはいっても、いまはもう水はない。かつては大蛇が棲みつき、ここを通る行者を阻止しては食したという曰くつきの場所だ。大先達をして、「大峯奉中（大峯奥駈全行程の中でも）一、二の魔所だ」と言わしめるのだから、凡人の俺には分からないが、やはり何かあるのだろう。

その大蛇を退治したのは、聖宝《しょうぼう》大師とされている。理源《りげん》大師聖宝（832〜909年）は修験道中興の祖であり、真言系修験道の祖である。空海の弟の真雅《しんが》を師として真言密教を極め、後に京都に醍醐寺を創建した。醍醐寺は、山深くも険しい笠取山の頂上付近で山伏たちの霊場として発展し、後に醍醐天皇による祈願寺となった。

懺悔と感謝の信仰心

ふたたび歩きはじめる。

10時47分、「行者還岳《ぎょうじゃがえりだけ》」に到着。大峯奥駈道を開くため熊野から入った役行者が、この地にたどり着くまでに力を使い果たしてしまい、「いまの自分では験力が足りず、ここは登れない」と一度引き返したという謂《いわ》れのある絶壁を下る。熊野から来るとこの断崖は登りになるため、さぞやキツかったことだろう。

熊野から入り吉野へと向かう奥駈道を順峯《じゅんぷ》といい、反対に吉野から入り熊野へと向かう奥駈道を逆峯《ぎゃくふ》という。東南院の奥駈修行は逆峯となる。かつて役行者が奥駈道を開くために山に入ったのは熊野からの順峯だったため、順峯こそが正当で、しかも行程はよりキツいと主張する人たちもいると聞く。実際、順峯のほうがキツいだろうと思う。いつかはやってみたい。

現在おこなわれている奥駈修行のほとんどは逆峯だ。唯一、滋賀県大津市の三井寺（園城寺）が主催している奥駈修行だけが順峯でおこなわれ、熊野から吉野までを一気に歩き通しているという。

10時59分、本日二度目の大休止。残りの弁当を食べる。11時25分出発。天気がよくて清々しい気分だ。小さいアップダウンを繰り返しながら、３６０度どこを向いても山しか見えない、そんな尾根道をひたすら歩いていく。これからゆく弥山を遠くに見つめながら。

夏の空、雲、時折吹く風、開けた視界、稜線歩きは本当に気持ちがいい。もちろん行中だから、自分ひとり立ち止まったり、歩みを緩めたりすることは許されない。そういった意味では、この雄大な自然をゆっくり眺めることはできない。しかし、この稜線歩きはそれほど危険なわけではなく、傾斜もそんなにキツくないため、少しは周りに目をやる余裕はある。草、木、岩、土、空、そして山の色や匂いを、少なくとも感じとることはできる。ありがたい。自然とそういう想いが湧く。歩かせていただいて感謝。ここに来ることを許していただいて感謝。もしかしたら、弥山までのこの道のりが奥駈全行程の中でいちばん心地よい時間なのかもしれない。

と、いつしか目に映る弥山が大きくなってきた。

午後2時8分、「講婆世宿《こうばせしゅく》」に到着。大蛇を退治したという聖宝大師の銅像が目を引く。その前で勤行をあげ、2時30分、いよいよ本日の最終目的地である弥山本峰に取りつく。ここからはひたすら登る。ただただ登る。下りはない。

弥山への登りは奥駈修行2日目のハイライト、最大の核心と言ってよい。

直登ではなく、横に巻きながら緩やかに登っていく。しかし、いざ登りだしたら一度も平坦な箇所や下りがないため、登りっぱなしとなる。普段山歩きなどをしていない人には相当ハードなはずだ。額に汗して、顔を赤らめ、はふはふ言いながら一所懸命登る。どんなに辛くても立ち止まることはできない。自分の前と後ろには人がいる。隊の一員として歩いているのだ。隊を乱すことは許されない。おそらくそれがいちばんキツいのだと思う。

自分のペースで休み休み歩くのであれば、誰でも登れる。しかし奥駈はちがう。皆と一緒に歩く。

そこに意味がある。ひとりじゃないから、休めないから頑張れる、いや頑張るしかない。そんな状況下だからこそ、自分の限界を超えられる。そしてこんなときこそ、掛け念仏を皆と一緒に大声で唱えるのだ。

「サーンゲ、サンゲ、ロッコンショージョー」

辛ければ辛いときほど唱えるのだ。腹の底から。はっきりと大きな声で。

「サーンゲ、サンゲ、ロッコンショージョー」

弥山の山の神さまも、喜んでくれているのではないだろうか。我々はこの瞬間、他のことは一切考えず、ただ唱え、歩き、山と向き合っているのだから。

自分だけでゆく登山だとこうはいかない。辛くなったら立ち止まる。第一、掛け念仏なんて唱えない。奥駈は足だけで登っているのではない。腹の底から声を出すことにより内的エネルギーをも使って、まさに全身全霊をかけて登っているのだ。

途中、2時46分と3時5分に小休止が入る。15分歩いて休憩、そしてまた15分歩いて休憩だ。先頭を行く総奉行がそのペースをつくる。最後にもう一度15分歩いて、3時27分、弥山山頂（1895メートル）に至った。

山頂には天川弁財天社の奥の宮が祀られている。改めてきちんと一列に隊列を組んで鳥居をくぐり、そこで勤行。これでようやく本日の行程がすべて終わった。

今夜の宿は宿坊ではなく、奥駈全行程のうち唯一普通の山小屋である「弥山山の家」。一般の登山者も宿泊している。奥駈行者として、くれぐれも恥ずかしくないよう心して行動すべしと厳重に言い渡される。また毎回の習いとして、宿泊所前で夜のスケジュールと部屋割りが伝えられた。

5時夕食。その後のミーティングでは大先達のお言葉を今宵も傾聴する。

〝即今只今《そっこんただいま》行じる〟すなわち〝今この瞬間、瞬間〟こそが修行であり、それが奥駈の神髄である。歩いて、歩いて、歩き通して生きていることを実感する。だから足が痛いくらいなのがちょうどよい。そのほうがより「生」を実感できる。歩いて、歩いて、汗まみれ、泥まみれ、涙まみれになって、自分をさらけ出し尽くしたところではじめて六根が清浄される。昔の行者はひとりで山に分け入り、歩き、籠もり、行じた。一方で、皆で歩くのが現代の修行。声を出すのは、人のためでもあるのだ。

「サーンゲ、サンゲ、ロッコンショージョー」

と大声で唱えることで仲間を鼓舞する。「ほら、行くぞ!」と。

そして信仰心を持って歩くこと。信仰心とは、つまり懺悔と感謝である。このふたつを心に抱いて行じなければ何にもならない。

「命を賭けるより、人生を変える奥駈であってほしい」

大先達は最後にそう締めくくられた。

26回連続参加の名物奉行

部屋に戻り、皆と話す。近況、奥駈、修行、人生、もちろん他愛のない話も……。

なかでもひときわキャラの立った名物奉行がいて、毎回その人を中心に座ができる。滋賀県草津にある草津栄講の講元八木奉行は齢69歳、奥駈に連続26回参加している大ベテランの重鎮だ。白いあご髭をたくわえたその風貌は、まるで仙人か何かのようである。

八木さんの隊での定位置は前から4～5番目。前方を歩いている新客たちにほど近く、そのため自然と新客の教育係のような役回りになっている。1年目には俺もいろいろと教えていただいた。行中は基本的に私語厳禁なので通常は誰も話さないのだが、ひとりだけ意に介さず話している。そんなことができるのは八木さんだけだ。

「あそこに見えるのが、今日これから向かう弥山じゃ」

「この花はな、〇〇〇でな、昔の奥駈はな、〇〇〇で……」

八木さんの近くを歩いていると、だからとても楽しい。だが、奥駈修行は原則しゃべっちゃいけないものだから、こっちはどう返したものかと嬉しい反面困ってしまう。大きな声で長々と話していたら怒られるし、かといって返事をしなければ八木さんに失礼にあたる。そのため声のトーンを抑え、なるべく手短に返すという高等技術を駆使せざるを得なくなる。

なんというか、八木さんは別枠なのだ。野球でいえばＤＨ（指名打者・守備をせず打撃のみを受け持つ選手）みたいなもので、すべてを皆と同じようにこなすのではなく、自分の特色と役割をチームの中で、奥駈でいうところの隊において果たす。

奥駈参加回数はダントツで1位だし、年齢的にいってもいちばん先輩。大先達もさすがに八木さんには寛容だ。そのことに対して文句を言う人もいない。それだけの存在感と人望があるからこそだろう。ある面では軍隊のような規律の下おこなわれる大峯奥駈修行は、ともすれば怖く厳しいピリピリとした雰囲気が常につきまとう。その意味で八木さんは、一陣の和みの風を隊にもたらしてくれる貴重な存在である。

夕食後、八木さんはさっそく我々がいる大部屋にやってきて、いろいろと話をしてくれる。最初は金峯山寺や東南院、奥駈修行にまつわることを真面目にしゃべっているのだが、最後は決まって下ネタになる。まったくもって現役なのだ。そういうことに関しては我々より若いくらいだ。さすが69歳にしてこのキツい東南院奥駈修行の全行程に参加しているだけのことはある。しかも26回連続でだ。そのバイタリティはダテじゃない。

今年は割と早い段階から皆とずいぶん馴染めている気がする。昨年、新客として日々大変な思いをしながら、奥駈の雰囲気を身体でつかんでいたことが大きいのかもしれない。

もちろん肉体的な疲れはある。しかしなんというか、気持ち的に少し余裕がある。

明日もまた早い。8時30分消灯。

八木さんの暮らす家

名物奉行八木さんには、皆の期待を裏切らないグッとくる話が多い。

東南院から届いた奥駈修行参加許可を示す幾多の復信ハガキ、八木さんはそれらをずらっと横一列に並べて、家の壁に貼ってあるのだという。

大先達がそんな話をしているのを聞きつけた俺は、

（渋すぎるやないか！）

ぜひともその光景を見たくなった。

話は前後するが、この年の奥駈修行が終わった9月の終わり、八木さんと同じく滋賀に住んでいる奥駈仲間の市居さんに頼んで、八木さんの暮らす町へ連れていってもらった。

指定された場所で待っていると、はたして八木さんはやってきた。山での仙人然とした行者姿しか見たことがなかったが、その日はなんとネルシャツにチノパンというポップないでたち。しかもママチャリに乗って現れた。それを見たときは一瞬（えっ⁉）と思ったが、すぐにそのビジュアルも馴染んで見えてくるからおかしい。

「さすが八木さんやな。いやむしろ八木さんらしいわ」

ちょうど昼どきだったので、関西人らしく近くの「餃子の王将」に入った。八木さんは常連らしく、さっそく店の女の子と仲良く話している。ほら、やっぱり八木さんや。

昔の街道筋に建つ八木さんの家は、古き良き日本家屋の佇まいをそのままに留めた趣のある木造住宅だった。外壁には金峯山寺や東南院でおこなわれた催事のポスターや札などが何枚も貼られていて、一見して只者が住む家ではないことが分かる。事実、拝み屋さんの家だと勘違いして、突然飛び込みで「助けてください!」と入ってくる人もたまにいるらしい。「私にはそんな力はない」と丁重にお断りしていると八木さんは笑うが、それくらい雰囲気のある家だ。〝ザ・行者ハウス〟といった感じ。横開きの戸を開け、いざ一歩玄関に足を踏み入れたらそこは別世界……。まあ、ものすごい具合に雑然としている。と、八木さんの名誉のためにそういう表現にしておく。ま、男ひとりで暮らす家なんてそんなもんやろうな。

例の「入山許可」のハガキは部屋の中の壁ではなく、玄関を入ってすぐ振り返ったところ(引き戸の上のスペース)に貼ってあった。

(ここか!)

26回分全部はない。半分くらいだろうか。とかく人の話とは大きくなるものだ。でもやはり何かじわーっと伝わってくるものがあった。あたりを見回すと、過去に奥駈に参加した人たちから八木さん宛に届いた手紙やハガキ、写真や絵など、奥駈に関するさまざまなものが貼られていた。どれも過剰に人を引きつける力を放っていて、しばしボーッと見とれてしまった。

八木さんの家を訪ねられて本当によかった。他の奥駈行者の日常を垣間見るなんて、そんなに機会のあることでもないし、また訪れてみて改めて知った。八木さんがどれだけ東南院大峯奥駈修行のことを誇りに思い、愛着を持っているかということを。それは入山許可のハガキだけじゃなく、八木さんの家全体から強く感じ取れたことだった。

精霊たちの時間

7月20日（火）

午前3時起床、3時20分朝食、4時出立。

ヘッドランプの明かりをたよりに、まずは大峯山系の最高峰「八経《はっきょう》ヶ岳《がたけ》」（1915メートル）をめざす。一度弥山を下り、登り返す頃には、白い大きな花を咲かせることで有名な天然記念物の大山レンゲが、我々を出迎えてくれることだろう。

しかし近年は鹿の食害がひどいようで、鹿防止用のフェンスがあたり一帯を囲っていた。仕方がないことだとは思うが若干興ざめする。まだ夜が明けきっていなかったので、大山レンゲの群生地がいったいどのくらいの広さに及んでいるのかは暗くてよく分からない。ヘッドランプの明かりにわずかに浮かび上がった花だけを目にして楽しませてもらった。

本日最初の掛け念仏「サーンゲ、サンゲ、ロッコンショージョー」を唱えながら登りきると、そこが八経ヶ岳の山頂だ。別名仏経ヶ岳、八剣山とも呼ばれる。役行者が法華経八巻を山頂に埋納したことに由来する名だという。

薄明かりのなか頂上で勤行をあげていると、次第に光の粒子が増してきた。勤行が終わる頃には、あたり一面が遮るもののない大パノラマとなった。近畿地方の最高峰、そのてっぺんに立っているのだから、それも納得である。遠く大阪の街の明かりから、ここまでの歩いてきた道のり、これからゆく道、すべてが見通せた。

朝の澄んだ冷たい空気に包まれ、湧いてくる感情は（気持ちいい）と（ありがとうございます）のみ。それ以外には何もない。感覚がどんどんシンプルになっていくのが分かる。

八経ヶ岳から仏生ヶ《ぶっしょうが》岳《たけ》までの道のりでは、いままで以上に立ち枯れや倒木が目についた。視線を足下に転ずれば、20センチ大の石ころがごろごろと転がっている。手つかずの、おそらくは千三百年以上前からたいして変わっていない景観。役行者が開き、その後何百、何千もの行者たちが見たであろう光景。俺も今そこにいる。千三百年前の時空につながる道の上に。

このあたりはもう里からもだいぶ遠いから、容易には入っていけない地域だ。奥駈修行最奥部と言っていいだろう。そのため深山幽谷の雰囲気がひときわ濃厚である。

しかし昨年は、今回よりもさらにそういった趣が強く感じられた。

この地を踏んだのが昨年はじめてだったから、すべてが新鮮に感じられたという面はたしかにあるだろう。けれどそれ以上に、昨年はガスっていて先が見通せる状況ではなかった点が大きい。当然湿度も高く、山の木々、草花の力もそのため強かったのだと思う。すなわち山の精霊たちの時間（世界）だったのだ。それに比べて今年は、からっと一点の曇りもなく晴れわたり、すべてが白日の下にさらけ出されている。感覚の話になってしまうが、こうなると山の時間というより我々人間の時間のように感じられる。

山の領域と人間の領域。山の世界と里の世界。その線引きは山の民によって、昔から微妙かつ絶妙な感覚で保たれてきたのだろう。踏み込みすぎず、付かず離れず。

こういったことは奥駈の際にかぎらず、山に入るとよく感じることだ。

山の時間、精霊たちの時間というものは、確実に存在する。それは単純に物理的な時間だけを意味するものではない。人がよく入る山より人が入らない山、同じ山でも人が大勢入る夏よりは閑散とした時期、そういったときに山の力がより強く感じられる。

山に入るということは、そういった目に見えない力を感じに行っていると言ってもいいかもしれない。気配を感じとる、感覚が鋭くなる、カンが冴えてくる……すなわちそれが験を高めるということなのだろう。山伏が「山に伏して」修行する由縁だ。

山野に暮らす鳥獣たちにはある種の予知能力のようなものがある。地震などの天変地異を予測し、事前に対応するというのはよく耳にする話だ。人間も動物だ。他の動物たちと同じように人間が本来持っている力、それが、山に入ると首をもたげてくる。データはない……けれど、たしかな実感はある。だが所詮それも感覚の話だ。信じるか信じないかは当人次第。ただ俺は信じている。確信している。

五百羅漢と断崖絶壁

8時13分、「楊子宿《ようじのしゅく》」に到着。

ここはかつて、ある強力《ごうりき》が力尽きて亡くなった場所といわれている。広辞苑によると強力とは、「荷を負って修験者などに従う下男。登山者の荷を負い案内に立つ人」とある。重い荷を里から山の上もしくは小屋まで荷揚げする人。ヒマラヤの場合だとほぼ同義語がシェルパということになる。大先達いわく、昔は奥駈行者も強力を雇っていたそうだ。それゆえ広辞苑にもそう明記されているのであろう。その慣習を最初にやめたのは東南院だという。このあたりにも東南院の奥駈修行における誇りとこだわり、そして伝統が感じられる。

飴など、ちょっとしたものを供養として皆で差し上げた。東南院の奥駈修行では、甘味類の携帯が許可されている。もちろん行中は駄目だが、休憩のときにそれらを食すことは許されている。疲労時の糖分補給という意味合いからだろう。

いにしえの逞しい強力が安らかに眠られますようにと勤行をあげた。

次なる靡「仏生ヶ岳」へと向かう。

仏が生まれる山と書いて仏生ヶ岳。このあたり一帯は木々の間から笹のような草が無数に生え出している。ひとつひとつは小さいけれど無数の命がそこにはある。大先達は「草も本尊、つまり仏だ」と仰った。だとすれば、まさにここはその名のごとく仏が生まれる山なのだろう。

仏生ヶ岳も頂には上がらず、勤行をあげた後は横駈して進んでいく。

続けて向かうは「孔雀ヶ岳」だ。ここも頂上には向かわず横駈し、孔雀の覗きに出る。吉野から歩んできた場合、進行方向左側の視界が急に開ける。縁まで行って覗き込むと、下までズバッと切れ落ちた断崖絶壁だ。ここでは五百羅漢《らかん》の遙拝《ようはい》をおこなう。遙拝とは読んで字のごとく、はるか遠くから拝むということだ。

谷間にはいくつもの奇岩がそびえ立っていて、ひとつひとつがかなり大きく縦に長い。その様はまるで人間が立っているかのようだ。それを羅漢（お釈迦さまの直弟子たち）に見立てて勤行をあげる。岩を羅漢と見る、修験道ならではの感性だ。

ここで小休止。この後は3日目、いや奥駈全行程中で最大のハイライトと言ってよい鎖場が連続するエリアへと入っていく。その一帯はまた景観も随一なのだ。

少し行って「両部分け」となった。両部分けとは、吉野からここまでを曼陀羅の金剛界、ここから先熊野までを胎蔵界と見なす境界線となる、大きな岩の裂け目のことだ。

この裂け目を、鎖を使って慎重に通過していく。

いよいよ南奥駈、熊野が少し意識できるところまでやってきた。先に進む。道はどんどん険しくなる。岩と鎖の連続だ。大きな岩の前に出た。その岩を巻くようにして道は下っている。後ろは身もすくまんばかりの絶壁。岩の前には「掾《えん》の鼻」と呼ばれるわずかな棚場があり、そこに金剛蔵王権現の像が安置されている。立っていられるスペースすら乏しいため、ほとんどの人はそこを通過し、大先達とその周辺の数人だけで勤行をあげる。

断崖絶壁に佇む金剛蔵王権現。昨年はそれを見た瞬間、「あっ」と声を上げそうになった。これこそ山を行場とし霊場とする修験道世界の極みだ、そう思った。

11時40分、「釈迦ヶ岳」の取りつき近辺の斜面にて大休止。

弁当の白飯を頬張っていると、角の大きな雄鹿が現れた。距離にして50メートルくらいか。奥駈での動物との初遭遇に座の空気がふと和む。大自然が道場である修験道ならではの出来事だろう。

15分後、本日最大の登りである釈迦ヶ岳に向かう。

「サーンゲ、サンゲ、ロッコンショージョー」

掛け念仏を唱えながらの登りが30分近くも続いた。

12時20分、釈迦ヶ岳（1800メートル）の山頂では、高さ4メートルの釈迦如来像が我々を迎えてくれた。ここで護摩を焚いたのだが、昨年同様なぜかトンボが集まってきた。それも赤トンボばかりだ。釈迦如来がおわします山頂で、護摩焚きの煙が立ち昇るなか、赤トンボが何かに憑かれたように舞っているのは幻想的な光景だった。

釈迦ヶ岳から先は、今日の宿泊先となる前鬼《ぜんき》まで、ただひたすら下り道となる。

午後1時32分、「深仙宿《じんぜんじゆく》」に到着。広い台地状になった土地で、本山派（天台宗系）修験の根本道場だった場所とされている。ここからは右手に大日岳《だいにちだけ》がよく見える。

小休止。歩いてすぐのところに、大峯山中でも最高の霊水「香精水《こうしようすい》」と呼ばれる湧き水があり、それを汲《く》みにいく。真夏の炎天下を歩きつづけているため、各自水分の消費が早く、多くの人が水場へと足を向けた。ただ、香精水はちょろちょろちょろという感じの水量が少ない湧水なので、なかなか順番が回ってこない。待つことが嫌いな俺は我慢ができず、下に溜まっている水を手ですくって飲んだ。若干汚れてはいたが、それでも充分に旨かった。

奥駈修行にかぎらず、いったん山に入ったらその山の水を飲むのがいつものことだ。飲むというより、いただく。川の場合もあれば、今回のようにささやかな湧き水の場合もある。水は、その山の命そのもの。だから飲むと力が増す。疲れているときは本当に生き返る。日本の水はおしなべて柔らかく、甘く、旨い。

大日岳の鎖行場

束の間、喉の渇きを癒すと、ふたたび歩き出す。次にめざすのは大日岳だ。

日本全国さまざまな山を歩いてきたが、大日岳という名がついた山は多い。ここ大峯山の「大日岳」にならった山もあるだろうし、天照大神の本地仏である大日如来からとった山もあるだろう。いずれにしても大日岳と呼ばれる山はみな存在感がある。山に仏さまの名前をつける。いかに日本人が山に信仰心を抱いてきたかという証だ。そういった土壌に修験道は成り立っている。

大日岳には、25メートルに及ぶ急勾配を鎖につかまりながら登っていく行場がある。それを登りきったところには大日如来が祀られているという。残念ながら東南院の奥駈修行では、風化による岩盤の崩れと万一の事故に配慮して、1987年以降この鎖修行はおこなっていない。ただ、大日岳の鎖行場はあまりにも有名なので、それに挑戦したいがために奥駈修行に参加してくる人もいる。知り合いのある方は、現在の奥駈修行では執りおこなわれていないと知るや、自ら日を改めてやってきて登ったそうだ。それほどまでに登りたかったのだ。これもある種の信仰といえるのかもしれない。

大日岳への取りつき近辺にて勤行をあげる。山頂を遙拝しながら勤行を済ませると、今日の宿坊をめざし山道を下っていく。

午後3時、特徴的なふたつの岩が現れた。両童子岩ともいわれている。パッと見にはふたつの岩が並んでいるように見えるが、厳密にいえば下部でくっついているひとつの岩だ。U字型を想像してもらえると分かりやすい。両童子とは、不動明王に従う制吒迦《せいたか》童子と矜羯羅《こんがら》童子をさしている。高さは10メートルほど。非常に大きく個性的な岩で、神秘性というか仏性というか、何かを感じさせる。

修験道においては山そのものを聖域、霊場と捉えるため、そこにある木や岩、草花にまで神仏が宿っていると考える。ここでは岩が不動明王の従者になぞらえられているが、山に入っていると、こうした考え方も不思議と素直に受け入れられる。神さま、仏さま、言い方はなんでもいい。人知を超えた大きな存在を感じるのだ。

「碑伝《ひで》」という修験道独自の木札を岩の前に置いて勤行をあげると、前鬼まで下った。脚が棒のようだ。さすがに3日間歩き通しだから足裏も痛む。昨年も感じたが、前鬼までの長い下りを含む3日目が、奥駈修行の全行程中いちばんキツいかもしれない。疲れた足には下りはこたえる。できては潰れるを繰り返している足裏のマメも痛い。ただそれは誰もが同じ。皆黙々と歩く。そろそろか？　そろそろか？　と思ってもなかなか到着しない。この間、自分との対話が続く。

（まだかまだかと期待しててもそんなにすぐ着かんわ。いいから黙って歩け。歩みを止めなければいずれ必ず着く）

心のうちでそんな問答を繰り返していると、

ぶおぉーん、ぶおぉーん。

法螺貝特有の音が鳴り響いた。前をゆく奉行が〝到着間近〟を宿坊へ合図しているのだ。法螺貝は現在でいう携帯電話のようなものだ。それを吹くことで山あいにいる仲間と連絡を取り合ったり、

「もうすぐ帰る」と里に伝えることができるわけだから。

鬼の末裔が暮らす里

4時ちょうどに、ようやく本日の宿泊所「前鬼山小仲坊《おなかぼう》」にたどり着いた。前鬼山小仲坊。ここもまた歴史に彩られた不思議なところだ——。

役行者には常に付き従うふたりの弟子がいたとされる。ともに鬼で、名を「前鬼」と「後鬼《ごき》」といった。前鬼と後鬼は、現在の大阪と奈良の県境にそびえる生駒山で悪さをしていたところ、同じく生駒山で修行中だった役行者に取り押さえられ弟子になった。

前鬼が男で後鬼は女。ふたりは夫婦だった。それぞれをかたどった現存する像を見ると、前鬼は手に斧、後鬼は水瓶を持っている。そのことから前鬼は斧で道を切り開き、後鬼は飯の支度をしたのではないかとされているようだ。

役行者が遺言で、

「汝ら、後世の大峯修行者のため、この地にとどまりて子孫の計を建て、峰中を守護し、修行者を誘導せよ」

と命じたため、前鬼と後鬼の夫婦は子をもうけ、この地（奈良県吉野郡下北山村）に留まって宿坊を構え、遺言どおり、訪れる修行者のために尽くしてきた。

後にその子孫は、鬼熊《きくま》、鬼上《きじょう》、鬼継《きつぐ》、鬼助《きじょ》、鬼童《きどう》と五家に分かれる。すべて「鬼」の字がつく姓だ。そのためまとめて「五鬼」ともいわれ、五鬼熊、五鬼上、五鬼継、五鬼助、五鬼童とも名乗ったとされる。それぞれが宿坊を開きこの地で生活してきた。小仲坊は五鬼助系の宿坊だ。前鬼の里は長いあいだ、たった5軒しか家が存在しない希有な集落でありつづけた。周辺の土地の人々が、あれは鬼の子孫だといって忌み嫌ったためともされるが、「自分たちは役行者に仕えた前鬼の子孫だ」と五鬼のほうでも他の部落の者たちと決して交わろうとしなかったといわれる。誇り高かったのだろう。それにしても、なんたる歴史ロマンか。そして続くこと六十数代……。

しかし、明治元年（1868年）の神仏分離令をきっかけに廃仏毀釈が全国で広まり、明治5年（1872年）に修験道廃止令（太政官第273号）が発布されると金峯山寺は廃寺とされてしまった。以来、修験道（神仏習合）は衰退の一途をたどることになった。

こうして大峯を訪れる修験者もめっきり減り、宿坊経営では生活が立ちゆかなくなると、長きにわたって前鬼の里を一緒に守ってきた五鬼も、一軒また一軒と里を離れるようになった。明治20年（1887年）に五鬼熊、五鬼上、五鬼童が出ていき、昭和40年（1965年）には五鬼継も去り、残ったのは小仲坊を営む五鬼助だけとなったわけだ。

現当主の五鬼助善之さんが、こうした経緯を淡々とした口調で静かに話してくれた。

前半行程これにて終了

例年この前鬼の里で、東南院奥駈修行の前半行程が終了となる。今年は8人が前半で行を終えられた（全行程を希望していたものの、以後続けるのは困難と判断され、ここで終了となった方も含む）。夕食時、前半行程の満行式がおこなわれ、ちょっとしたお祝いムードとなった。修行が始まって以来、はじめて食事中の会話も許される。とはいえ、食事は黙って粛々といただくものというスタイルがすっかり身についてしまっているため、そんなにしゃべる人はいない。ほとんどの人がその後も修行が続くため、お酒も御法度だ。

前半で修行を終えた人たちの表情は、大きくふたつに分かれていた。「無事満行できてよかった！」と安堵の表情を浮かべる者と、「本当は熊野まで（全行程）行きたかったな……」とちょっと名残惜しそうな表情をする者。通常前者は新客で、後者は全行程経験者である土衆に多く見受けられる。

満行式では、大先達から終了証が手渡され、各自感想を含めた挨拶をおこなう。なぜ奥駈に参加したのかという動機から修行の感慨まで、さすがに東南院での前夜泊まで含めると丸々4日間、日常を離れて山々を歩きつづけたこともあり、各人が語る話は非常に興味深かった。

そのまま引き続いておこなわれたミーティングでは、大先達が「奥駈病」について話をされた。といっても、なにも高尚な話ではない。

その病については、いろいろな人たちから何度となく耳にしてはいた。いわく、一度かかるとなかなか治らない病で、相当に厄介なウィルスが潜んでいるのだとか。奥駈修行が終わった直後は一見全快したようにも感じるのだが、その後日が経つにつれ、むくむくとまた頭をもたげてきては症状がぶり返す。このウィルスに一度感染すると奥駈のことが忘れられず、まるで正月であるかのように、一年の周期を7月の奥駈修行に合わせてしまうようになるのだという。一年の計は元旦にあり、ではないが、ともかく一年がそこスタート、もしくはそこ終わりとなってしまう人たち。加えて、そのウィルスに感染した者同士が会った場合、周りの人などおかまいなしに奥駈の話しか一切しないという暴挙に出るとか。まったくもって困ったウィルスだ。

大先達が前半行程で終えた人たちに「縁があればまた会いましょう」と告げたのも、決して社交辞令ではないのだ。

小仲坊では風呂に入ることができた。湯船に入れるのは3日ぶりだ。疲れた身体にお湯の熱がしみわたる。ありがたい。本当に気持ちがいい。またここでは、新客と土衆が休む部屋はひとつの大広間でかなり広い。そのため、ゆとりをもって眠ることもできた。

前半行程終了の場ということもあって、全体的にいままでとはちがい少し和んだ雰囲気が漂っている。午後9時就寝。

40歳を迎える朝

7月21日（水）

4時起床。今日は俺の誕生日。40歳を迎える。人生折り返し地点。

いよいよか、早かったような長かったような……。

年々、時の経過が早く感じられるようになってきた。不惑、四十にして惑わず……。人生は依然博打つづきだが、生き方に迷いはない。俺の40代は奥駈修行から始まるわけだ。これもまた何かの縁。いままで以上に気持ちを新たにして臨もう。

ここ前鬼山には「前鬼の裏行場」と呼ばれる非常に厳しい行場がある。そのため裏行場に行く者と小仲坊に残って座禅を組む者とに分かれる。この座禅を只管《しかん》の行という。前夜のミーティングの際、「あなたは残って座禅を組んでいなさい」と大先達、総奉行から言い渡された人、あるいは「自信がないので残ります」と自ら辞退した人が只管の行をおこなうことになる。

4時30分、朝食をとらずに出立。

前鬼の裏行場は行場自体ももちろん厳しいのだが、そこに行くまでの道のりも侮れない。細かいアップダウンを繰り返す細い山道に沢渡りと関門が多い。まだ薄暗い中、懐中電灯を頼りに小走りに先へと進んでいく。荷物は小仲坊に置いて軽装で臨むため、自然と歩くスピードが上がる。通常の行中よりかなり速い。持ち物は金剛杖と懐中電灯、そして必要な人だけ少しの水分、それだけだ。

前鬼の裏行場には「三重滝」と呼ばれる三つの滝がある。それぞれを千手《せんじゅ》滝、不動滝、馬頭《ばとう》滝という。歩き出して約1時間。最初の滝である千手滝が見えてきた。高低差30メートル以上はありそうだ。一本の太く強い水流が勢いよく落ちてくる、というよりは、広く大きな一枚岩の上をなめらかに水が滑り落ちてくるといった感じだ。水の筋が幾重にも分かれて流れている。それで千手滝と呼ぶのだろうが、いずれにしても優しい印象だ。

まだ夜が完全に明けきってない深い森の中、皆が黙したまま歩を進める。と、視界が突然開き、眼前に滝の全景が現れた。薄暗がりを切り取るように、それは白く浮かび上がって見えた。息を呑む。静寂のなか聞こえるのは水の音だけ。贅沢な時間。誰もがしばしボーッと滝を見つめている。他になにをするのでもない。内から感謝と畏敬の念が湧いてくる。自然と頭が下がり、手が合わさる。大いなるものの存在を目の前にしたとき、はじめて信仰が始まる、そのことを身をもって実感するひとときだった。

千手滝の前で勤行を済ませ滝の横を登っていくと、すぐに洞窟《くつ》が現れた。胎蔵界窟と金剛界窟、ふたつ併せて両界窟というのだそうだ。窟の中には役行者と、その左右に前鬼後鬼の銅像が祀られている。過去に訪れた行者たちが置いていった膨大な数の碑伝も目を引く。まるで時が止まっているかのような感覚に襲われる。

修験者はしばしば窟《いわや》に籠もって修行をする。窟は霊が集まる場所と古くから信じられてきた。霊と交わり、霊力を身につけるため、役行者の昔から重視されてきた窟籠《いわおご》もりは、こうした自然の洞穴や岩陰などに諸尊を祀っておこなわれる。

役行者さまに勤行をあげ、いよいよ前鬼の裏行場「天の28宿」へと向かう。

絶壁で「震度4」に遭遇

まずは崖を横に移動しなくてはならない。足場の幅はわずか30~40センチ。慎重に進む。20メートルほどゆくと行き止まりになった。見上げればそこは絶壁。ほぼ垂直。岩壁伝いに上から鎖が垂れ下がっている。どこが最上部なのかはここからでは分からない。「天の28宿」とはよく言ったものだ。手に握っているこの鎖が、天から降《ふ》り下りてきているものだと言われても違和感はない。行中次々に現れる山、行場、靡。これらにつけられた名前に託された意味のなんと豊かなことか。つくづく修験道の世界観、修験者の感性に感心する。

鎖には約1メートルおきに足を入れることが可能な直径15センチほどのワッカが付いている。これは江戸時代末期のものだそうだ。各地でさまざまな修験の山に登ってきたが、ワッカ付きの鎖はあまり記憶にない。そこに片足を突っ込み、両手で鎖を持って、ぐいっと身体を持ち上げ必死に登っていく。途中2ヶ所で、ほんのわずかばかり棚場になっているところがあり、そこで少し休憩をとる。とはいえ緊張感は消えない。依然、落ちたらただでは済まない状況であることに変わりないからだ。

40メートル近くも登っただろうか、ようやくいちばん上にたどり着いた。しかしまだ気は抜けない。最後に大きな一枚岩が立ちはだかっている。左に巻くようにしてこの岩を越えなくてはならない。それが最後の試練だ。鎖などの命綱もなく、文字どおり裸一貫、徒手空拳で臨むため緊張感が高まる。足を踏み外したら確実に谷底の川まで真っ逆さま。その落差は50メートル以上はあるはずだ。

手足の置き場を奉行が教えてくれるので、焦らずにやれば余程のことがないかぎり大丈夫だとは思うが、とにかく滑ったら終わり。慎重かつ速やかに通過すべく心を砕いて進んだ。焦ってはいけないのだが、かといって危険箇所に長く留まるのもまた危ない。

後で聞いた話だが、皆で「天の28宿」に挑んでいたちょうどそのとき、震度4の地震があったのだという。何人かは気づいたらしいが、こっちは鎖にぶらさがっている状態で地面に足がついていなかったためか、まったく分からなかった。

どうやら〝余程のこと〟が起きていたようだ。ただ、結果的には何事もなかった。こういうとき物事をどう捉えるかで開ける世界はまったくちがってくる。

「なにも絶壁にへばりついてるときに地震にあわんでもええやろ」

そう不運を嘆くか、あるいは、

「ただでさえ危険な状況下で地震にあったのに、結果的に何もなかったとはありがたいことだ」

と幸いを噛みしめるか。

もちろん山伏はこう考える――。

「これは神仏のご加護あったから無事だったのだ。我々は守られている」

山というところは非日常な世界だ。なにが起こるか分からない。人間がコントロールできることなどたかが知れている。だからこそ人は予測不能な山を畏怖し、感謝し、謙虚になれる。（ありがたい、神仏のご加護があったのだ）と自然に思える。

けれど、こういった考え方はなにも山伏にかぎったことではないだろう。下界においても、日々なにかは起こる。それをどう捉えるか、どう受け止めるかで、その人のその後の生活、いや人生すら変わってくるはずだ。自分は不運だ、運がないと嘆いて世の中や他人のせいばかりにしているのと、自分には他の人にはないこういうものがある、こんなに知人にも恵まれている、と自分の人生を肯定的に捉えるのとでは大ちがいだろう。

ただ、苦境の只中にいるときにはなかなかそうは思えない。俺もかつてはそうだった。どうにもならない自分の宿命ともいうべきものをひたすらに恨んでいた時期もある……。

不動滝を経て、前鬼川に戻ると、ふんどし一丁になって水に入った。森深い場所でもあり陽はあまり当たらず、しかもまだ早朝とあって、夏とはいえかなり水は冷たい。

「寒い！　冷たい！」

と口ぐちに言いながらも、しかし皆なぜか嬉しそうだ。

そして、その場で般若心経一巻をあげた。

前鬼の裏行場とは、このような滝の周りに点在するいくつかの行場をさす。奥駈修行全行程のうちでいちばん好きな場所はどこか？　ともし問われたら、俺は迷うことなく「前鬼の裏行場だ」と答える。美しい水、独特の青、神威漂う雰囲気、本来〝動〟であるはずなのにどこまでも静謐な滝……。各地を巡ってきたが、こんなに落ち着くところは他にない。

滝の正面に立ち、霧のように細かく優しく降りかかってくる水しぶきを浴びながら、ただただ見上げる。おそらくあたり一面にマイナスイオンが出まくっていることだろう。それは空気清浄器から放出されるようなものではない、天然のマイナスイオンだ。

昨年、同じ新客として参加していた気功の先生小峯さんが、この滝を前にして両手を大きく差し広げていた光景をふと思い出した。あのとき隣に行って小峯さんに尋ねたことも。

「何してんの？」

なんとはなしに分かってはいても、やはり本人から直接聞いてみたかったのだ。

「力をもらってる」

やっぱりだった。

小峯さんの横に並んで、俺も同じように手を広げた。

奥駈修行に参加しているからといって、みんながみんな小峯さんのような感覚を持った人たちばかりではない。信仰の度合い、形、目的は人それぞれだ。そこが東南院の奥駈修行、さらにいえば修験道の魅力でもある。それはそれで良いとするところが潔いと思うし、自分の性にも合っている。

小仲坊に戻る道中は、往路よりもさらにスピードが増した。

修験道の修行には「早駈《はやがけ》」なるものがある。文字どおり山野を早く駈けるのだ。東南院の奥駈修行においては、最終日にそれが待っている。

その予行練習というわけではないだろうが、かなりの速さで歩く、というか駈ける。深い森の中とはいえ、もう日は上がっていたので視界は良好だ。前の人に遅れをとらないように、ハッハッハッハッと軽く息を弾ませながら駈ける。少し危険ではあるが気持ちのいいことこの上ない。獣か天狗にでもなったかのような気分だ。右に左に、ときに登り、ときに下り、ステップは大きく。足を踏み込みすぎてカーブを曲がりきれず崖下へ落っこちたりしないように注意をしながら、風を切って山を駈け抜けていった。

８時20分、小仲坊に到着。20分後に朝食をとり、９時10分には行者堂前に集合した。

勤行をあげ、小仲坊の五鬼助さんにお礼の挨拶をする。ここで前半行程の人たちと別れる（前半行程を終了した人で前鬼の裏行場修行に参加していた人もいる）。彼らはここからマイクロバスに乗って吉野の東南院まで帰るのだ。

アスファルト道でのデッドビート

全行程をゆくメンバーはここからバスで上北山村浦向《うらむかい》にまで下る。

正確にいうと、奥駈修行を支援してくださっている方々の車に乗って、小仲坊から12キロメートル下にあるバス停まで行き、そこでバスに乗り換えるのだ。バス停までの移動車は2台。乗れる人数にはかぎりがあり、あぶれた人は自分の足で下れるだけ下る。お年を召した方や奉行方から先に車に乗っていく。

ここでおかしなことが起こる。昨年もそうだったが、自ら志願して「歩きたい」と言い出す人が意外と多いのだ。浦向までは普通のアスファルト道だ。これといった景観が楽しめるわけでもなし、むしろ山道より疲れるくらいだ。なのに、3日間さんざん歩いてきてまだ歩きたいとは！　さすがはそう安くもないお金と貴重な休みを投じ、自ら望んで奥駈修行に参加しにきた連中だ（ある種変人の集まりなのだ）。かく言う俺も歩き組。今回の歩き組も、昨年とだいたい同じ7〜8人の顔ぶれが揃った。

皆我先にと歩き出す。なぜだ？　理由は分からない。誰も楽をすることなど考えてもいない。それどころか、ちょっとした競争状態になっている。歩くスピードがだんだんと速くなる。しまいには早歩きのほうが疲れるからか、全員が走り出す始末。もうこうなると（ちょっと頭弱いんとちゃうか）という感じだ。もちろん自分も含めてのことだが。

ひとりまたひとりと脱落していく。脱落？　なんの？　下りマラソンレースのだ。ただし、これはあくまで修行とはなんの関係もない話である。そして気がつけば俺が先頭に立っていた。

しかしテール・トゥ・ノーズでぴたっと付いてくる人がひとり。坊主頭にちょび髭、日焼けした肌にいかつい顔。市居さんだ。御年55歳。まるでそんなふうには見えない。脂肪のまったくない均整のとれた体が目を引く。それは若い頃からずっとやってきた空手によって培われたものだ。一時は所属していた道場の内弟子になり、指導をしながら自らも試合に出場を続けていたという強者である。給料をもらっていたのだからいわばプロ。最終的に全国5位までいったというのだからたいしたものだ。20〜36歳まではそんな空手一色の生活だった。その後園芸の仕事で生計を立てるようになり、現在は滋賀県東近江市にある自宅周りの田畑で農業も営んでいる。

その風貌からは想像しづらいが、市居さんはまた茶目っけたっぷりのおっちょこちょいタイプでもある。昨年の新客メンバーの中で、いちばん怒られていたうちのひとりだ。すごく真面目でいい人なのだが、場の空気を読まずに先に動いてしまうようなところがある。せっかちなのだ。目立たないように大人しくしていれば怒られることもないのに、否応なく目立ってしまう。

東南院の奥駈修行では、仮に過去に一度、前半行程あるいは後半行程のみ参加したことのある人でも、２年目は新客扱いとなる。全行程はまだやり終えていないというのが理由のようだ。市居さんは後半行程のみ参加したことはあったが、前半行程は未経験ということで、昨年は俺と同じく新客だった。奥駈を０・５回だけ経験していると考えれば分かりやすいだろう。だから、経歴としては先輩でありつつも同期のような存在だった。

そんな市居さんだったが、一年ぶりに会ってみれば、金峯山寺で得度を受けてすでに仏門に入っていた（前述のとおり修験道は半僧半俗が基本なので出家する必要はない。だから実際の生活は一般の人たちとそんなには変わらない。変わるのは、もしくは変わるべきなのは気持ちの部分なのだろう）。本気度がますます高まっている。

そんな市居さんとふたり並んでアスファルト道を走る。ものすごくいい天気。

市居さんは走るのをやめる気はないようだ。それはこっちも同じ。市居さんはトップを譲る気もないらしい。これまた俺も同じ。明日からはまたキツい修行、後半行程が始まる。冷静に考えれば、ここは歩くなりして体力を温存したほうがいいに決まっている。

（市居さん、俺たちって馬鹿なんやろね。でもそんなもんでしょ、どこまでいってもいくつになっても。基本男なんて！）

走りながら、心の中で叫んでいた。楽しくて仕方がなかった。

途中、山から水がちょろちょろと流れているところがあった。どちらからともなく、ほんとに笑えるほどどちらからともなく、「ちょっと休憩しよか」という雰囲気になり同時に止まる。休んだのはその1回だけだ。

アスファルトの上を地下足袋で走るなんて馬鹿げている。膝、足首に百害あって一利なしだ。でもそれでもいいのだ。俺たちは効率のために生きているわけじゃない。気持ちで、感情で生きているのだから。それが人間たる所以だと思う。

俺は忘れないよ。あの日太陽が照り返すアスファルト道を市居さんとふたりで走ったことを。よい思い出だ。

1時間も走っただろうか、先に乗った人たちを下のバス停で降ろし、ふたたび戻ってきてくれた支援者の方の車に乗せてもらう。これにてようやく全員がバス停に到着。そこから大型バスに乗り込んで浦向へと向かう。乗車時間は約1時間。さすがに修行疲れか、ほとんどの人がたちまち眠りに落ちていた。

里で飲むコーラは格別

10時58分、上北山村浦向に到着。4日ぶりの里だ。ここでは民宿に泊まる。

ただ、役行者が開いた奥駈道では本来ここ浦向には下りない。大日岳直下にある靡「太古辻《たいこのつじ》」で、小仲坊のある前鬼の里へと下る道と、そのまま南に進む道とに分かれるのだが、南に進む道が本来の奥駈道だ。南奥駈道は最近こそ整備されてきたものの、少し前まではかなり荒れていたそうだ。それに加えて大勢が泊まれる施設がないため、東南院の奥駈修行では便宜上、前鬼から浦向に下りている。ここ浦向において奥駈行者はふたつの思いにかられる。どうせならいっそ最後まで山を下りず熊野まで行きたかったなという思いと、とはいえ久しぶりの里はやっぱり嬉しいなという思い。この両者が胸の奥で交錯する。

昼食にはおにぎり2個が支給されたが、浦向では物を買っての飲食も許されている。もちろん行中なので酒、肉、魚類は駄目だが。浦向は、山あいの一本道に沿って広がる小さな集落だ。ここまでこんなに歩いてきてもまだ奈良県。乗り物がなかった時代は、日本もさぞや広かったことだろう。

嬉しいことに我々が滞在する民宿から歩いて5分ほどのところに店が一軒あり、そこでいろいろと買うことができる。食糧品から簡単な日用品までが手に入る何でも屋、街でいうところのコンビニだ。おばちゃんがひとりで切り盛りしていた。たちまち行者たちのたまり場となる。いい大人たちが、まるで町でひとつのスーパーにたむろする田舎の中学生みたいになってしまうのだった。

暑くて疲れているということもあり、買う物は飲みものや甘いものが主だ。ジュースとかアイスクリーム。4日間の厳しい修行をくぐり抜けてきた身体にはコーラやアイスクリームは格別だ。しかし身体が本当に欲しているもの、それはなんといってもビールである。

(この暑いなか、キューッといったら旨いやろなー)

浦向ではそればかり考えていた。しかし満行するまで我慢、我慢だ。

なんのことはない。たしかに厳しい修行ではあっても、4日くらいですべての俗っ気が取れるわけでもなければ、なくなるわけでもないということだ。

このたまり場で仲のよい土衆のメンバーが、40歳の誕生日のお祝いをささやかにしてくれた。ケーキ代わりのカステラとコーヒーが嬉しい。感謝。

浦向ではもうひとつのお楽しみがあった。民宿のすぐ裏手が川となっており、そこで4日間着っぱなしの山伏装束の洗濯ができるのだ。なにせ真夏の炎天下を歩き通しだから、その汚さたるや……。汚れもさることながら、いちばんのネックは臭いである。人によっては、「もはや人間ではなく獣《けもの》、獣人」と表現したほうがしっくりくるほどに鼻をつく。

そんな装束を脱ぎながら洗濯していく。最後はすっぽんぽんだ。これが最高に気持ちいい！　晴れわたった夏空の下、洗濯をしながら風呂代わりの行水。水はきれいで冷たく、日差しはまぶしい。20代の青年から69歳の奉行まで、みんながみんなキラッキラの笑顔だ。

浦向では午後5時まで自由時間だったので、民宿と前出の店、それと川を何度も巡って時間を潰した。いままでまったく自由な時間がなかったため、それはそれで楽しい。

ちなみに今年は川に3回入り、店にもやはり三度行き、コーラ1本、モナカアイス2個、カステラ2個、小アイスバー2本を食べた。

5時5分、結団式。

じつは奥駈行者一行が一度里に下りて浦向に滞在する理由がもうひとつある。

山根秀進

後半行程から参加する人たちと合流するためだ。アクセス的にもタイミング的にも、山の中で合流するというのはなかなか難しい。だから一度里に下りて、ここ浦向で後半組の到着を待つのだ。

今年、後半行程から参加してきたのは全部で7人。そのうち女性が5人。そう、奥駈修行後半行程の特徴、それはなんといっても女性が参加できるという点に尽きる。前半行程においては、前述したとおり山上ヶ岳山頂付近が女人禁制のため、女性は参加したくても参加することができない。

新しくやってきた方々を含めて、ふたたび結団式がおこなわれた。ひとりずつ簡単に自己紹介をしていく。10人が去って7人が加わった。新しい血が入ることによって隊がまた生まれ変わる。

いろんな意見があろうとは思うが、ここ浦向で一度リセットし、気持ちを新たにして明日からの後半行程に臨む。少し大袈裟にいえば命の洗濯といったところか。まあ、実際川での洗濯、あれは非常に重要なものだったし。だって、男たちの装束の臭いといったら本当にもう……。

女性陣が加わって後半行程へ

7月22日（木）

3時起床、3時20分に朝食。3時50分、民宿前に全員集合して4時には出立となった。

ふたたび奥駈道に戻るため、まずは山に向かう。浦向の民宿から奥駈道合流地点までは、時間にして約2時間半、その大半がアスファルト道だ。クッション性に乏しい地下足袋を履いているため、疲労が残った足に硬いアスファルトはこたえる。山道のほうがよっぽど足には優しい。はじめは平坦だが次第に傾斜も増してきた。途中2回の小休止と、ご来光の勤行を挟んで、6時34分、奥駈道との合流地点に到着。今日もまた快晴だ。

ここでふたたび支援者の方から水のお接待を受ける。500ミリリットルのペットボトルに入った水を3本。

林道から山に向かって延びている赤い階段を上がって、ふたたび山に入っていく。まずは、そのあまりの急登ゆえ、訪れた行者たちが持っていた笠さえ捨てて登ったといわれる笠捨山《かさすてやま》（1353メートル）をめざす。一説にはあの弘法大師でさえそうしたとか。大小六つのアップダウンを繰り返した後、9時36分、笠捨山山頂に到着した。

前半行程では、初日に山上ヶ岳に上がってからは基本的に2000メートル級の稜線を歩いてきた。それに対して南奥駈道は比較的標高の低い山々をゆくため、とにかく暑い。水をかなり飲む。

それにしても後半行程から参加した女性陣は強い。吉野から歩いてきた我々は、多少疲れてはいるものの、ここへきて足はかなり出来上がっている。それに比べて後半行程から参加した女性たちは、修行開始早々のこの暑さと激しいアップダウンで、かなりキツいんじゃないかと思うのだが、皆遅れることなくしっかりと歩いている。

午前10時前でこの猛暑、今日は大変な一日になりそうだ。

標高の低い南奥駈道は暑さだけでなく、他にも煩わしいことがある。虫だ。南奥駈道全般にいえることだが、とにかく虫が多い。前半行程は比較的高地だったため、それほどではないのだが、ここから先はハエ、蚊、ブヨ、山ダニと、虫たちの饗宴となる。ヒルもいる。状況を心得た何人かの奥駈修行経験者は虫よけスプレーを持参し、休憩ごとに体に噴霧する。暑さと虫。まさに夏の低山の特徴だ。

槍ヶ岳をめざす。むろん登山愛好家なら知らない人がいない北アルプスの名峰槍ヶ岳ではない。しかし日本の山々には、同じ名がついた山がいくつもあるものだ。大日岳、槍ヶ岳、駒ヶ岳、地蔵岳、大山、天狗岳（山）。鋸岳（山）、薬師岳など。そして明らかにここ大峯から取ったと思われる蔵王山、権現岳、金峰山、七面山、大峯山と枚挙にいとまがない。いかに山の宗教「修験道」が昔から日本人に深く関わってきたかを示す例でもあろう。

先に進む。槍ヶ岳に向かう途中、女性ひとり、男性ひとりがダウン。疲労と熱中症的なものだろう。共に後半行程からの参加者だった。この暑さに加えていきなりの厳しい山道だから無理もない。それぞれがいったん休憩し、奉行がついて後からゆっくり追いかけてくることになった。

槍ヶ岳を過ぎ、地蔵岳にやってきた。このあたりは岩場、鎖場が続くなかなかの難所だ。疲労が出はじめているなか、気を抜くと大変なことになる。そんななか、ふいに先頭をゆく総奉行から「待て！」の指示。この先の道が崩落していてこれ以上は進めないとのこと。ひとりやふたりなら可能かもしれないが、全員での通過は危険との判断のようだ。

今年は奥駈修行が始まる直前の何日間か、関西地方では大雨が続いていた。梅雨が明ける前の最後のまとまった雨だった。東京でそのニュースを聞きながら、心配してはいたのだが……。ここまで無事に来られていただけに、もう大丈夫かもしれないと思いはじめていた矢先のことだった。

やはり山は日々変化している。一時も侮れない。

後ろのほうを歩いていたため、道がどんなふうになっているのか実際にこの目で見ることはできなかった。ともかく、これ以上は前に進めないとのことなので全員で引き返す。地蔵岳のお地蔵さまに今年もお会いしたかったが、こればっかりは仕方がない。大先達の指示で、過去の東南院奥駈修行においても何回か通っている別の道をとる。

新客の自己紹介

小休止の後、12時25分、今日の目的地である上葛川《かみくずがわ》に向けて出発した。

上葛川も里であるため、ここからはただひたすら下る。前鬼の里までの下り同様、ここの下りもまた長い。午後1時14分、小休止。湧水にて水を飲む。冷たくて旨い。

2時36分、民宿うらしまに到着。今日は本当によく歩いた。後半行程でいちばん長い距離（約25キロメートル）を歩く日でもあり、足の裏が痛む。おまけにとにかく暑かったからバテた。

民宿うらしまは老夫婦が細々と営む古く小さな宿で、トイレはひとつ、しかも汲み取り式だ。女性陣には大変かもしれない。ただここにも楽しみはある。昨日の浦向と同じく近くに川があり、やはり洗濯を兼ねての行水が可能なのだ。

昨日の川よりこっちのほうが大きく、流れも緩いため、ある程度のトロ場があって魚もかなりいる。水に入っていると魚が足を突ついてくる。1匹、2匹ならかわいいものだが、1分、2分と時間が経過すると、気づけば足の周りが魚だらけになっていた。

「何十匹といるやんけ！　なんやこれ」

ものすごい数の魚が俺の足を突つく。人の足の垢《あか》を食べる魚がいるとテレビで見たことはあるけど……。いやでも、あの魚は外国の話やったし、第一あれは商売だ。エステの一種かなにかで、垢を食べるよう訓練させた魚だったはず。野生の魚でこんなに寄ってくることってあんのかな。見ていると他の人の足にはそれほど寄っていかない。俺の足がそれだけ汚いってことか……。いや、いいように思おう。山の中をずっと歩いてきた俺は、穢れが落ちて清浄になったから、つまり山の精霊に近いものになってきたから、魚も集まってきたんとちゃうん？（ええように取りすぎか）

5時30分、夕食。その後、外でミーティングとなった。民宿の前の道路を使って、一方が奉行、もう一方が士衆、新客というようにそれぞれが左右に分かれ、向かい合う形で座る。夏の夕暮れどき、山あいの里だけに涼しくて気持ちがいい。

いつもどおり各奉行から明日の注意事項についての話が終わると、奥駈修行6日目にして、新客の本格的な自己紹介が始まった。外ということもあり、ちょっとしたイベント気分だ。基本的には、なぜ奥駈修行に参加したのかという話。その動機を聞けば、ある程度その人となりや生活環境などは分かる。ひとりずつ立ってみんなに向かって話す。俺も去年やった。なかには感極まって泣き出す人もいた。奥駈修行という大変な修行に自らの意思で参加した人たちだ、やはり人それぞれ思うところはあるのだろう。

ようやくここまできた。長かった奥駈修行もあと2日か、と思えてくる。最初の頃は、

(まだまだ先は長い、いつ終わるんやろ、ほんまに今年も無事満行できるんやろか)

という思いがあったのだが、ここまでくると、

(もうすぐ終わるんやな……ちょっと寂しい気もするな)

と感傷的な気持ちが出てくる。

不思議なものだ、あれほど早く満行してビールが飲みたいと思っていたのに。

どちらにせよ明日とあさっての2日間で奥駈修行も終わる。

お世辞にも広いとはいえない部屋に、13人が布団を敷いて眠る。大勢での雑魚寝がむさ苦しいだとか、虫がどうのとか、暑いだとか、いびきがたまらんだとか、そういったことはもうこの頃には一切気にならなくなっていた。人は慣れる。いや慣れなければ奥駈修行ではやっていけない。それも含めての行なのだ。9時消灯。

7月23日(金)

4時起床。4時22分、朝食。4時31分、朝食終了。出立は5時。

いつもより1時間遅いためライトは不要だ。今日の行程はそんなに長い距離ではない。上葛川の集落を抜けて山へと向かう。いい天気だ。ありがたい。また暑くなるだろう。でも雨の中を歩くよりはずっといい。今年の奥駈修行は今日まで一日も雨に降られていない。昨年はぱらつき程度の雨は何回かあった。

朝の光が優しく差し込む杉林を抜けていく。このあたりは比較的里にも近く、山も低いため杉の植林が目立ち、少し興ざめの感は免れない。アスファルト道と山道を繰り返して、「花折塚《はなおりづか》」に到着した。勤行をあげる。ここから玉置辻《たまきつじ》までは無言の行だ。東南院の奥駈修行では普段でも無言が基本なのだが、ここから先は改めて、行としての無言を強く言い渡される。もし誰かが途中でしゃべってしまったら、皆で戻って始めからやり直しとなる。

奥駈26回参加の八木奉行いわく、昔の奥駈修行は今よりもう少しざっくばらんとした雰囲気があって、多少話しても問題なかったらしい。だからこそ無言の行なるものに意味があったのだろう。ただ現在の奥駈修行では無言が基本なので、改めて「無言の行」といっても、我々行者はそんなにストレスを感じない。

無言の行は小1時間程度だったと思う。

8時36分、玉置辻に到着。本日1回目の大休止をとる。今回の奥駈修行は暑さのせいか、ここまで弁当を食べきれない日が一日か二日あった（昨年は見事にすべて平らげたのだが）。いまも半分食べようと思っていたおにぎりを少し残してしまった。

千巻心経で眠気に襲われる

玉置辻に荷物を置いて、「宝冠《ほうかん》の森」へと向かう。皆の荷物はここに残るふたりの奉行にみていただく。宝冠の森へと向かう道は鎖場の連続で、なかなかの難所だ。全部で七つの鎖場があり、本日いちばんのハイライト、核心といえる。

9時6分出発。しばらく行くと、この先は鎖をつかんでの登り下りが続く地点まで到達した。9時29分、丘の頂点のようなこの場所に金剛杖を置いていく。

9時33分、最初の鎖場に到着。ひとりひとりゆっくりと慎重に進んでいく。いままで同様、奉行が適所にいてアドバイスしてくれる。後半行程から参加の女性陣にとっては最初の本格的な鎖場となる。とくに新客の女性にとっては人生初の鎖場にちがいない。でもみんな滞ることなく順調に通過していく。やはり女性ながらに奥駈修行に参加するような人は、ひと味もふた味もちがう。

七つの鎖場を無事通過し、最後に現れる急登を上がりきれば、そこが宝冠の森だ。ここでは採燈護摩と千巻心経をおこなう。千巻心経とは、文字どおり般若心経を千回唱えるものだ。

10時12分、大先達によって護摩が焚かれはじめた。それを中心にして輪になり般若心経を唱える。それが何回も何回も繰り返される。護摩を焚いておこなう勤行は、なぜだか無性に眠くなってくる。ここ宝冠の森でおこなう千巻心経では、とくにそれが顕著だった。

昨年もそうだった。般若心経を一所懸命唱えたいのだが、途中から頭がガクッガクッと下に落ちて、起きていられない。眠くて眠くてしょうがない。森の精霊たちが降りてきて身体に入ってくるからだと言う奉行もいる。

「悪いことではない、守られているんだよ」

吉野からずっと歩いてきて今日でもう6日目、もちろん単に疲れているということもあるだろう。周りに目を転じると、何人かが同じようにガクッガクッと断続的な眠りに落ちていた。途中から意識がうつらうつらしはじめ、いま自分が唱えている般若心経が何回目なのかも分からなくなる。そんな中でも大先達が唱える般若心経がやむことはない。

護摩を焚いて皆で何回も何回も般若心経を唱える。目には見えないが、なにかぎゅっと凝縮したもの、磁場、力……正しい表現は分からないが、しかしなにかが集まり溜まっていっているのだ、ということが感覚で分かる。

熱を帯びていくというか、とにかくすごいエネルギーだ。破壊的な負のエネルギーでは決してない。そういったものが今ここには充満している。山はただでさえ異界なのに、この瞬間、宝冠の森はその中でもまた格別の空間をつくりだしていた。

何回般若心経を唱えたことだろう。朦朧とした意識の中……。

11時3分、千巻心経が終了。

昼前には玉置辻へと戻ってきた。3時間も荷物を見ていてくれた八木奉行が「虫がすごくてかなわなんだ」と顔と頭をタオルで隠しながら言った。

ふたたびここで大休止。弁当の残り半分をいただく。12時15分出立。12時25分、玉置山頂にて勤行。12時35分、今日の宿泊先である玉置神社に向かう。

はじめての雨

杉の大木が現れはじめた。どうやら玉置神社の神域に入ったようだ。

樹齢何年だろう、明らかに自然林ではない。といって木材として使用するため植林したという雰囲気でもない。いつの時代かは分からないが、先人たちが玉置神社の参道に沿って、畏敬の念を込めて植えたものがここまで大きくなったのだ。これによりもともと聖域だった玉置神社がより存在感を増している。

こういった光景はここ玉置神社だけでなく、全国各地さまざまな寺社仏閣に見受けられる。個人的に印象的だったのは日光東照宮、高尾山薬王院、戸隠神社、羽黒山出羽神社、そして明日行く熊野那智大社だ。こうした山々にそびえ立つ大木に比べれば、齢40なんて、まだまだ赤ん坊みたいなものだろう。生命としての圧倒的存在感に言葉を失う。まさに生き物としての先輩だ。

玉置神社に向かって参道を下っていく。途中にある三つ石社と玉石社にて勤行。

いよいよ境内に入ったところで、金剛杖を地面に突かないよう言い渡される。

かつて高牟婁院《たかむろいん》を中心に七坊十五寺を構えた、熊野三山の奥の院ともいうべき玉置神社（当時は玉置三所権現）は、聖護院の下に活動した玉置修験の拠点である。しかし明治の廃仏毀釈により状況は一変、時代の流れに抗おうとした多くの修験者が殺され、谷に捨てられたという。

境内の裏手にあるその谷へと歩き、皆で供養の勤行をあげた。午後1時30分、本日の行程はこれにて終了。奥駈修行が始まって以来いちばん行程が短く、たどり着いた時刻も早い。ここで嬉しい接待をいただく。スイカだ。甘くて水分たっぷり。ふた切れをありがたく頂戴する。

2時から3時のあいだにお風呂となった。女性陣から入り、その後いつもと同じく新客、土衆、奉行の順番に入浴する。洗面器3杯のお湯をうまく使って洗う。ここまで来るとそういうことにももう慣れている。

この日は比較的早く終了したということもあり、時間に余裕がある。しかしそれは今日にかぎった話ではなく、後半行程自体、前半行程に比べて全体的にゆとりがある。もちろん修行としてはよく歩いているのだが、前半行程のように食事からトイレまですべてを分刻みで動かなければならないといったせわしなさはない。

5時の夕食まで、めいめい昼寝をしたり談笑したりしながら身体を休める。

3時25分、遠くで微かに音が聞こえる。ん？　と耳をすましていると、音がだんだん近づいてきた……。雷か。雨もぱらつきはじめた。今年の奥駈修行初の雨だ。それほどに強い雨脚ではないが、断続的に続く。

そぼ降る雨を眺めながら、昨年のことを思い返していた。

昨年も全体的には天気はよかった。しかし最後の最後に、ここ玉置神社で夜遅くに雨が降りだし、翌最終日におこなわれるいちばんの目玉、早駈が中止になってしまったのだ。そこまでは東南院奥駈修行すべての行が無事執りおこなわれていただけに、最後の最後に早駈ができずに終わり、無念だった。あの記憶が蘇る。

だから今年こそはと願う。雨よ、やんでくれ！

切なる祈りが届いたのか、５時からの夕食が済んだ頃には雨は上がっていた。

最終夜のミーティング

奥駈最後となるミーティングでは、明日予定どおり早駈をおこなうとの話があった。その後、各奉行から早駈についての諸注意が言い渡される。前鬼の裏行場のところでも書いたが、早駈というのは文字どおり「早く駈ける」行だ。当然危険もともなうし、体力も必要となる。各奉行からの話がひととおり終わったところで、挙手による参加の意思を問われた。迷わず手を挙げる。挙手した人の中には、「あなたは辞めたほうがいい」と奉行から助言される人もいた。本人が納得した上で辞退をし、最終的なメンバーが決定する。

もうひとつの隊はアスファルト道を熊野まで下る。危険ではないが、だからといって決して楽なわけでもない。疲れた足にはアスファルト道もこたえる。

結果、約3分の2の参加者が早駈をおこなうことになった。女性は5人中ふたりが参加。残りの女性陣と比較的高齢な方々はアスファルト道となった。


次に、新しく奉行となった方々が、奉行としての初挨拶をおこなった。

まずは市居さん。大先達による大抜擢ともいうべき配慮により、市居さんは後半行程から奉行となっていたのだ。前半行程の終わり、大日岳から前鬼の里までの道のりにおいて、へばってしまいひとりでは歩けなくなった新客がいた。市居さんがその人に付き添って鼓舞し、無事小仲坊まで下山させた労を認められてのことだろう。市居さんは体力もあり、得度も受けており、行に対してもいたって真面目。年齢的にも申し分ないと思う。よい奉行になるのではないだろうか。

そしてもうひとり。今回最初から奉行を務めている小崎さんだ。じつはこの時点まで彼とはあまり話したことはなかった。石川県金沢市から参加されていて、奥駈は今回で4回目、年齢は42歳と名簿にある。

小崎さんが話した内容はとても印象的だった。それはお父さんの話だった。もともとはお父さんが奥駈に参加されていたとのこと。それも10年連続でだ。小崎さんも過去に一度だけ、お父さんと一緒に参加されたことがあるという。親子で奥駈修行なんて、そんなにある話じゃないんじゃなかろうか。

＊

これは奥駈が終わってからの話だが、11月に加賀の名峰白山《はくさん》（2702メートル）に登りにいく機会があった。白山は717年に泰澄《たいちょう》が開山したとされる霊山だ。その際、小崎さんの話を思い出し、もう少し詳しく聞いてみたくなって、ふらりとお宅を訪ねてみようと思い立った。

金沢駅から線路沿いに西に歩くこと約10分。一本の道を右に折れると、普通の住宅地に大袈裟ではなく本当に突如として、不動明王と役行者が現れる。二体並んで鎮座したその大きさたるや、10メートルほどはあるだろう。いやいや、もっとか。ここは孔雀山妙応寺の一角にあたり、行者姿とはまたちがった装いの袈裟を着た小崎さんが出迎えてくれた。小崎さんのお宅はお寺なのだ。

孔雀山妙応寺はお父さんが42歳のときに開かれたそうだ（当時小崎さんは12歳）。それ以前は車のセールスマン。つまり普通に勤めていたわけだ。お父さんは子どものとき手に火傷を負った。それ以来、仏の力をあたわるようになった。「あたわり」とは金沢や富山の言葉で、そのニュアンスを正確に伝えるのは難しいそうだが、調べてみると、「運命づけられたこと」「宿命」とある。うーん、なるほど。神仏の力をあたわる、か。何かが見える、聞こえる、分かる……。小崎さんのお父さんの場合は、「浮かぶ」「浮かんでくる」という表現がしっくりきたらしい。決してこちらから求めて、あたわっているわけではない。欲しいからといって身につくものでもないのだそうだ。

奉行の八木さんもそう言っていた。そうした能力は生まれつき、もしくは生死に関わる怪我や病気を患い、そこから生還したときなどに身につくものだと。

「たとえ百日回峰行をやろうが千日回峰行をやろうが、身につくもんやない」

それは奥駈も同じだ。26回連続で奥駈に参加し、奥駈のなんたるかを熟知している八木さんが言うのだから説得力がある。

お不動さん、つまり不動明王の霊示を受けてお寺を開き30年、小崎さんのお父さんは73歳でお亡くなりになったが、60歳から69歳までの10年間、毎年奥駈に参加されていたそうだ。

小崎さんはといえば、今年のはじめまで普通の会社員だった。3年前くらいから半僧半俗の優婆塞として修行を始め、その後、お父さんが亡くなられてお寺を継いだ。父親が知る人ぞ知る霊能者だったため、息子としてはやりづらい部分もあるという。自分にできることはかぎられているのだから、それを粛々とするだけだと言う小崎さんを見ていると、よい意味で吹っ切れているなという印象を受けた。

在家のときに行った奥駈修行は自分のためだった。しかし、いざお寺を継いでみると、奥駈修行はお寺のためであり信者さんのためになった。信者さんにとってみれば、小崎さんは自分たちの代表みたいなものだ。自分には到底できない苦しい修行を小崎さんが代わりにやってくれている、自分たちの願いや想いを携えて臨んでくれている、そういうふうに捉えてくれているように最近では感じるそうだ。

「いわば、みなさんの代わりの修行なんよ」

年が明けた1月ぐらいからそわそわとしてくるという感覚は分からなくもない。6月近くになると、「きたなあ、今年も行かなきゃいかんな」となるそうだ。

奥駈は年に一度の身体のケア。それがあることで日々の暮らしをセーブできるという面もある。また、大勢で同じく苦しい行をおこなうことで苦難を乗り越えられることも多く、それが奥駈の持つ大きな魅力のひとつでもある。

「ただし、ぼくは奥駈病ではないよ」

と小崎さんは笑って言った。

東南院の奥駈には長い歴史がある。自分もそれに参加することで、奥駈という伝統を維持する力になろう、支えようという気持ちも強いという。奥駈は「年に一度のハレの日」。お祭りでもあり、また自分を律し、修行する日でもあるのだ。

*

ミーティングで大先達の言葉が聞けるのも今夜で最後だ。

いわく、奥駈修行とは、歩き、掛け念仏を唱え、お経を読み、そして人に揉《も》まれること。人に揉まれるのも奥駈の行のうち——その言葉がストンと胸に落ちた。

8時消灯。

奥駈修行も明日で終わり、か。

早駈、熊野川――奥駈のゴール

7月24日（土）

午前2時起床。2時25分、外に集合。

2時32分、東南院による奥駈修行のゴール地点である熊野本宮へ向けて出発した。

休憩時間に朝食として食べるようにと、菓子パン2個と郷土料理のめはり寿司を昨夜のうちに受け取っていた。朝食をとらないこともあり、いつもより出発時刻はずいぶん早い。

気分が高揚している。今日が最終日だからか、それとも自分が生まれた和歌山にいよいよ入るからだろうか。それとも、これからはじめて体験する「早駈修行」を前にしてのものか……。おそらくそのすべてだと思う。

暗闇の中をかなり長時間歩く。しかし道は比較的平坦なので、危険はとくに感じない。

3時15分、小休止。4時20分、大森山にて勤行、そして小休止。5時38分、五大尊岳《ごだいそんたけ》にて勤行、小休止。五大尊岳付近はカミナリの巣といわれているそうだが、幸い今朝は大丈夫だった。

夜が明けてくると一斉に蝉が鳴きだした。快晴。大森山からここ五大尊岳までの稜線歩きは、さわやかな風が吹いていて気持ちがいい。

6時20分過ぎ、ある下りに差しかかったとき、ついに大先達から「早駈、始め！」の声が掛かった。皆、声を発しながら駈け下りていく。掛け声は自由だ。

「いくぞー」

「オラー」

てんでバラバラ。呼吸のリズムに合わせて、

「ほっ、ほっ、ほっ、ほっ」

と声に出しているだけの人も多い。

時間が経過してくると、「まだまだー！」などというような叫び声も響きわたった。掛け声の大半は奉行から発せられるが、自分としては率先して声を出していった。大きな声で気合いを入れるということは、自分はもちろん仲間たちをも鼓舞することになる。そうすることでグループに熱が生まれ、より一体感が増していく。

これは今までの人生で学んできた経験則でもある。10代に通ったボクシングジムから始まり、写真だけでは食えない20代の頃にやっていた荷揚げの労働現場でもそうだった。その後通ったいくつかの格闘技の道場でも、それは変わらなかった。最終的にはやはり気持ちがいちばん大事なのだ。

奥駈ではまだまだ2年目だけれど、気持ちだけは引っ張っていくつもりで大きな掛け声を発し、風を切るようにして駈け下りていく。

全力で走るわけではない。リアルな速度でいえばジョギング程度だろう。ただ山道だけに足元にはかなり注意を払う必要がある。そうでないと即転倒してしまう。集中力が必要なのだ。

地元の山岳会や支援者の皆さんのおかげで、南奥駈道も現在ではずいぶん整備されている。進むのに障害となる草木はほとんどない。ありがたい話ではあるが、それがかえって早駈における危険度を増しているという話も聞く。下りながら転びそうになったとき、周りに適度につかめる草木がないからだ。あまりにすっきりと刈られてしまったため、雨が降ると留まることなく水が一気に流れていき、道が滑って大変危ない状態になる。昨年早駈が中止になったのも、そのような理由からだったようだ。

滑りやすい山道を早足で下る。その瞬間、無心。日常にはない感覚。

——15分くらいして、早駈は終わった。

6時32分、金剛多和《こんごうたわ》にて勤行、その後小休止。7時9分、大黒岳にてふたたび勤行。このあたりまで来ると、里や川など下界の風景が見えてくる。

7時55分、吹越の宿跡にて勤行、小休止。8時11分、七越峯をめざして出立。また登りになる。それを上がりきって稜線に出てしばらく進んでいくと、突然、右の視界がぱっと開けた。瞬間、大きな川が視界に飛び込んできた。

「熊野川や！」

思わず声が出た。

緩やかに蛇行しながら遠く熊野灘まで流れていく川。悠久の時を想わせる光景だ。熊野本宮大社の大きな鳥居、現在の社殿のある備崎《そなえざき》の町並まできれいに見渡せた。

「ああやった、やっと来た……熊野だ」

2年越しの想い。昨年はこの道ではなくアスファルト道を下山してきたので、この感動は味わえなかった。吉野から熊野までを本当に自分の足だけで歩いてきた。おそらく千三百年前とそれほど変わらない、役行者が開いたこの道を。今日だけは、この痛いほど強い夏の日差しも、地下足袋で歩いてきた足の痛みさえも、全部受け入れられる。この瞬間のためにすべてがあったのだ。

あぁ。じわーっと感謝の念が浮かんでくる。

ここまで無事歩かせてくれてありがとう。

快く送り出してくれてありがとう。

厳密にいえばまだ終わっていないのだけれど、思えばこの瞬間が俺にとっての奥駈修行のゴールだったのかもしれない。熊野川が見えたあのときが——。感動、感謝、そして安堵。自分の二本の足でここまで歩いてきたのだと。

山におわします神さま、仏さまは尊い。それは揺るぎない。でも我々人間だって捨てたもんじゃない。一歩一歩は小さいけれど、その歩みを止めなければ必ず到達できる。非力かもしれないけれど、意志をもってすれば叶えられる。

ただ驕《おご》ってはならない。生かされているという思いがなければ……。それを忘れてはいけない、そう思う。

9時23分、奥駈道最南端の峯である七越峯（262メートル）にて勤行。河原にまで下り、熊野川を歩いて渡る。水が気持ちいい。水面はいちばん深いところで胸のあたりまでくる。濡れないように、みんなリュックを頭上に掲げて渡っていく。流れはそんなに急ではないから特別困難ということはなかった。

河原で皆ふんどし一枚、もしくはパンツ一丁になり（女性は白衣を着たまま）、ふたたび川に入っていく。川の中にて勤行。

11時40分、アスファルト道から下りてきた隊と合流し、きれいに整列する。身だしなみをもう一度整えて、熊野本宮大社にお参りに向かうのだ。ここから先は里を歩く。

道すがら、時折こちらに向かって手を合わせてくださる人がいる。それはなにも我々自身が偉いわけではない。

「厳しい行をしてきたから、手を合わせていただけるんや」

大先達が言う。だから奥駈行者として恥ずかしくないよう振る舞いなさいと。

熊野本宮大社の参拝が済むと、次は熊野速玉《はやたま》大社、熊野那智大社へ向けてバスで移動した。熊野三山の参詣を終えることをもって、東南院奥駈修行のすべての行程がついに終了となった。

精進落としの涙

バスは勝浦にある宿へ向かってひた走っている。

表向きの修行はすべて終了したが、ここからは最後の行ともいうべき非常に大切な精進落としがある。要するに飲み会だ。昨年はじめての奥駈を終え、精進落としが始まる前に聞かされた話に、思わずうーんと唸った記憶がある。

奥駈行者は7日間山に入り、厳しい行をしてきた。ともすれば俺は偉い、おまえらとはちがう、となってしまうことがあるのだという。たしかに厳しい修行を積んだことは事実だから、自負心を持つのは悪くない。ただし、だからといって神になったわけでもなければ、悟りを開いたわけでもない。そもそも1週間かそこら修行して悟りが開ければ、こんなに楽なことはない。

奥駈修行が終わっても毎日の生活は続いていく。

里に帰ったとき、家庭で、会社で、社会において、

(厳しい修行をしてきた俺はちがうんや)

と傲慢になり、不遜な態度をとったりして周囲との間に摩擦が生じないよう、だから肉や魚を食べて、お酒も飲んで、山から下りてきた清浄な身体の精進を落としてから帰っていくのだという。

平たくいえば、酒を飲んで騒いで、俗人に戻って帰っていくということだ。

素晴らしいやないか！　唸ったあとでヒザを打つ思いがした。

これが「山の行より里の行」といわれる由縁だ。いくら山で一所懸命修行したからといっても、勘違いして傲慢になり里でうまくいかないようでは、なんのための修行だったのか分からない。とくに修験道では、出家したお坊さんより半僧半俗の人が多いわけだから、よりその考え方が重要になってくる。

ある意味すごくよくできたシステムだと思う。山を抖擻《とそう》する行で終わらせるのではなく、その後のことまで考えられているのかと感心し、また感動した。

勝浦の旅館の大広間に、三十数人全員が陣取った。いよいよ精進落としが始まる。

「早くビールが飲みてぇ」

とにかくこれに尽きる。

修行の疲れを癒して汚れを落とすため、皆この時間までに大浴場の温泉につかっていたので、全員浴衣姿だ。またその温泉が最高に気持ちよかった。湯船に身体を沈めた瞬間は、ほぼ間違いなく誰もが「ああ……」とか「気持ちぇえ」などと声にしていたことだろう。どこにでもいる普通のおっさんとして。

行中は刃物を身体に当てることが固く禁じられているため、風呂場で8日ぶりに髭（坊主の人は髪の毛）を剃ることができる。なので大広間に現れたときには、皆すっかりこざっぱりとしていた。行中の、あの獣のような野暮ったさはもうない。誰が見ても、我々のことをさっきまで厳しい修行をおこなっていた奥駈行者とは思わないだろう。すっかり旅館の客として馴染んでいる。すでにこの時点で精進落としは進行しているのだ。実際、宴会まで待てず、早くも一杯ひっかけている人も多かった。俺はあえて精進落としが始まるまで我慢していた。どうせならみんなとの乾杯の席で1杯目を飲みたかった。

席はあらかじめ決められている。今年は女性陣の隣だった。

誰が乾杯の音頭を取ったのかもよく覚えていない。それくらい酔っぱらってしまった。普通に考えれば大先達が発声されたのだとは思うが。

いや、1杯目のビールは旨かった！　それだけははっきり記憶している。料理もそこそこにとりあえず2杯、3杯とピッチは早い。修行が無事終了した安堵感と解放感で、みんないい表情をしている。行中は鬼のように怖かった奉行の方々も同様だ。

近くの人たちとの乾杯もある程度済み、多少落ちついてきた頃に満行式が始まった。

大先達から終了証が各自に手渡される。酒も入って誰もが半分出来上がっているから、行中におこなわれたミーティングのように粛々とした感じはない。なんといっても率先して大先達がぐいぐいと飲んでいるくらいなのだから。とりたてて大きな事故や怪我などの問題もなく、皆が無事満行できて大先達も嬉しそうだ。この宴は大先達ご自身にとってもまた精進落としであることに変わりはないのだ。

宴はまだまだ続く。いやいや、これからだ。しかし酒の量が進むにつれて記憶は心許なくなっていく……。壇上に上がってカラオケを歌ったり、なんのコスプレかは分からないけど変な格好で現れる奉行がいたり、しまいには皆で手をつないで輪になって踊った、ような気もする。

会社勤めをしたことがないので想像の域は出ないが、おそらく、いわゆる社員旅行の宴会とたいして変わらないのではないか。しかし、それでいいのだ。それが精進落としなのだから。

先輩方に酒を注いだりして、あっちに行ったりこっちに行ったり席を移動しながら、いい具合に意識も薄れてきた頃、奥駈メンバーの中でもとくに仲の良かった山根さん、洲本さんたちが陣取っている席に合流した。こんなことはあんまり言い立てることではないが、彼らと話している席で俺は不覚にも泣いてしまった。涙が頬を伝っていく感覚。悲しいわけでもなければ、悔しいわけでもない。なのに涙が出てくる。こんなことは40年の人生ではじめてのことだった。

実際、他にも泣いている人はいた。精進落としとはそういう席でもあるのだろう。めいめいがさまざまな想いを抱いて参加している。ましてや行自体がなかなかに過酷である。それがようやく終わって、いま楽しいこの場にいられることを思うと、ふと……というやつだろう。緊張と緩和。

俺の場合、やっぱりこのメンバーといると、いちばんほっとできた。それで思わず感情が緩んでしまった、というか。とくに行中の山根さんの優しさを思い出してほろっときた。特別何かをしてもらったというわけでもないのだけれど、普通に、ただそこにいる、その存在感に救われたというのかな。さりげなく側に寄り添ってくれていたりする、そういう山根さんの細やかな気配りは、けれど俺に対してだけでなく、いつもすべての人に向けられていた。

（ありがとう。嬉しかったよ、山根さん）

山根さんは俺と同じく、奥駈には昨年から参加している。40代後半、少し年上だ。奥駈はまだ2回目だが、奈良にある真言宗系の千光寺というお寺で得度を受けていて、修行というか、こういった世界には慣れている。奥駈では同期でも、行者としては先輩だ。

1年早く奥駈に参加した地元の先輩石橋さんから話を聞いて、どうしても参加してみたくなったそうだ。ふたりの地元は、だんじり祭りで有名な大阪府岸和田市周辺。ばりばりの関西人である。石橋さんは建設会社の経営者、山根さんは理容師だ。石橋さんはボディービルや空手の経験があり、山根さんは剣道をやっていた。俺と同じく武道や格闘技寄りの人たちなのである。

*

奥駈修行が終わって2ヶ月後の9月、山根さんの地元を訪ねた。八木さん宅を訪問したのと同じ時期だ。

大峯山では毎年、山上ヶ岳山頂にある大峯山寺の戸開式が5月3日に執りおこなわれる。その日がいわゆる山開きとなり、9月23日の戸閉め式までが大峯山の修行期間だ。

大峯山寺は護持院と称される五つの寺院（桜本坊、竹林院、東南院、喜蔵院、龍泉寺）と八つの講（岩、光明、三郷、京橋、鳥毛、両郷、井筒、五流）からなる阪堺八講《はんかいやっこう》が共同で維持管理に当たっている。山根さんと石橋さんは、毎年戸開式、戸閉め式には阪堺八講の井筒組の一員として正式に参列している。

そんな山根さんに、9月23日の戸閉め式に連れて行ってもらおうと思ってやってきた。それに山根さんの日常も垣間見たかった。

東京から新幹線で新大阪まで行き、そこで地下鉄御堂筋線に乗り換えて難波へ。ここまでは和歌山の実家に帰るときと同じ馴染みのルートだ。しかしここからがちょっとちがう。実家へ帰るときは和歌山市に向かう南海線に乗るのだが、今回は高野山へと向かう高野線に乗り込んだ。20分くらい乗って和泉中央駅にて下車。はじめて降りる駅だ。和歌山からそんなに遠くもないのに、いままでは縁がなかったのか、このあたりには来たことがない。ちょうど夕方の帰宅時間に当たったこともあり、そこそこの数の人が降りてゆく。このあたりは大阪の中心地へ出るにはほどよい通勤圏で、駅前はベッドタウンらしくきれいに整えられ広々としている。比較的新興の住宅地なのではないだろうか。

ここからはバスだ。駅の周辺を離れるとあたりは急に暗くなる。しばらく行くと大きな幹線道路に出て、ふたたび明るさを取り戻す。地方や都市部の郊外などに見られる大型店やフランチャイズの店などが道路沿いに軒を連ねている。

しばらくして、あらかじめ山根さんから聞いておいたバス停で降車。そこからすぐのところに、山根さんが営む理髪店「タカ」はあった。道路に面したマンションの1階部分で立地は申し分ない。店の外観は、お洒落な流行りの美容院風などではなく、昔ながらのザ・床屋といった硬派な趣である。じつに山根さんらしい。

店に足を踏み入れる。右手の壁には大きな鏡が一面に張られ、その前にお客さん専用の椅子が2台置かれている。いたって普通だ。しかし左手に目を転じれば、そこには床屋とはまったく関係のないものがいくつも壁に掛けられていた。金剛杖、結袈裟、笠、引敷、奥駈行程を表した地図、他にも奥駈修行の終了証や大きく引き伸ばしただんじり祭りの写真などが貼られている。こちらの壁はいわば山根ワールドである。

「俺の誇りでもあるし、こういうのを貼っとくとお客さんとの話のネタにもなるから、ちょうどええんよ」

しばらく山根さんと談笑していたらお客さんが来た。接客中の山根さんはさすがに奥駈での佇まいとはちょっとちがう。やはり物腰が柔らかい。もともと性根の優しい山根さんだが、さすがに奥駈中はもうちょっとキリッとしていた。単純に身体ももっと締まっていたし、無精髭も生えていたから雰囲気も少し険しい感じがした。

そうこうしていると今度は若い子が、祭りかなにかの寄付金の集金にやってきた。地元青年団の若者といった感じだ。これが山根さんの日常か。しっかり地元に根づいている。

「まあ、商売してるから当然っちゃ当然やで。できることはなるだけ協力しようと思ってる。地元の人の中には、お客さんとして来てくれてる人もいるわけやから」

山根さんはこう言うが、商売がどうのこうのというわけじゃなく、単純に地元での関係性が密なのだろう。そらそやろなと思う。生まれ育った地域にずっといれば、小中高と同じ時を過ごした仲間たちと基本的にはずっと一緒なわけやし。そしてそれは後輩という形で延々と続いていく。

ここらが東京や大阪のような都会に近いところで生まれ育った者と、和歌山育ちの俺のような地方出身者とのちがいだろう。地方出身者はやはり大部分が進学、就職で大都市へと出ていってしまうから、あるときを境に地元との関係性は絶たれてしまう。すでに人生の半分以上を東京で暮らしている俺も、もちろんそうだ。だから祭りなどで、がちっと地元で固まれるのは羨ましい気もする。

山根さんは言う。

「仕事もちゃんとして修行する。そこに意味があるんや」

ここにも修験道は半僧半俗の優婆塞が基本という形がうかがえる。山根さんも優婆塞なのだ。

「7月の9日間は、いってみれば俺の夏休みみたいなもん。お客さんにはそう理解してもらってる。その休みを使って、ある人は海外旅行に行くやろう。けど、俺は奥駈に行くと。そのちがい。一年で唯一の長期休暇やな。それでじゅうぶん、いやむしろありがたい。だってそうやろ、本来お客さんは俺の都合に合わせる必要なんてないわけやから。その9日間に散髪したかった人も、わざわざ日をずらして来てくれるわけや。本当にありがたい」

こう話す山根さんだ、日常を疎かにしてまで修行に身を投じるはずはない。

「たしかに奥駈は厳しい修行やけど、俺にとっては贅沢な時間ともいえる。日常の雑事から離れて、その期間ただ歩くことだけに集中できるわけやから、ほんま贅沢やで。しかも大峯山という千三百年前から続く由緒正しき道をやで。こんなありがたいことはない。だから行中はそれを実感しながら一歩一歩踏みしめて歩いてる。そやから、そうさせてもらえてるお客さんには感謝なんや。考えてみれば、俺にとって修行はライフワーク、習い事のようなもんなんかもしれへんな。人とはちょっとちがう変わった習い事」

ただし、こんなふうに笑って言っているからといって、山根さんが軽い気持ちで奥駈に参加しているのかといえばそれは大間違いだ。

行中は数々の靡で勤行がおこなわれる。ずっと歩きっぱなしなため、ときには疲労が溜まってくるし、山道だけに足場が悪かったりすることも多い。そんなときでも、山根さんは肩幅に開いた二本の足でまっすぐに立ち、揺らぐことがない。誰よりもビシッとしている。自分も含めて多くの人は、途中で左右どちらかに重心が傾いたり、合掌している手が下がってきたりと、集中しているようで集中しきれていない場合も少なくないのだが、山根さんにはそういったことが一切なかった。今回特別に行中、写真を撮ることを大先達から許していただいていた俺には、ファインダーを覗いているとそれがよく分かった。

勤行中、それほどまでに背筋が伸びているのは、大先達と山根さんくらいだった。

その佇まいは力強く、そして美しい。

＊

精進落としの翌朝、俺が起きたときには、もう八木さんはいなかった。

奥駈参加者の大半は、大型バスに同乗して吉野へと帰る。蔵王権現さまに無事下山、満行のお礼とご挨拶をするためだ。でもそれは強制ではないので、ここ串本の地が一応解散の地となっている。ここから、それぞれがそれぞれの日常へと帰ってゆくのだ。

残念ながら今年は最後の挨拶ができなかったが、昨年同じときに八木さんが言っていた言葉を思い出す。

「今日からまた、来年の奥駈に向けての一年が始まるんや」

八木さんは連続33回の奥駈参加をめざしている。あと7回だ。

我が里、夜更けの東京へ

帰りの上り新幹線車内。俺は通路側の席に座っていた。

記憶は定かではないが、おそらく静岡あたりだったと思う。ふいに隣の席の女性が、こちらを向いて話しかけるふうでもなく、そっと口を開いた。

「花火が見えます」

「えっ」

若い女性だ。急なことに驚いた。こちらの反応に今度は彼女が驚いたのか、

「ごめんなさい。あんまり綺麗だったのでつい誰かに言いたくて」

花火をひとり占めするのがもったいないと思ったようだ。誰かと感動を共有したい。でも誰も気づいていないので誰かに言いたくなった。

そう思ったとき、いちばん近かったのが隣に座っている俺だった。

そういえば、京都から新幹線に乗り込んで金剛杖の置き場に困っていたときにも、

「こっちの窓側の壁に立て掛けますか」

と声を掛けてもらっていた。

その申し出は非常にありがたかったが迷惑になると思い、丁重にお断りしていた。

そういう何気ない人の優しさ、感性に触れると、俺も人に対してそうあろうと、こっちまで優しい

気持ちになれる。奥駈修行の後だけに余計にそう思えた。
彼女は新横浜で降りていった。
「おやすみなさい」
という言葉を残して。
ほんわかしたものが胸の内に広がった。
世の中捨てたもんじゃない。大丈夫だ。
東京着。
そして俺も日常に戻っていく。帰る家があるのはいいことだ。

八海山に行者あり

越後三山奥駈道

新潟県
福島県
群馬県
小出駅
小出IC
関越自動車道
大和PA
291
水無川
八海山尊神社
只見川
奥只見ダム
枝折峠
小倉山
越後駒ヶ岳
道行山
奥只見湖
銀山平
352
2003
駒ノ小屋
八海山
1778
荒山
五竜岳
五龍ノ池
荒沢岳
御月山
2085
中ノ岳
中ノ岐川
阿寺山
日向山
大水上山
しゃくなげ湖
丹後山
利根川
平ヶ岳
巻機山
1967

八海山周辺

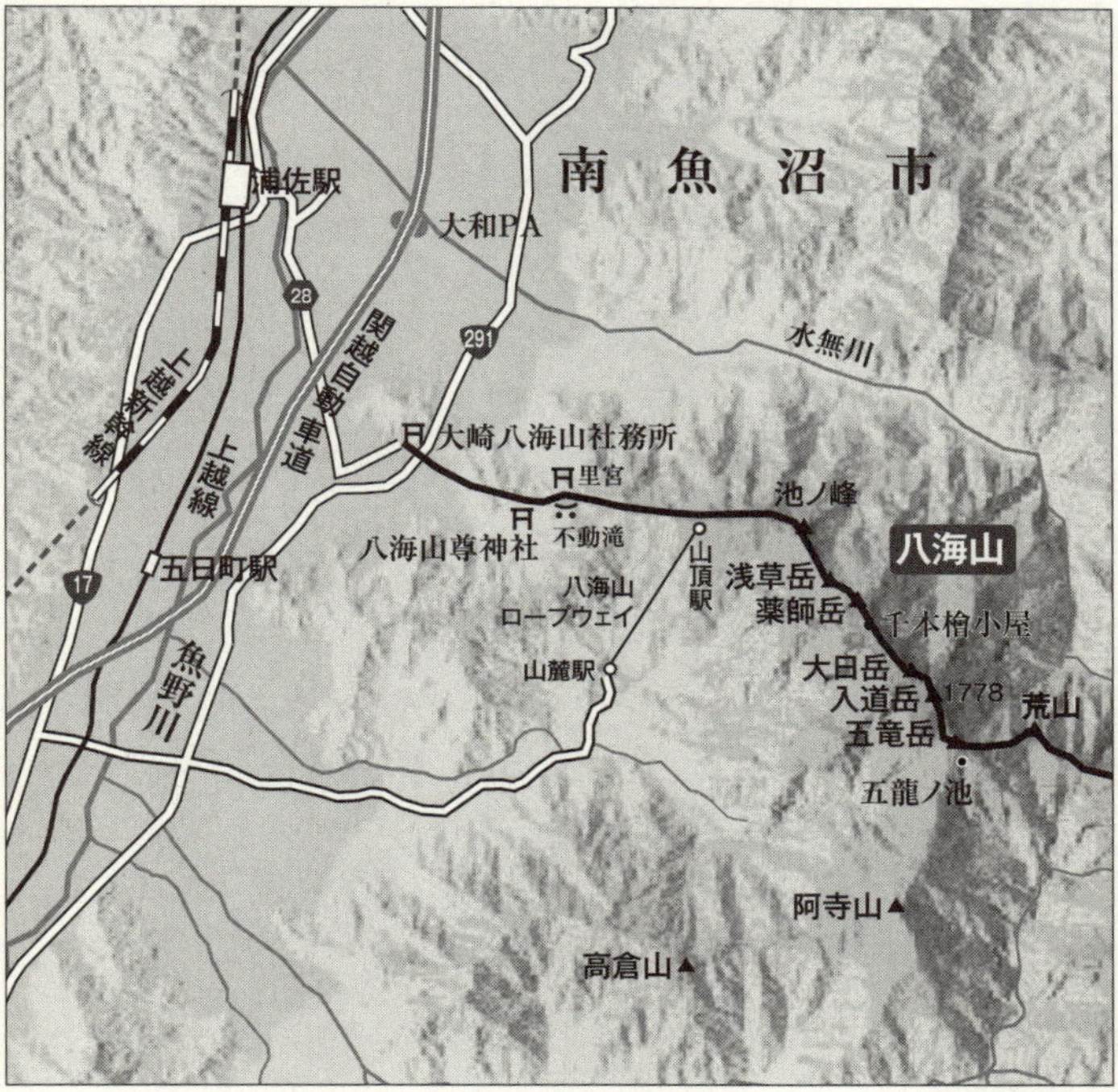

南魚沼市
浦佐駅
大和PA
28
291
関越自動車道
上越新幹線
上越線
水無川
大崎八海山社務所
里宮
池ノ峰
八海山尊神社
不動滝
山頂駅
八海山
五日町駅
17
浅草岳
薬師岳
千本檜小屋
八海山
ロープウェイ
魚野川
山麓駅
大日岳
入道岳
1778
荒山
五竜岳
五龍ノ池
阿寺山
高倉山

トンネルを抜けるとそこは雪国だった

山に入るときはいつも、出発前夜のうちに準備を済ませておく。通常、家を出るのは早朝だからだ。しかし今回はちがう。前夜は仕事で忙しく、ばたばたしていてろくに準備もできなかった。朝起きてからぼちぼちと支度を始める。２０１１年2月1日、真冬であるにもかかわらず、この日東京は暖かかった。でも、あそこはちがうだろうな、としばし思いを巡らす。

ようやく昼過ぎに準備が完了。さて、そろそろ行くとしますか。

俺の住む町は東京都葛飾区の立石だ。立ち呑み屋に立ち食い寿司など、昔ながらの下町風情が随所に残された味のある町である。青砥駅まで歩き、そこから京成線で上野に出て、上野から上越新幹線に乗り北へと向かう。埼玉を過ぎ、群馬と新潟の県境に差しかかったあたりからトンネルの数が急激に増えてくる。谷川連峰を越えるためだ。トンネル……出たと思ったら、またすぐトンネル……その繰り返しだ。暇つぶしに見ているケータイも電波が入らなくなる。

（いったい、いつ終わるんや……）と毎回思う。

断続的に現れるトンネルもようやく終わったかという刹那、痛いほど真っ白な世界が、ぱっと目に飛び込んでくる。そこは川端康成が『雪国』を著した越後の国だ。東京からわずか2時間足らずで、まるで別世界である。

上越新幹線を浦佐駅で降りて、駅前に出る。

「なんじゃこら」

駅前のロータリーに高く積み上げられた雪の山、山、山。

ここには何度か来ているが、眼の前には今まで見たことのない光景が広がっていた。


タクシーに乗って目的地を告げ、後部座席にどっかと腰を下ろす。

進みゆく道の両脇にはずっと先まで延々と、真っ白い壁がそびえ立っている。その高さ、優に4メートルは超えているだろう。雪山とはまたちがった世界だ。除雪された部分とそうでない部分との差が大きいから、その高さが一層際立つ。まさしく雪の壁。

運転手さん曰く、年が明けてからのこの1ヶ月間、ずっと雪が降りつづいていたためこんなに積もったのだという。「ここまで積もるのは最近じゃ珍しいですよ」

トンネルを抜けて越後に入ってから、新幹線の窓の外には、ずっとある山が見えていた。もちろん浦佐駅からも見えた。新潟県南部、日本でも有数の豪雪地帯である越後において、古くから信仰の対象とされてきた山。どっしりとした山容に、てっぺんはギザギザとした鋸歯状態、登ってみれば、まさにこれは修験の山だと合点がいく俺の大好きな山、八海山（1778メートル）である。

タクシーは今まさに、その山へと向かっている。

雪の壁の谷間を走ること約15分、南魚沼市大崎の八海山尊《そん》神社社務所に到着した。そう、今回俺は八海山尊神社主催の寒行に参加するためにやってきたのだ。八海山を神と崇め、日頃からその行場としている個性豊かな山伏たちが集うこの場所で、はじめての寒行に臨む。

彼ら八海山の山伏たちには、この2年来、非常にお世話になっている。知り合ったきっかけは大峯《おおみね》奥駈《おくがけ》修行だった。といっても吉野で直接会ったわけではない。奥駈に参加していたある人から、「新潟県のとある場所で大峯奥駈修行のように抖擻《とそう》する行があって、それに昨年参加してきた」という話を聞いたのだ。

「それってどこなんですか」

と聞くと、八海山という答えが返ってきた。

すでに各地で修験《しゅげん》の山を登っていたから、もちろんその存在は知っていた。しかし当時八海山にはまだ登っていなかった。聞けば大峯奥駈修行のように、山伏が何人かで勤行《ごんぎょう》をあげながら抖擻するのだという。しかも八海山だけでなく、越後駒ヶ岳、中ノ岳を含む越後三山の奥駈修行だというから、湧き上がる好奇心にも拍車がかかる。

ぜひ参加したいと思った。どうせ八海山に登るなら、その人たちとご一緒したい。

はじめて越後三山奥駈修行に参加させてもらったのが２００９年の9月。それ以来、俺は折に触れて八海山を訪れるようになった。

灯火揺れる深夜の滝

八海山の麓《ふもと》で寒行だなんて、普通に考えればありえない話だ。日本が誇る豪雪地帯で、ましてボタ雪の降り積もる真冬の2月に滝に打たれるというのだから。たしかに普通のことをしていたら行にはならないが、とはいえ、である。

八海山尊神社主催の滝行は、通常朝の9時過ぎからおこなわれる。この滝行には行者でない一般の人でも、希望すれば参加することができる。ただ実際には、行者かその知り合い、もしくは信者の方々で大半が占められている。まあ、自ら好んで真冬に滝に打たれたいと思う人など、そんなにいるはずもないという話である。

八海山の滝行には、それとは別に「裏タイム」とでもいうべき時間に浴びる、もうひとつの滝行が存在する。これを「八つ行」という。先達《せんだつ》の皆さんから教えてもらった。

一日24時間を2時間ごとに12に区切り、干支で表現する方法が広まったのは戦国時代のことだ。深夜0時から午前2時までが子の刻。以下、丑の刻、寅の刻……と続いていく。

江戸時代に入ると「数呼び」という新しい方法が出てくる。深夜0時を九つとし、2時間ごとに八つ、七つ、六つ、五つ、四つと一巡して、お昼の12時にふたたび九つとなる仕組みだ。なぜ昼と夜の12時を「9」で表すかというと、中国から入ってきた陰陽道が関係しているという。陰陽道では偶数が陰、奇数が陽を表し、奇数の中でもっとも大きな数字「9」は神聖なものとされていた。そこで12

時を九つ時としたのではないかともいわれる。しかし、「数呼び」の起源は正確には分かっていないというのが本当のところらしい。

つまり、「八つ行」とは深夜2時頃におこなわれる行なのだ。

午後11時30分に起き出して準備をし、午前0時に宿泊先である八海山尊神社社務所を後にした。暗くて寒いなか、足元に気をつけながら八海山の麓に向かって歩いていく。

最初は平坦な道のりだが、次第に傾斜が増してくる。積もった雪と一度溶けてふたたび凍った氷とが道を覆っているため、なかなかに危ない。慎重に進む。歩くこと30～40分、八海山尊神社里宮に到着した。

持ってきたロウソクに火をつけて、滝を囲むようにして配置していく。ひとつまたひとつとロウソクの火が灯されるたびに、暖かい色をまとった滝がぼんやりと浮かび上がってくる。暗闇の中、明かりはロウソクの火のみ。幻想的な光景だ。

この時間の滝行は、先達に認められた行者数人だけでおこなわれる。

朝の滝行は打たれる人の数も多いし、お手伝いで来てくださっている方々もたくさんいる。そのうえ写真を撮ることも認められているため、アマチュアカメラマンや単なるギャラリーなども含め大勢が集まってくる。そのため、ちょっとしたイベントのような雰囲気にもなっている。

それに比べて深夜の滝行は制約が多い。誰にでも許されるものではないし、撮影も認められた者のみだ。深閑とした真夜中の森の中、数人で密やかにおこなわれる滝行。そのなんと厳かなことか。聞こえるのは水しぶきの音のみ。来てよかった、心からそう思った。

いざ滝行の準備をしよう、といっても簡単で、着ているものを全部脱いで、白いふんどし一丁になるだけだ。これまでにも滝行や水行の経験はあるが、それらはどれも夏か秋のことで、真冬の2月に水に打たれたことはない。どんだけ冷たいんやろ……。

そもそも、なぜ行者は滝に打たれるのか。個人的な感覚を書こう。

水には清める力がある。それはそうだ。汚れたらどうするか？　手を洗い、身体を洗うだろう。何で洗うのか？　水で、だ。水は汚れを落とす——つまり清めるのだ。冷水ならばなおいい。精神性も高められると思う。滝行にかぎらず、俺は日頃から風呂に入ったら最後に必ず水を浴びて出る。そうすると「おりゃあ！」と気合いが入り、しゃきっとする。その瞬間、ぐずぐず、うじうじとした感覚は消し飛ぶ。水が迷いや弱さを滅し、やはり清めてくれているのだ。

行者は昔から、行に入るとき必ず水を浴び身体を清めて臨んだ。いまでもその名残は生きている。神社に参拝するとき、まず手水舎《てみずや》で柄杓《ひしゃく》を使って手と口をすすぐ、あれがそうだ。かつては全身に水を浴びてから参拝したが、それではあまりにも大変だというので簡略化された形式なのだ。

水を浴びて心身を清め、山に入る。もしくは行に臨む。そのうえ、ここ八海山の山伏たちは行中、五穀（米、麦、大豆、小豆、胡麻）も断っている。そうすることによって文字どおり身も心も清め、神仏のお力をすこしでも賜われるようにと日々行に励んでいるのだ。もちろんそれは自分のためではない。世のため人のために、少しでも力になれるようにとの思いからだ。

唱名10回を期して

俺の番がきた。

法螺貝と滝行に精通しているベテラン先達遠藤さんの教えにしたがい、まずは右足、次いで左足、次に右手、最後に左手と、心臓から遠い順に末端から徐々に水を当てていく。

「うおー！　冷たいっ！」

実際には、寒い、冷たいというより、怖い。この滝の流れを全身で受けたらどうなるのだろうか、と。勇気がいる。しかし、こういうものはぐずぐずしていてもしょうがない。すべては気合いだ。

（ええい、ままよ！）

言葉にならない掛け声、咆哮に近いような大声で、

「っしゃあー!!」

「りゃあー!!」

と叫ぶと同時に、頭から滝の下に飛び込んだ。

滝行とはじつに危険なもので、もともと首が弱かったり、水の当たりどころが悪かったりするとム

チ打ち症になったり、また水の勢いで転倒したり、意識が朦朧として戻ってこられないことも起こりえる。

またベテラン行者にしばしばある話で、あまりに長く滝に打たれつづけていると、あるときを境に、寒い、冷たい、痛いという感覚を通り越して、ふっと気持ちよくなってしまう瞬間があるという。そうなると自らの意思ではなかなか滝から出てこられない。一種のトランス状態である。

遠藤さんは何人もそういった行者を見てきたし、自身、過去に似たような経験があるとか。ずっと滝を浴びていると耳の周りがなんだか、ざわざわ、わさわさとしてきて、それが次第に形を成し、太鼓や法螺の音、あげくは行者が般若心経を唱える声までが聞こえ、なんだか気持ちよくなってくる。そして実際にはいない行者たちの気配を感じるようになり、一緒に滝行している感覚に陥ったという。

「だから、よっぽど長けた者でなければ、単独での滝行は危険なんよ」

どどどどっ！

とめどなく水の塊が頭に落ちてくる。冷たいことは冷たいが、ある程度の時間入ってしまえば、もうあまりそんなことは分からない、というか、どうでもよくなってくる。冷たさなどという感覚をはるかに凌駕した、尋常ならざる何ものかを全身で受けとめている、そんなイメージ。

不動明王の真言を、あらんかぎりの気合いと力をもって、全身全霊で唱えまくった。

「ナマクサマンダバサラナン！　ソワタヤ！　ウンタラタカンマン！」

必死で目を開こうとするが、開けていられない。

「ナマクサマンダバサラナン！　ソワタヤ！　ウンタラタカンマン！」

すらすらと唱えたいのだが、水が口の中に入ってきてうまく唱えられない。

「ナマクサマンダバサラナン！　ソワタヤ！　ウンタラタカンマン！」

「ナマクサマンダバサラナン！　ソワタヤ！　ウンタラタカンマン！」

固く印を結んだ手が、滝の勢いでぶるぶると震えつづけている。

全身に打ちつける激しい水の音は、しかし、いつのまにか消えていた。自分で声に出している真言が、頭の中で唯一の大きな音となって、渦巻くように響きわたる……。

（い、いけるか⁉）

「ナマクサマンダバサラナン！　ソワタヤ！　ウンタラタカンマン！」

「ナマクサマンダバサラナン！　ソワタヤ！　ウンタラタカンマン！」

「ナマクサマンダバサラナン、ソワタヤ……ウンタラ、タカンマン……」

……だめだ。７回で力尽きた。10回をめざしていたのだが。

「ああっ！」

と喝を入れて滝から出た。

遠藤さんが言うように、滝行は出るときにも気合いがいる。

滝の中と外、こちら側とあちら側では、まるで別空間だ。出られてほっとした感じと、もうちょっと浴びていたいというような後を引く感覚に包まれた。これが遠藤さんの言っていたことなのだろうか。

滝を浴びる前と浴びている最中はたしかに凍えるように寒いが、身体を拭いて服を着だすと、じわじわ暖かくなってくる。プールに入って着替えた後、身体がポカポカしてくるあの感覚と同じだ。

その後、護摩を焚いて勤行をあげ、八つ行は終了。約2時間の滝行であった。


来た道を引き返して社務所まで戻る。

今度は下りになるので、より気をつけなければならない。

東京を出るときは晴れていたので普通のスニーカーで来てしまったのだが、これが失敗だった。雪の中、その靴ではどうしようもないということで社務所にて長靴を貸してもらい、それを履いて歩いているのだが、なにぶん長靴を履いての雪道歩きに慣れていないため歩くこと自体が恐ろしい。それに比べて、このあたりの人たちは子どもの頃から長靴で雪道を歩いているからお手のものだ。すいすいと進んでいく。こっちはとてもそうはいかない。もう恐る恐る、一歩ずつ慎重に歩くこととなる。

夜中の3時前に社務所へ到着した。午後9時頃に寝て11時30分に起きたのだが、社務所に戻ってからまた布団に入る。しかし2時間半後にはふたたび起きなければならない。朝のお勤め、社務所の掃除と勤行が待っているのだ。

消えた蕎麦アレルギー

5時30分起床。

寝床として使わせていただいている2階の広間から、神棚のある1階の大広間へと下りていく。すでにほとんどの人が掃除のために動き出している。

八海山尊神社社務所では、宮司をはじめ先達の皆さんから「あれしろ、これしろ」と強制されることはまずない。極端な話、ひとりだけずっと寝ていてもいいのかもしれない。しかし自分よりひと回りもふた回りも年齢が上の先輩たちが率先して動いているのを見ていると、言われるまでもなく自分も何かしなければという気になる。人の上に立つ者はこうじゃなきゃいかん、という姿を示してくれている。

俺も今年の7月で41歳、本厄だ。この歳になると、人から注意されることはもうほとんどない。どちらかといえば、仕事でも家庭でも人を引っ張っていく立場にあるといえる。実際、ブラジリアン柔術の道場では指導もしている。一応先生だ。年齢を重ね、また経験も積み上げてくると、自分より上の立場の人や先輩と呼べるような人が少なくなってくるのはある意味、避けようがないことだったりする。そんななか、ここ八海山の先達の皆さんには勉強させていただいている。行者としての姿勢、大人としての姿勢というものを――。

八海山尊神社では、1月28日から2月3日の節分祭まで寒行がおこなわれている。

そのため、この期間は何人かの先達が社務所に滞在し、自らの行をおこないながら、お祓いや節分祭の準備に当たっている。

朝のお勤めの後は朝食。先にも触れたが、八海山では行中五穀を断つので、米と麦は食べない。代わりに、菜っぱ、しめじ、里芋、昆布、大根、にんじん、ごぼうなどがふんだんに入った蕎麦が主食となる。あとは副食として、かぼちゃの煮物、トマト、酢のもの、漬け物、バナナ、オレンジなどが日替わりで供される。基本的に素材の味のみ、そこに塩少々、それだけだ。素朴だけれど、これがなんとも旨い。日頃からの濃い味付けに慣れた舌には、最初はちょっと物足りなさも感じたが、次第にクセになってくる。これ以上の自然食はないんじゃないだろうか。しまいには身体のほうが、その味を欲してくるようになる。

この行者食は、俺が長年抱えてきた大きなハードルも越えさせてくれた。

小学4年生か5年生の頃だったと思う。その日は体調も芳しくなかったのだが、給食に出た蕎麦を食べたら、なんとアタってしまった。それ以前にも、蕎麦を食べたあとで、（なんか口の中が痒《かゆ》いなあ）と感じることはしばしばあったのだが、他のみんなもそうなんだろうと思ってやり過ごしていた。そう、蕎麦アレルギーというやつだ。

給食でアタってしまって以来、ほぼ蕎麦は食べずに生きてきた。ただ1回だけ、22〜23歳くらいの頃、さすがにもう大丈夫だろうと思って試しに食べたときも、やっぱりアタってしまった。

だから蕎麦を主食とした行者食をはじめて目にしたときは、思わず息を呑んだ。

（えっ？　俺、食えやんやん……）

でも修行は体力もいるし、と迷った末に食べてみた。しかし皮膚が赤くなったりもしないし、腫れもしない、痒くもならなかった。

「治ったのか⁉」

人間の身体って不思議だ。歳とともに体質が変わったのか、はたまた八海山大明神のお力の賜物なのだろうか。

そして8時過ぎ、ほんの5～6時間前にいた滝まで再度向かった。9時からふたたび滝行。一日2回の滝行、この生活サイクルは正直かなりキツい。

「滝行っていっても、ただ立って浴びているだけでしょ？」

と思ったら大間違いで、じつは滝行は見た目以上にものすごく疲れる。エネルギーを相当使うのだ。とくに冬のこの時期ともなればなおさらで、寒さに耐えるために、身体に蓄えられたカロリーと精神の両方をすり減らしながら臨んでいるのだ。そのせいか、滝行に真摯に取り組んでいる人に太った人は少ない。

はじめて味わった寒行は、想像以上の過酷さだったが、学ぶところ大の貴重な経験となった。これも大峯奥駈修行、さらにいえば役行者《えんのぎょうじゃ》、そして鳴滝不動が導いてくれた縁なのだと感謝の念が湧いてくる。

翌日、2月3日の節分祭をもって寒行は終了となった。

八海山尊神社の修行は寒行で始まり、7月1日の御山開きから山での行に移行、秋の八海山火渡り大祭をもって一年の行が納められる。豪雪地帯であるこのあたりでは、冬に山に入ることはできない。そのため冬におこなう行は滝に打たれる寒行となったのではないだろうか。

とはいえ、やはり山伏にとって修行のメインは山での行である。

八海山における山伏とはいったいどんな存在なのか、また、どのような歴史をたどってきたのか、ここで少しだけ語らせていただきたい。

八海山の山伏由来

嘉永2年（1849年）、行者空明が記した『八海山御伝記』によれば、八海山は820年、弘法大師空海によって開かれたとされている。出羽の湯殿山へと向かう道中、越後の海辺を歩いていた弘法大師は、紫雲たなびくこの山を見て、開山を決意したという。

紫雲とは、高僧など徳の高い人が亡くなったとき、仏さまが紫色をした雲に乗って魂を迎えにくるとされている、そのときの雲のことである。このような言い伝えから、吉兆を表す雲とされている。

そのとき弘法大師は山上にて三日三晩、護摩供《ごまく》を修し、国家鎮護と五穀豊穣を祈願、大聖歓喜天《たいしょうかんぎてん》を勧請して頂上に不動明王を祀ったという。いまも山上には「大師の護摩壇」と称される遺構が残されている。とはいえ、弘法大師開山説の真偽のほどは定かではない。実際は弘法大師を慕う行者が後に開いたと見る向きが主流である。

その後、時を経て八海山が歴史の表舞台に現れるのは江戸時代だ。木曽御嶽山《おんたけさん》の王滝口を開き、御嶽登山を庶民の手に開放した秩父出身の普寛《ふかん》行者、その弟子で地元大崎出身の木食泰賢《もくじきたいけん》行者が、寛政6年（1794年）に屏風道を開いて八海山を中興開山した。

普寛は秩父郡大滝郷落合村の出身だが、長じて江戸に住み、寛政4年（1792年）6月、62歳ではじめて御嶽山の王滝口登山道を開いた。翌年、2回目の登山をおこない、江戸を中心とする関東に「御嶽講」を組織し、御嶽信仰を広めた。その彼が翌寛政6年（1794年）6月、今度は越後にやってきて八海山に登ったのである。

そのときの経緯は、普寛三代の弟子木食行者普明が約五十年後の弘化3年（1846年）5月に著した『八海山開闢《かいびゃく》伝記』に詳しく書かれている。それによると、普寛が江戸・八丁堀にいた寛政6年正月18日の夢に、大般若十六善神のひとり提頭羅神王《だいずらじんのう》が降臨し、「われは八海山屏風ヶ磐倉《いわくら》に霊を込めおくので、信心の者力を合わせて開山せよ」と告げたという。

ちなみに、この提頭羅神王の「提頭羅」という言葉は、山や湖沼をつくったという日本各地に残る巨人伝説「ダイダラボッチ」に関係しているといわれ、巨大な神、霊威大なる神のイメージを形成している。ダイダラボッチには似たような呼称が数多く存在し、映画『もののけ姫』に登場するデイダラボッチもこれにあたる。ともかく共通しているのは、霊威あふれる巨人のイメージだ。

そのお告げを受けた普寛は泰賢をはじめ多くの人々の協力を得て屏風道を開き、屏風ヶ磐倉に提頭羅神王を勧請、祭祀した。これが屏風道の7合目に終戦後まで建てられていたとされる屏風本社の発祥だ。これにより八海山は木曽御嶽山と兄弟山となり、普寛の弟子や、その影響を受けた行者、信者たちが、越後だけでなく関東甲信越地方からも登拝修行のため続々と訪れるようになったという。

この開闢登山に参加し、その後普寛の第一の高弟に位置づけられた大崎出身の泰賢行者の功績はまことに大きい。幕末期以後の、信仰の山としての八海山の礎は泰賢によって固められたといっても過言ではない。

泰賢は大前神社の神職山田典膳《てんぜん》藤原吉豊の弟伝八の長男として生まれた。21歳のとき、普寛による八海山開闢登山の話を聞き、自ら望んでそれに協力、随行。これを機に普寛の行法に深く傾倒し、その伝法を授かったという。師とともに越後国の外に出ることも少なくなかったが、とはいってもやはりその活動の拠点は、生まれ故郷の八海山麓、魚沼地方にあった。もともとは18歳のときに患った自らの病気を治さんがために修験者となったのだが、八海山開闢の折、諸法に精通した大先達たる普寛とまみえたことによって、その才能は大きく開花し、その後積極的に活動をおこなっていくこととなった。

寛政9年（1797年）の夏、泰賢は師普寛に同行して木曽御嶽山に登り、寛政10年（1798年）、大崎の八海山山麓馬止平の洞窟に籠もった。そこで3年間塩断ち、穀断ちの木食行に専念し、享和3年（1803年）6月、霊夢を得て八海山大崎登山口を開いたとされている。それが、寒行をおこなう不動滝のある八海山尊神社里宮から山頂へと至る道である。

八海山尊神社では、八海山には天地開闢元気水徳神《すいとくのかみ》たる国狭槌尊《くにのさつちのみこと》の霊魂が留まるとし、これを八海山の主神と捉えている。その他に祭神として、天津彦火瓊々杵尊《あまつひこほににぎのみこと》、木花咲耶姫尊《このはなさくやひめのみこと》、大山祇尊《おおやまつみのみこと》、日本武尊《やまとたけるのみこと》が挙げられる。

越後三山奥駈修行へ

八海山における山での行といえば、毎年9月中旬の3日間におこなわれる越後三山奥駈修行が筆頭格だ。先述のとおり、俺は2009年にはじめて参加させていただいたのだが、その行中、自分にとってかなり大きな出会いを得ることになった。越後三山奥駈修行を主導する先達の月岡永年さんとの出会いがそれだ。月岡さんは、ひと言でいえば俺にとって「生きる伝説」の山伏ということになる。

その他ふたりの先達、金内文男さんと遠藤岳道さんとの3人で越後三山奥駈修行を仕切っておられる。この奥駈修行は、駒ヶ岳、中ノ岳、八海山の三つの山を1泊2日で抖擻する行だ。大峯奥駈修行に比べると日数は短いが、山中の無人小屋で1泊するため、寝袋や食料など必要なものを自分たちで運ばねばならず、そのぶん荷物は重い。加えて道もかなり険しい。

三山縦走に参加する大部分の人が前夜は八海山尊神社社務所に泊まり、翌朝5時過ぎに車で出発、登山口のある枝折峠《しおりとうげ》へと向かう。枝折峠までは40〜50分ほど。社務所からは、八海山を挟んでほぼ反対側に回り込むため意外に遠い。

峠まで来たら、まずは腹ごしらえだ。寒行とはちがって穀断ちはなく、社務所でいただいたおにぎりと漬け物で朝食をとる。さすがは米どころ新潟、魚沼産のお米で握ったおにぎりはめちゃくちゃ旨い！　魚沼産のお米は、品評会で日本一に輝いたこともある誉れ高いこの地方の名産品である。こういってはなんだが、大峯奥駈修行でのおにぎりとはひと味もふた味もちがう。冷めても旨いお米、それが魚沼産。修業中のことゆえ、いただけること自体に感謝すべきであって、味をとやかく言う身分ではないのだが、とはいえ旨いに越したことはない。奈良のお米がどうというより、新潟のお米が旨すぎるのだ。

そして、ナスとキュウリの漬け物、これがまた旨い！　素材の味としょっぱすぎない塩加減、ほどよい食感。ほんと最高だ。

7時、まずは作家深田久弥が選定した日本百名山のひとつ名峰駒ヶ岳（2003メートル）をめざして出発する。越後駒ヶ岳とも魚沼駒ヶ岳とも呼ばれる山だ。

どうして駒ヶ岳の前に「越後」や「魚沼」といった地名がつくのか。大峯奥駈修行の章でも書いたが、日本には同じ名前の山がいくつも存在する。駒ヶ岳もそのひとつで、他に、甲斐駒ヶ岳、木曽駒ヶ岳、会津駒ヶ岳などがある。なかでも南アルプスの甲斐駒ヶ岳（2697メートル）は信仰の山としても有名だ。甲府盆地から望むその山容には抜群の存在感があり、俺も過去に二度登っている名峰中の名峰だ。頂上へと至る道はいくつかあるが、竹宇神社から始まる黒戸尾根は、標高差2200メートルを一気に上がる長大な道で、その道中には数多くの石碑や仏像などが祀られており、随所に〝信仰の山〟といった雰囲気を醸し出している。

枝折峠から歩き出してすぐに緩やかな登りが続く。先ほどからずっと、ひと際存在感のある山が左手に見えている。前回はガスっていてまったく見えなかった山。

あれが越後の槍ヶ岳とも呼ばれている荒沢岳か！

まさに越後の槍。なんと峻険な頂《いただき》か。八海山とはまたちがった険しさだ。見た目からして先が尖っている。古くから信仰の対象となっていたとしても、なんら不思議ではない山容。しかしそういった話はない。おそらく近年道が開かれるまで、奥まったアルプスの山々同様、荒沢岳もその存在を人々に知られることがなかったのだろう。それだけ周囲を山々に囲まれた場所にある。里からは見えない山なのだ。

笠ヶ岳（2898メートル）に登った際、遠く左手に天を貫く槍のように尖った特異な山容をみとめ、「あれはなんだ、ぜひあの山に登りたい」と槍ヶ岳（3180メートル）の開山を決意し、1828年にそれを成し遂げた播隆上人《ばんりゅうしょうにん》に自然と思いを馳せた。

道具や食糧品の高性能化、軽量化などもあって、当時と今とでは登山の困難さは比べようもない。

加えて道の整備も進み、現在ではどの山にも容易にかなりのところまで車で入ることができる。

山に行くといつも思う。昔の人はすごかったんやな、人間てすごいなと。我々が現在、当たり前のように車で走っているところも、彼らはすべて自らの足で歩き、そのうえで山に入っていったのだから。ましてや未踏峰の開山ともなれば、その困難さたるや想像がつかない。次元がまるでちがう。道がないところに分け入り、草木を刈りながら進んでいった彼ら先人たち……。心の底から尊敬する。

修行者は冒険家でもある

2010年8月、それに近いことを青森で体感した。

下北半島の中央部に位置する宇曽利湖、その周囲を縁取るように囲む外輪山。この外輪山は釜臥山、大尽山、小尽山、北国山、屏風山、剣の山、地蔵山、鶏頭山の八つの峰からなる。それらを総称して「恐山《おそれざん》」と呼ぶ（よく誤解されるが、恐山という名の単独峰があるわけではない）。それら峰のうちのひとつ、下北富士と呼びたくなるほどの秀逸な形をした大尽山に登ったときの話だ。

大尽山に入る登山者などほとんどいないらしく、草木は伸び放題、そのため道は不明瞭、夏の低山だけに虫だらけ、おまけに熊の頻出地帯と、素晴らしく困難な状況が続いた。人の手があまり入っていない原初的な山に入ることがいかに大変か、骨身に染みた。汗に反応してか、まとわりついてくる大量の虫に辟易としながら、必死に藪漕ぎをして進んだ。

大尽山は標高わずか827メートルの山だ。しかし実際に登ってみると、その標高以上にハードな山であることを実感した。山は標高ではない。現代にしてこれである。往時の開山の大変さたるや……。役行者、弘法大師をはじめ、かつての山岳修行者たちのなんとすさまじきことよ。

彼ら修行者たちと陸地測量部（国土地理院の前身）の活躍により、現在日本にはもう未踏の山はない。世界に目を転じても、未踏峰は数少なくなってきている。8000メートル峰14座はすべて登られ、7000メートル峰も残り少ないと聞く。6000メートル峰はまだそれなりの数が残っているようだが。世界はどんどん狭くなっているのだ。

人を助け、世を救いたい。その力（験力《げんりき》）を高めるために山へ入り、厳しい修行をする。その想いが、古くから修験者たちの心の大部分を占めていたのは間違いない。しかしその一方で、同じ清廉な修験者の胸中にも、男の子的な冒険心、開拓心とでもいうべきものがあったのではないだろうか。

笠ヶ岳に登って、次は槍ヶ岳だと決意した播隆上人に、その熱情を感じる。

修験者もある種、登山家ないし冒険家だったのだと。

駒ヶ岳、中ノ岳の山頂にて

（あの山に登りたい……）

荒沢岳を遠くに見つめながら、いつしか俺もそんなふうに考えていた。

「そのうち、必ず行くからな」

つと立ち止まって遙かな山肌に向かって誓うと、また前を向いて歩き出す。

左手に見えていた荒沢岳が次第に見えなくなり、道は緩やかに右に折れていく。あとは駒ヶ岳に向かってまっすぐ登っていくだけだ。

11時、駒ノ小屋に到着。素泊まりのみだが40人ほどが泊まれるようだ。小屋が建つ台地状のところから少し下った沢に天然の水場があり、水の補給に向かう。

少し休憩してから、頂上までの最後の登りをゆく。12時に駒ヶ岳山頂着。駒ヶ岳は百名山に選出されているだけあって、昨年は一般の登山者が大勢いた。しかしなぜだか今回はその姿も少なかった。ガスがなく見晴らしがいい。前回は見えなかった八海山の全貌が見事に眼前に広がっている。暑すぎず寒すぎない9月の半ば過ぎ、気候的にもちょうどいい頃合いだ。

月岡さん、金内さん、八海山尊神社の宮司山田泰利さんのご子息久仁彦さん、遠藤さんたちが中心となって護摩を焚く。八海山尊神社は神社だから当然神道なのだが、護摩焚きの際には般若心経も唱える。神仏習合の名残だ。昔はそれが当たり前だったのだろう。

ここで昼食。先ほどの残りのおにぎりをいただく。

午後1時過ぎ、中ノ岳に向けて出発。

ここからは気持ちのいい稜線歩きだ。危険なところもそれほどない。昨年はこの時期、少し紅葉が始まっていたが、今年はまだほとんど葉の色は変わっていない。時折、前方にお椀を寝かせたような、たおやかな形の中ノ岳が見える。中ノ岳を見ながらの空中散歩。天気もいいし最高だ。

途中、ひとりが遅れだした。金内さんの知り合いの方だった。

金内さんは非常に面倒見のいい人で、この越後三山奥駈修行にかぎらず、八海山尊神社の催事には金内さんのお知り合い、もしくは金内さんに助けられた人たちが毎回多数やってくる。金内さんは新潟市在住の69歳だが、まるで69歳には見えない。以前に比べたらかなり衰えたとご自分では言われるが、いやいや、かなりの健脚だ。

60歳の定年までは金内さんも例に漏れず、普通の仕事をしながら行をされてきたが、定年後は八海山山伏として、世のため人のため活動されている。

金内さんには、かつてNHKのドキュメンタリー番組で観た東南院大峯奥駈修行にいつか参加したいという夢があった。しかし当時は仕事を持っていたため、その想いは叶わなかった。定年してようやく参加できるようになり、2歳年下の月岡さんの定年を待って、ふたりで東南院大峯奥駈修行に参加したのだった。ふたりは最初から3年連続して参加し、良いも悪いもそれでやめようと決めていた。

残念ながら大峯奥駈修行ではお会いしたことはないが、その東南院奥駈修行という縁があるから、俺もここに参加させていただいている。

越後三山奥駈修行の後、金内さんは決まってひとりでもう一度三山を巡っているという。駒ヶ岳から中ノ岳に至る道のりになぜだか毎年キツくなる箇所があり、あるときふと谷に向かってせり出した大きな岩で勤行をあげてみた。すると、それからというもの不思議とキツさがなくなり、以来毎回そこで勤行をあげるようになったそうだ。

霊感といっていいのか、金内さんはともかくそういうことに敏感だ。実際、数多くの人を加持祈祷で救っている。いつもニコニコしていて、誰かれかまわず話しかけるムードメーカー的な存在で、八海山山伏には欠かせない人物だ。

昨年は行者のみ6人での抖擻だったが、今年は金内さんの知り合いの方、久仁彦さんの友人も含めての11人と、ずいぶんと大所帯になった。

通常このコースは2泊3日でおこなうのが一般的で、それを1泊2日でやろうというのはたしかにキツいのかもしれない。金内さんは遅れをとりはじめた知り合いの方に寄り添うように、ゆっくりと歩いてくる。

ようやく中ノ岳が近づいてきた。しかし中ノ岳は山頂への最後の登りがキツい。

月岡さんが掛け念仏を唱えはじめる。

「サーンゲ、サンゲ、ロッコンショージョー」

これは大峯奥駈修行と同じだ。しかし、八海山山伏独自の掛け念仏もある。

「お山晴天、ロッコンショージョー」

「上がらせたまえ、ロッコンショージョー」

「登らせたまえ、ロッコンショージョー」

月岡さんの唱える掛け念仏に合わせて、みんなゆっくりと登っていく。今回はさまざまな方が参加しているためか、次第に隊列が間延びしてきたので、比較的足の早い人たちだけで先に中ノ岳（2085メートル）に上がった。

頂上には20人ほどが泊まれる2階建ての避難小屋がある。そこに荷物を置いてしばし休憩。しばらくすると月岡さんがいないことに気づいた。

（あれ？　どこ行ったんやろ）

と思って外に出てみる。

「いてへんな……」

しばらく外で佇んでいると、ザックを背負って下から上がってくる月岡さんの姿が見えた。疲れて遅れている人のために再度下へ下りて、その荷物を背負ってふたたび登ってきたのだ。頭が下がる。これがリーダーの、人の上に立つ者の姿勢だ。また先達とはそれだけ強くないと駄目なのだ。何かあったときに素早く対処できるだけの余力がなければいけない。普通の登山でも同じことがいえよう。

全員が揃ったところで護摩を焚く。次第に山が橙色に染まってきた。夕暮れが近い。ほぼ無風快晴。ここからも八海山がよく見える。頂上近辺のギザギザした岩峰「八つ峰」までくっきりだ。予報によると明日の天気はゆっくりと下り坂らしい。濡れた岩場を地下足袋では通過したくない。

（せめて八つ峰通過までもってくれ）

と山の神さまに祈る。

小屋にはすでに数人の登山者がいたため我々は2階へと上がり、寝袋やマットを敷き、それぞれに居場所を確保してようやく落ち着いた。自ら持ち運んだ食料で各自食事をとる。ガスバーナーで湯を沸かしてインスタントラーメンやうどんをつくる人、湯で膨らませるアルファ米を食べる人、朝食用のおにぎりをとっておいた人などさまざまだ。

俺はカメラを3台持ってきているぶん、ただでさえ荷物が重い。だから食事はあまり持ってきておらずスナックパンで済ませた。その他、ありがたいことにちょこちょこと人からもらったものも胃袋に収める。

明朝が早いので、みんな食事が終わるとぼちぼち寝る準備に入る。月岡さんは7時くらいからもう横になっていた。俺はさすがに7時には眠れないので、カメラ、フィルムのチェックやその他準備をしたり、少し談笑したりしてから8時すぎに寝袋に入った。

痩せ尾根は慎重かつ速やかに

午前3時、起床。

小屋は寒くもないし、なかなか快適だった。だからといって熟睡できたというわけではなく、何度か目を覚ますような浅い眠りだったが、これだけ休めれば充分だ。あまり眠れない状態で歩くことは、大峯奥駈修行で経験済みだ。

それぞれが簡単に朝食をとって4時には出立。まだ空が泣き出す気配はない。

(最後までもってくれ……)

しかしさすがは新潟の9月半ば、しかも早朝だけにひときわ寒い。

ヘッドランプの明かりを頼りに、かなり急な勾配の坂道を下りに下る。10~20センチ大の石ころがごろごろと転がるガレた道は、朝露で湿っているため非常に滑りやすい。大峯奥駈修行同様、地下足袋だから気をつけないとかなり危ない。周りに生えている草をつかんでバランスを取りながら必死に下っていく。岩場や鎖場が多く、両手を使って進む場面が続くため、ここ八海山では金剛杖《こんごうづえ》は持たない。そうしないと片手が塞がってしまうからだ。よって杖の支えがないぶん、よりバランスは取りづらくなる。暗いうえに湿気でガスっているからヘッドランプを点けていても視界はとても悪い。しかも、この道は登山者があまり通らないため雑草が生い茂っていて、道自体が不明瞭だ。迷ってしまう危険がある。

駒ヶ岳に登る人は多いけれど、中ノ岳から八海山までのこの道をゆく人は非常に少ない。それくらい奥深く危険な山道なのだ。まさに修験の山だ。

1時間ぐらい下って、ようやくいったん下りきった。祓川《はらいがわ》にて水の補給をする。

小休止の後、ふたたび登りはじめる。まだあたりは暗い。

「サーンゲ、サンゲ、ロッコンショージョー」

30分ほど登って御月山(1821メートル)に到着し、朝の勤行が終わる頃にゆっくりと夜が明けてきた。ここから八海山本峰までの道のりが真の本番だ。行程は長く、そのうえアップダウンが激しい。両側がスパッと切れ落ちた痩せ尾根の連続。落ちたら確実に終わる。「危険地帯には長く留まるな」が山の鉄則だ。よってここでは、慎重かつ速やかに歩くという一見相反することが求められることになる。

尾根の両側は切れ落ちたV字の谷になっており、こちらの稜線上からあちらの山の側面、いわば壁に向かって、先達を務める遠藤さんが吹く法螺貝の音が響きわたる。優しく、ときに激しく、はるかな山々にまでこだまする素晴らしい音色だ。こうした現象は大峯山のような地形では起こらない。八海山のように切りたった稜線歩きが続き、向こうにも同じような高さの山が存在するから、こうも見事に反響する。

心を打つ法螺の音

法螺貝の名手、遠藤岳道さんは流浪の山伏だ。

うん、「流浪の山伏」とは渋いな。なかなか格好いいフレーズだ。実際、遠藤さんは格好いい。非常に絵になる男である。ザ・山伏。新潟県在住の58歳だが、他の方々と同様まったく実年齢には見えない。生業は大工。均整のとれたその身体には余分な脂肪はまったくついていない。だからといって痩せこけているわけでもなく適度に筋肉がついていて、まるでアスリートのようだ。普段の節制の賜物だろう。佇まいがザ・行者。

ちなみに「山伏」と「行者」はほぼ同義だが、山伏とは文字どおり山に伏して行をおこなう者、かたや行者は山だけにかぎらず滝や海などさまざまな場所で、さまざまな方法で行をおこなう者だと俺は思っている。だから、極端なことをいえば山に入らない行者というのも存在するだろう。行者のほうが意味としては広範で、行者の範疇に山伏が含まれる。要は行をしている者が行者なのであって、さらにそれは、形式ではなく姿勢の話である。

個人的な例でいうなら、「柔術家」と「格闘家」という言葉がそれに近い。柔術家とは柔術をやっている者のことを指すが、同時に彼は格闘家でもある。しかし、格闘家とは必ずしも柔術をやっている者に限定されない。空手や柔道、ボクシングやレスリングなどに長けている者も格闘家だ。もっといえば、単に試合の勝ち負けだけでなく競技を超えた部分、護身や実践的な闘いまで意識している者、それが格闘家だと思う。格闘家という広範な意味の中に柔術家も含まれるのである。

というわけで、遠藤さんは山伏であり行者なのだ。

あるとき八海山尊神社の社務所で入浴していると、遠藤さんが後から風呂場に入ってきた。相変わらずすごい身体だなと思いながら目をやっていると、身体を洗っているのに石鹸を使っていない。洗っているというより擦《こす》っている感じ。ようく見るとどうやら塩を身体に擦り込んでいるらしい。洗うというより清めるといった風情だ。遠藤さんにとっては、身体を洗うということはそういうことのようだ。聞けば、ずっとそうしてきたという。遠藤さんらしい。そういう人なのである。

大袈裟ではなく、遠藤さんは本当に全国各地の行場を渡り歩いている。その経歴は20代当時住んでいた東京は高尾山での滝行に始まり、山形の羽黒から大峯の奥駈修行にまで及ぶ。そんなふうに一ヶ所に腰を据えず、ほうぼうを歩き回っていた遠藤さんが、最後（かもしれない）に選んだ場所、それが八海山だった。もともと遠藤さんは新潟在住なので、時折、八海山里宮の滝には打たれにきていたそうだ。そうこうしているうちに月岡さんや金内さんらと知り合うようになり、次第に八海山に集う人たちの人柄や雰囲気に魅了されていったという。

いままでに数々の行場を訪れてきたから、行場ごとに良くいえば独自の伝統と格式、悪くいえば硬直化した古い慣習と権威性みたいなものがあることを遠藤さんはよく知っている。よそ者には門戸を開かん、といったような雰囲気――程度の差こそあれ、たいていの行場にそういう雰囲気はあるものだと。

しかしここ八海山は特別なのだと遠藤さんは言う。現在のように八海山の先達として活動する以前から、勝手に滝に打たれにきても全然口うるさく言われることなく、「どうぞ、どうぞ」といった感じだったらしい。もちろんそれは、滝行の何たるかをよく知っていて、自分の行が済んだらきちんと掃除をして帰る遠藤さんだからこそ、だろう。八海山は大らかなのだ。それは俺にもよく分かる。自分自身、八海山に魅了されているひとりなのだから。

遠藤さんはさまざまな場所での滝行の熟達者であるだけでなく、先にも触れたように法螺貝のエキスパートでもある。四国・愛媛にある西国随一の霊山「石鎚山《いしづちやま》」に集う修験者の方々から請われて、わざわざ法螺貝の吹き方を教授しにいっているほどの腕前だ。残念ながら俺は法螺貝が吹けないから技術的なことは分からないが、いままで大峯、羽黒とで何人かの法螺の音を聞いてきたが、遠藤さんの吹く法螺貝の音がいちばん低音から高音までに安定感があり、音量も大きく艶がある。その音色は毎回、越後の山々と俺の心にしみわたる。

法螺の音には、生きとし生ける者は言うに及ばず、死してなおこの世に無念を残した者たちを鎮魂する力があるのだと遠藤さんは言う。だから、そういった人々への手向けになればと、遠藤さんは法螺貝で鎮魂歌も作曲している。

そんな遠藤さんには、彼にしかできない究極の行というか見せ場というか、そういうものがある。法螺貝を吹きながらの滝行だ。それはもはや完成された伝統芸能かなにかのようで、滝に打たれるまでの立ち居振る舞い、打たれた後の所作が遠藤さん自身のまとう雰囲気と相まって、見ている者の心を打つ。引き込まれる。感無量になり、泣いてしまう行者もいるほどだ。パフォーマンスといってしまえばパフォーマンスだが(もちろん遠藤さんは見せるためにやっているわけではない)、普段の遠藤さんの振る舞いと人柄を知っているだけに、そんなひと言では到底片づけられない重みがある。行者遠藤岳道の生き様が籠もっているのだ。

八つ峰をめざして

　はるか向こうに八海山は見え隠れしているのだが、なかなか頂上は見えてこない。まだまだ歩き続けなくてはいけないのだと気合いを入れ直す。歩行距離、アップダウンの激しさ、危なさなどからいって、一日の行程としては確実に大峯山を上回るだろう。大峯奥駈修行は8泊9日という長期間の行だ。それはもちろん大変な修行である。ただ、歩くということのみに関していえば越後奥駈修行のほうが断然厳しいだろう。せめてもの救いは、9月なのでもうそれほど暑くないという点だけだ。

　荒山の近辺にて朝食。先達がガスバーナーでインスタントラーメンをつくってくれ、それをいただく。旨い！　山で食べる温かいものはとにかくご馳走なのだ。

　その後も痩せ尾根をずっと歩いて、ようやく八海山本峰が近づいてきた。眼前に迫るのは、八海山本峰の前衛ともいうべき五竜岳への最後の取りつきだ。急登である。

「サーンゲ、サンゲ、ロッコンショージョー」

「お山晴天、ロッコンショージョー」

「上がらせたまえ、ロッコンショージョー」

「登らせたまえ、ロッコンショージョー」

　節回しを効かせた声を張りながら、五竜岳を登りきった。

　そこから少し下ったところに「五龍の池」がある。かつてはものすごく綺麗な水が絶えず湧いていて、里からもわざわざ汲みに上がってきたといわれるほどの名水池だった。でも近年では水量も少なく池は淀んでいる。ここで勤行をあげる。

勤行を済ませると、越後三山奥駈修行最後の登り、入道岳をめざす道を進んでいく。これを上がれば稜線に出られる。

「よっしゃ……よっしゃ……上がれ……上がれ……もう少しだ」

内なる声が聞こえる。もう少しで八つ峰に会える。

視界が開ける。出た。遠く向こうにまで連なる岩山。

きた！　これが八海山だ。あれが八つ峰だ！

八つの峰が連なる、峰というか岩。ここから八海山という名がついたともいわれる。

八海山には実際に八つの峰があるが、じつはそれは必ずしも八つでなくともよい。

どういうことかというと、古来より日本では、漢字の「八」は下のほうが広がることから「末広がり」を意味して幸運の数字とされてきた。また日本の神話においては聖数とされ、漠然と数が大きいことを示すことに用いられた。「八島」「八雲」「八重桜」「八百万」などがそれにあたる。だから八つ峰とは、多くの峰々、重なり合った山々という意味合いにもとれるのだ。ちなみに北アルプスの名峰「剱岳」にも八つ峰と呼ばれる岩稜帯があるが、それらは実際には八つではない。

「ハッカイ」の呼び名については江戸時代に三つの解釈がなされたという。八海山の連峰が8層あって階段のようになっているから「八階」としたとする説、また山中に八つの谷があって「八峡」と称したことからきたとする説、あるいは山中に八つの池があってそこから「八海」の名がおこったとする説だ。どれが正しいのか、そのほかに真の由来があるのかは定かではない。

この八つ峰こそ、越後三山奥駈修行のハイライトでもある。

しかし、いよいよここから八つ峰というあたりで、《土砂が崩れて途中道が崩壊しているため八つ峰には入るべからず》という内容の但し書きにぶつかった。通行止めのロープが張ってある。しかし我々は山伏、山の民だ。一般登山者と同じく「そうか、じゃあここでやめておくか」とはいかないのである。とはいえ危険は危険ということで、ここで2隊に分かれることになった。比較的安全な巻き道もあるため、疲れている人や自信のない人はそちらから行く。八つ峰はそもそも危険な行場だし、そのうえ道が崩落しているのだ。万全でない以上は臨むべきではない。

俺は当然ながら八つ峰への道を選択した。ここからは岩をつかみ鎖を握り、登ったり下ったりしてひとつずつ峰を越えていくのだ。まずは長さ13メートルもの太い鎖を両手でつかみ、岩に足を置いて一歩一歩踏みしめながら上がっていく。キツいけれど無心で取り組んでいる充足感がある。

「っしゃっ！」

と登りきると、そこは八海山の最高峰「大日岳」のてっぺんだ。八海山大明神が祀られている。みんなで勤行をあげる。ここまで無事に歩かせていただいたことに感謝し、このまま最後まで何事もなく全員が下山できますようにと祈りを捧げる。

ここから見える越後の田園風景は最高だった。

だが、まだ修行は終わっていない。あまりゆっくりもしていられないので先を急ぐ。

今回、岩と鎖が連続する山肌を地下足袋だけで通過するのはさすがに不安なので、月岡さんからいただいた草鞋《わらじ》を地下足袋の上から履いて臨んでいた。草鞋を履くとかなりグリップ力が増し、滑りにくくなる。昔の人はよく考えたものだ。それでも下りながら岩をトラバース（横移動）していくときは結構怖い。

大日岳、剣ヶ峰、摩利支天岳、釈迦岳、白川岳、七曜岳、不動岳、地蔵岳と越えて、ようやく八つ峰の行場は終了した。千本檜小屋にて休憩。そして勤行。時刻は午後2時過ぎになっていた。

脱兎のごとく

下りの第一段階は、約1時間30分ほどかけて歩くロープウェイ駅までの道のりだ。その後は、ロープウェイに乗って下山するグループと、1合目である八海山尊神社里宮まで自分の足で歩いて下りるグループとに分かれる。後者のグループは今年は4名だ。ただ下りるのではなく早駈していく。そのスピードは大峯奥駈修行の比ではない。とくに先頭をゆく齢67歳、月岡さんのスピードがまたハンパないのだ。大峯奥駈修行の早駈もじゅうぶんに速いが、八海山でおこなわれる早駈はギアが2段ぐらいちがう。うそ偽りなく本当に走る、いや跳んで下るのだ。

今年はじめて参加した青年（千本檜小屋のご主人の孫）がいみじくも叫んだ。

「なにこれ!?　忍者ですか！」

現在は小屋へのボッカ（荷物運び）を仕事としている彼は、かつてボクシングをやっていたというだけあって、驚きながらもちゃんとついてくるから大したものだ。山伏ではないが彼もまた山の民なのだ。そう、まさに我々は忍者か、はたまた天狗なのである。

前回月岡さんとふたりで下ったとき、決定的に思ったものだ。

（そうそう！　これこれ、俺が求めていたものは！　ずっと恋い焦がれ、思い描いていた本当の山伏、それがここ八海山にいた！）

かつて山伏とは、あまりに速く山を跳び、駆け抜けたため、人々から〝人智を超えた者＝天狗〟と見紛《みまが》われたという。人ではない、ある種、超人。山伏とはそういう存在だった。そこには武道家の片鱗も垣間見える。山に入り己を見つめ、磨く。実際にいままで出会った山伏の中には武道や格闘技をやっている、もしくはやっていた、好きだったいう人が大勢いた。合気道の開祖植芝盛平は、まさにここ八海山で滝行をおこなっていたわけだし。

現在に置き換えると、訓練と装備を綿密に整えた登山家やトレイルランナーの中には、あるいはそうした超人的な身体能力を発揮する人もいるのかもしれない。しかし最新の登山ギアに身を包むでもなく、単なる白装束に草鞋、地下足袋を履いて勤行をあげながら山をゆく者の中に、はたしてかつての山伏のように跳び、駆け抜けていく忍者か天狗のような者が実際に存在するのだろうか、所詮夢物語にすぎないのではないか。

そう感じはじめていた矢先、月岡さんに出会った。常識をはるかに超えた速さで俺の前を跳ぶように疾駆していくその後ろ姿をこの目ではじめて見たときの衝撃、そして喜びたるや筆舌に尽くしがたいものがあった。

いまも月岡さんの背中を必死に追っかけながら、俺はかつての山岳修行者に思いを馳せている。自分もまた神弁大菩薩「役行者」になったかのような気持ちで走る、走る。

山伏は山に入り修行することによって山の霊力を身体に取り込み、神霊の器いわゆる霊媒体質となる。それによって発露される能力は、憑依《ひょうい》、託宣、憑物落《つきもの》とし、病気治し、守護霊との交流など多岐にわたったが、それとはまた異なる世界観の発展にも大きく寄与した。芸能だ。現在各地に残っている民俗芸能は神楽であったり田楽や猿楽であったりするが、そのほとんどが修験の影響を多分に受けているとされる。あるものを憑依させてそのものになる……なりきる、演じる。現代でも、〝役者は霊媒（体質）である〟といったことがしばしばいわれる。よい役者ほどその資質が高い、といった言葉も耳にする。

八海山の麓に向かって脱兎のごとく山を駈け下りている今の俺には、かつての修験者が乗り移っている、降りてきている。それは役行者なのかもしれない。俺は役行者のことを思う……。一体感……。

（いまの俺ならあらゆるものを跳び越せる！　やれる！　やれるはずだ！）

山を下ることに全神経を集中させつつも、きっとあまりのワクワク感に我知らず笑みがこぼれていたのではないかと思う。

かなりの傾斜を駈け抜けて下るため、過去には、前のめりに転がり落ちてしまい大きな怪我をした人もいるほどの早駈だ。それを67歳の月岡さんが先頭に立って引っ張る。すごいことだ。前回といい今回といい、俺はやはり感動した。

生きる伝説、月岡さん

月岡さんは新潟県上越市在住で、35歳のとき八海山の先達となった。

35歳頃といえば、おそらく人生でもっとも忙しい時期のひとつに当たるのではないかとも思うが、八海山尊神社の先代の大先生から、「行者になれ、おまえならやれる」と強く勧められ、月岡さんはその道を選んだ。当時はまだお子さんも小さく、自身も働き盛りだった月岡さんはかなり迷ったらしいが、人のためになれるならと行者になる決意をし、また先達職も引き受けたという。60歳までは普通に働きながらの行者活動だった。最初は大型トラックの運転手、その後は一度転職して地元企業に勤めた。現在まで、かれこれ三十年以上にわたる山伏修行だ。

月岡さんには数々の逸話、いや伝説がある。ほとんどが山での話だ。

とにかく月岡さんは俺が出会った山伏の中で間違いなくいちばん山を歩いている。その活動の拠点は当然八海山だが、そこだけに留まらず日本各地の山へ登拝している。この点は俺と同じだ。意外に思われるかもしれないが、じつは月岡さんのような山伏は稀だ。大半の場合、大峯奥駈行者なら大峯山、羽黒修験者なら出羽三山というように、自分のベースとなる行場からは離れないものなのだ。

しかしかつての山岳修行者、役行者しかり弘法大師しかり……彼らは全国の山を巡って修行した。最終的に自分のベースとなる行場に落ち着いていく傾向はあったかもしれないが、最初からひとつの行場に固執することはなかった。

そういう意味でも、月岡さんは俺が思うもっとも山伏らしい山伏像を体現している。山に入ってとにかく歩くという姿勢は、シンプルだけれどいちばん修験道のなんたるかという部分を突いていると思う。月岡さんは、それを三十年以上やりつづけてきた。

山に入って修行するには、まずそこで生きていかなければならない。すると、食べられるものの見分け方から、その調理法、食し方、はたまた薬草についての知識などが自然と身についていく。昔の山伏はそういったこと全般に幅広い知見と経験の蓄積があった。しかしそれらはあくまでも二次的な産物であって、まずはやはり山に入ることである。入ってなんぼ。その修行の成果だろう、70歳を数年後に控えながら月岡さんの健脚は揺るぐことがない。

逸話一

その一端をご紹介しよう。米山（993メートル）という山がある。白山を開いた泰澄が開山し、頂上に薬師如来を祀ったとされている。月岡さんは自宅から19キロメートル離れているその米山まで歩いて向かい、そのまま山頂まで登り、下山して家までふたたび徒歩で帰ってくる。じつに往復約40キロメートル。それを100日間繰り返した。36歳のときの話だ。

さすがに仕事があるから毎日連続というわけにはいかないが、5月から11月のあいだに完遂した。月岡さんにとっての百日回峰行である。半年間で100日だから2日に1回のペースだ。仕事を終え、晩ご飯をとった後出発して夜中じゅう歩き、朝方帰ってきては、ほとんど寝ずにまた仕事に行くという離れ業を100回もやり抜いた。出家したお坊さんが大峯で毎日連続しておこなう百日回峰行（山上ヶ岳までの登り下り）よりキツいかもしれない。

雨の日、風の日、天候、体調を問わず100日連続でおこなう困難さは、もちろん厳しいものだと思う。でも、ある意味、お坊さんはそれだけをやっていればよいのだ。月岡さんは普通の仕事を持ちながら、2日に1回のペースで夜中にそれをおこなった。どちらがキツいだろうか。俺は後者だと思う。体力的にももちろんだが、なにより精神的にキツい。

出家したお坊さんの回峰行は、100日間その行に集中できることが担保された環境でおこなわれる。下界からかけ離れたお寺という世界の中で生活しているのだし、また周りの人々も回峰行への挑戦に対して理解を示してくれるだろう。

しかし月岡さんの場合、会社に行けば同僚や上司、部下、近所には友人や知人もいることだろう。仕事相手との付き合いで「一杯行こう」という声もときにはかかるだろう。もちろん家庭もある。当時まだ小さかったお子さんと過ごす時間も大切なはずだ。

それらすべてを押し退けて、仕事が終わった後、夜中にひとり山へ向かうのである。どんな意識で闇夜を歩きつづけたのだろう。相当に気持ちが強くないとできることではない。仕事ではないのだ。それによって何かしらの収入が発生するわけではない。誰かから褒めてもらえるわけでもない。それをやらないと誰かが困るというわけでもない。

しかし、そうであるがゆえに、なおさら日々の自分の生き方自体が、月岡さんにとっては行だったのだと思う。世のため人のため、また少しでも自分を清め、高め、験力を上げようと山に入りつづけたのだと。

逸話 二

まだまだ話はある。

何度も言っているように、八海山はなかなかキツい山だ。いちばんキツいのは三山縦走だが、八海山だけを登り下りするだけでも相当しんどい。ロープウェイを使わずに、行場のある麓の里宮（1合目）から登って下りてくるまで、一般登山者の標準タイムはおよそ12時間から13時間だといわれている。

ある年の8月31日。月岡さんはそれを一日に三度往復した。しかも下りてきたときは滝に打たれて、その後きちっと護摩まで焚くというおまけつきだ。それを夜中の0時過ぎに始めて夕方の6時30分まで、じつに18時間30分のうちに3回やり遂げた。これはすごいことだ。もちろん体力的にもそうだが、それより驚くのはその精神力だ。

普通、一日に三度山には登らんで！

ましてや同じ山に。飽きてくるし、モチベーションも保ちづらい。

過去に一度だけ、一日に同じ山を2回登った経験があるが、俺の場合は八海山よりもずいぶんと楽な赤城山だった。だから八海山を日に3回登ることがいかに大変なことか、よく分かる。

では越後三山縦走ではどうか。月岡さんのことだから、もちろん逸話には事欠かない。

駒ヶ岳、中ノ岳、八海山を巡る三山縦走の一般登山者標準タイムは27時間55分、約28時間とされている。これを2泊3日で登破するのが一般的で、奥駈修行ではそれを1泊2日でやり終える。しかし月岡さんはちがう。半日ですべてを巡ってしまうのだ。深夜0時過ぎにスタートして、早ければ朝の10時くらいには八海山尊神社里宮まで戻っている。そのタイムで回りきるということはつまり、ほぼ全行程にわたって早駈をしているということに他ならない。中ノ岳から八海山までの危険な痩せ尾根も八つ峰も、すべて早駈とは恐るべしである。39歳から45～46歳の頃までそれを毎年やっていたという。

「山で行をするなら夜がいいんだ、とくに夜中が」

人は誰もいず、静かで、その反面、多くの山の生き物たちが目を爛々とさせている。動物というのはじつは夜行性のものが多い。つまりその時間帯、山は生命力に充ちている。山の精霊たちの時間である。その時間に山に入れば集中力が増し、感覚が研ぎすまされ霊力（験力）がより増すのだ、と月岡さんは言う。だから好んで夜中に山に入るのだと。前出の寒行における滝行が「八つ時」におこなわれるのも同じ理由からだろう。

それ以前に、月岡さんは長年、仕事をしながら行者として生きてきた。そのため都合をつけられる時間がどうしても夜中にかぎられるのは、仕方のないことでもあった。平日は夜中にしか山に入れなかったのである。一般の登山に照らしてみれば、あまり望ましいやり方とはいえないかもしれないが、なにしろ我々は山伏なのだ。普通のことをやっていては行にはならない。そんなことでは人など到底救えない。

同じようにして月岡さんは数々の山を歩いてきた。長野にある修験の山、戸隠山に登ったときは、自宅から70キロメートルも歩いていって登ったという。また八海山まで徒歩で行っていた時期もあるそうだ。36歳からの8年間、10月におこなわれる「火渡り大祭」の前日夕方6時に家を出て、翌日午前11時に八海山に到着し、そのまま火渡り大祭に参加する。その距離、じつに84キロメートル。言うまでもなく普通登山といえば、交通手段を使って登山口まで行き、そこから登るものだが、どうやら

八海山から望む中ノ岳

月岡さんの場合は家から自分の足で頂上まで歩くのがそれに当たるようである。40歳を過ぎるくらいまでは、どこへでも、とにかく歩きつづけたという。まさに歩きの行だ。そんな月岡さんに、「八海山以外で印象に残ってる山はどこですか」と尋ねると、「剱岳《つるぎだけ》だな」という答えが返ってきた。

近代アルピニズムの発展とともに、日本アルプスの高峰は次々と踏破されていった。そうあってもなお、あまりに急峻であるため容易には人を寄せつけない山、それが剱岳だった。明治40年（1907年）、陸地測量部によって登られるまで前人未踏であると言われつづけた最後の山（秘境）である。古くは弘法大師が草鞋《わらじ》三千足をもってしても登ることができなかったという伝説が息づく山でもある。「立山曼陀羅」においては、浄土とされる立山に対して針の山、地獄として描かれているが、実際、山頂付近はギザギザとした針の山のような岩で覆われている。別名、死の山。長いあいだ決して登ってはならない山とされてきた。

そんな剱岳だが、陸地測量部がはじめて山頂に至ったとき、彼らは頂上で古い時代のものとおぼしき錫杖の頭部と剣の穂先を発見した。後に専門家によってそれらは中国の唐の時代のものであると鑑定された。通常それは山岳修行者、つまり修験者が修法《ずほう》する際に用いる道具である。なんたる歴史ロマンであろう。前人未踏であると思われてきた剱岳に、早ければ奈良時代にもう人が登っていたのである。

剱岳には実際に登ったことがあるからよく分かる。道具が発達し、道が整備された現代においても剱岳は決して容易な山ではない。そこに千年以上も前に登った人がいるなんて。まさにかつての修験者とは人であって人でない者、人智を超えた存在、異形者だったのだ。おそらくその錫杖を頂上に残した者は、登頂は果たしたものの下山することは叶わなかったのではなかろうか……。信仰の力とはすごい。

逸話　三

月岡さんとは、そういった八海山以外の山の話もできて嬉しい。アルプスにおいて剱岳と双璧を成すもう一方の雄、それは穂高岳だ。最後に、月岡さんの逸話の中でも強烈なエピソードを紹介しよう。

日本の登山界において、もっともポピュラーでありながら、もっとも困難といわれているルートがある。すべての登山者が憧れる北アルプス屈指の名ルート。岐阜県高山市の新穂高温泉から登りはじめ、槍平小屋、飛騨乗越、槍ヶ岳、大喰岳、中ノ岳、南岳、北穂高岳、涸沢岳、奥穂高岳と通過し、最後、西穂高岳、西穂山荘へと至る槍穂縦走である。

一度稜線に上がった後は3000メートル級の峰々が延々と続く道をゆくのだが、その大部分の道は、スパッと切れ落ちた痩せ尾根に沿っている。落ちたら確実に命を失う。日本ではここだけでしか見られない見事な岩稜帯の景観が続くが、同時にきわめて危険なルートでもある。

その通過タイムは一般登山者で28時間30分とされている。通常2泊3日か3泊4日で行くところを月岡さんは、例のごとく深夜0時過ぎに出発し、午後6時にはフィニッシュ。18時間の日帰り行を達成してしまった。御年55歳だったという。

このルートは非常に危険だから、慎重のうえにも慎重に歩を進めなければならず、そのため想像以上に時間を取られるのだ。なのに月岡さんはそこを早駈である。剱岳も槍穂縦走も、月岡さんは足袋に草鞋のいつものスタイルで駈け抜けた。そんなスタイルで北アルプスをゆく者は、現代においてまず存在しない。槍穂縦走のタイムにしても、現役バリバリの若手登山家をもってして果たしてクリアできるだろうか、というほどの速さである。月岡さんは最後の山伏にして現代の天狗だと俺が思う由縁だ。

「八海山で行ずれば、日本全国どこの山でも通用するよ」

八海山山伏として、月岡さんは誇らしげに言う。

この話には続きがある。槍穂縦走を終えたとき、なんと月岡さんの髪は真っ白になっていた。それも髪の毛だけでなく、眉、まつげから下の毛まで全身すべての毛が真っ白。それまでの月岡さんも年齢からして多少は白髪も混じってはいただろうが、基本的には黒かった。55歳は決して若くはないが、総白髪の仙人になるような歳でもない。まるで『あしたのジョー』最終回において世界チャンピオンのホセ・メンドーサと戦った後、真っ白に燃え尽きてしまったジョーではないか。いや、髪の毛が白くなったホセのほうか。

どちらにせよ、そんなことが実際あるものなのか。漫画ではなく現実において。

（ああ、もう近いうち死ぬんだな）

月岡さんはそう思ったと話す。

数日経って毛が伸びてきても、毛穴から新しく出てくる部分は白いまま。最初から白い毛として伸びてきたのだという。黒い毛が出てくるまで半年かかった。ちなみに67歳である現在の月岡さんの頭髪は、白髪が混じってはいるものの、すべて真っ白というわけではない。それだけ集中して消耗したということなのだろうか。不思議な話というのは実際にあるものだ。神がかり的な出来事。

そんな月岡さんだから、越後三山奥駈修行を先頭で引っ張り、いまでも山を駈けられる。長年の鍛え方がちがうのだ。

「いちばん強かったのは55歳の頃だね。男の盛りは50から55だよ」

月岡さんは言う。

「あんたはまだまだいけるよ、これからだよ」

それだけの体力があるから、疲れ果てた人の荷物を持ってあげることもできる。持ってもらうほうは月岡さんよりうんと若い青年だ。まさに行者の鑑。先達とは、リーダーとは、人の上に立つ者とはこういうものなんだ、と月岡さんの背中から教えられる。

約1時間の早駈を終え、里宮に下りてきてから最後の滝行をおこなう。

これにて越後三山奥駈修行は終了だ。

*

そして2011年2月2日、ふたたび深夜の滝の前。

俺は八つ行に参じている。

「っりゃあー！」

やはり声にならない声を発し、滝に飛び込む。

「ナマクサマンダバサラナン、ソワタヤ、ウンタラタカンマン」

「ナマクサマンダバサラナン、ソワタヤ、ウンタラタカンマン」

「ナマクサマンダバサラナン、ソワタヤ、ウンタラタカンマン」

「ナマクサマンダバサラナン、ソワタヤ、ウンタラタカンマン」

「ナマクサマンダバサラナン、ソワタヤ、ウンタラタカンマン」

「ナマクサマンダバサラナン、ソワタヤ、ウンタラタカンマン」

「ナマクサマンダバサラナン、ソワタヤ、ウンタラタカンマン」

「ナマクサマンダバサラナン、ソワタヤ、ウンタラタカンマン」

「ナマクサマンダバサラナン、ソワタヤ、ウンタラタカンマン」

「ナマクサマンダバサラナン、ソワタヤ、ウンタラタカンマン」

「っしゃあー！」


前夜は7回までしか唱えられなかった不動明王の真言を、当初の目標どおり10回唱えることができた。（おっしゃあ）と心の中でガッツポーズである。

2月の外気は冷たいが、やり終えた充実感で気持ちは温かい。

地の果て、羅臼へ

東京—羅臼

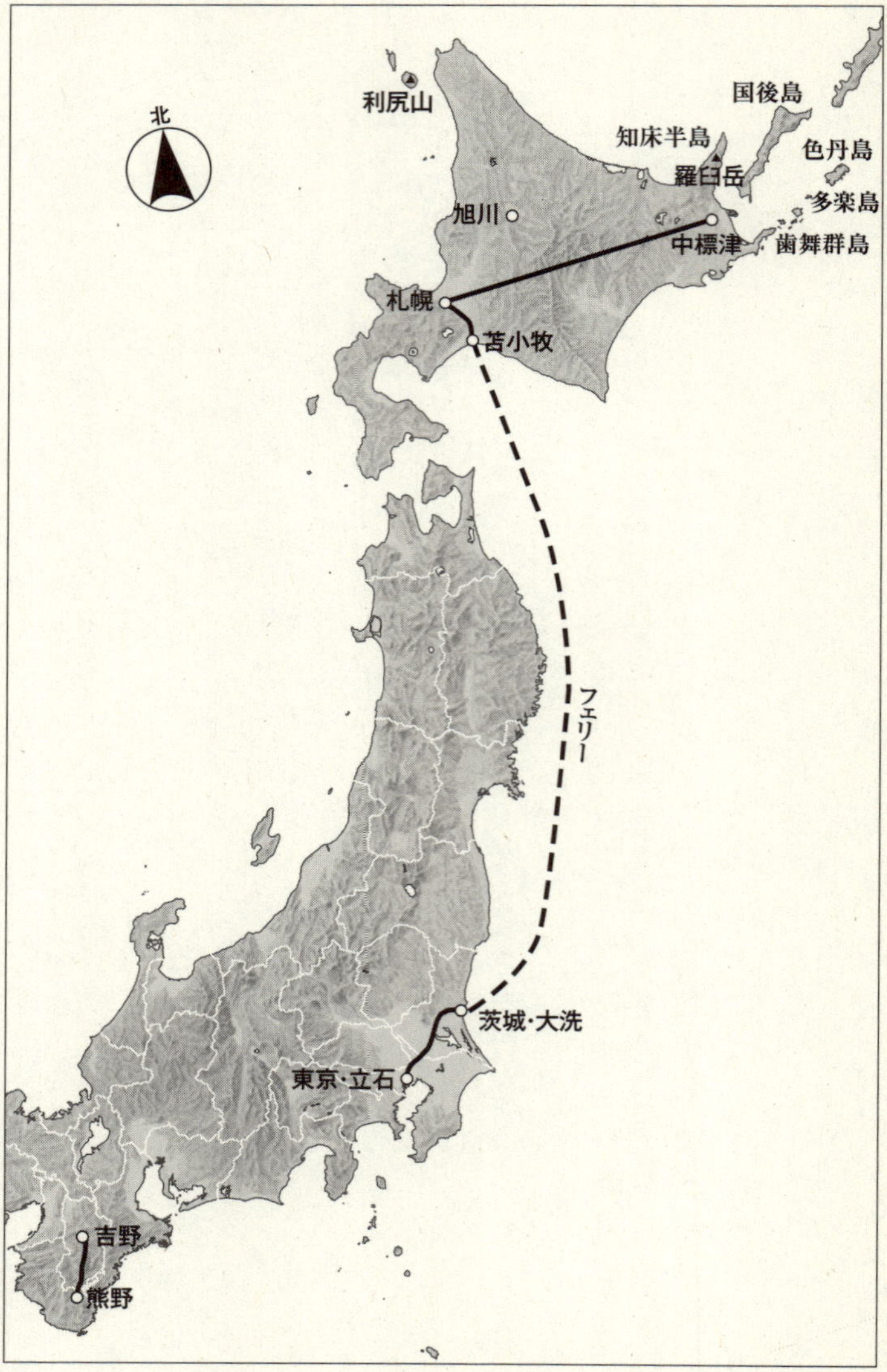
北
利尻山
国後島
知床半島
色丹島
羅臼岳
多楽島
旭川
中標津
歯舞群島
札幌
苫小牧
フェリー
茨城・大洗
東京・立石
吉野
熊野

知床半島・羅臼岳

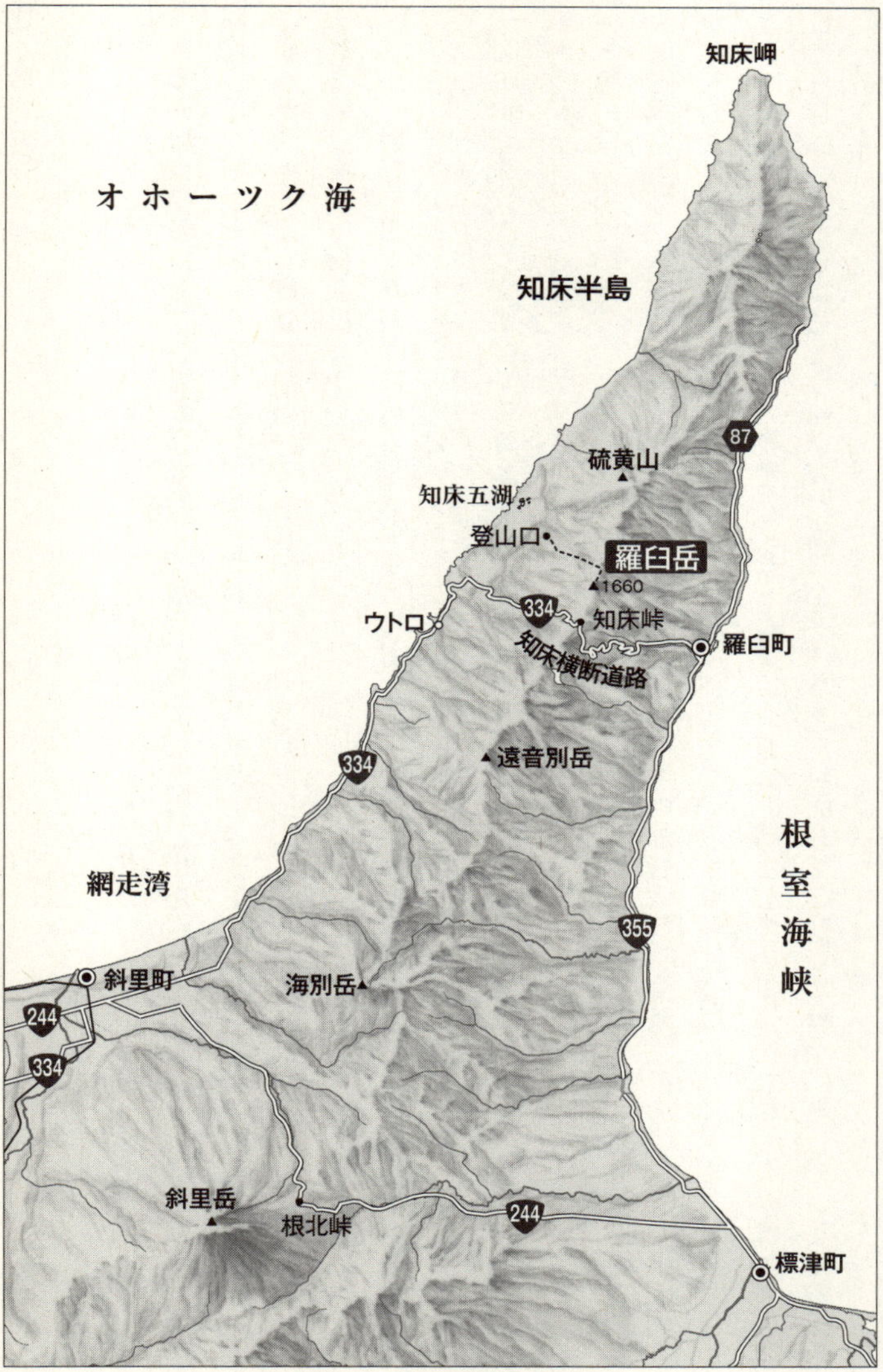
知床岬
オホーツク海
知床半島
87
硫黄山
知床五湖
登山口
羅臼岳
1660
334
知床峠
ウトロ
羅臼町
知床横断道路
334
遠音別岳
根室海峡
網走湾
355
斜里町
海別岳
244
334
斜里岳
根北峠
244
標津町

苫小牧行きフェリー

2010年の大峯《おおみね》奥駈《おくがけ》修行で出会った女性に会いにいく旅に出た。

きっかけは7月24日、吉野から熊野まで歩いてきて、熊野三山を巡っていたときのことだった。奥駈修行中、ずっと隊の後方を歩いていた俺は、後半行程から参加している女性陣とはほとんど接点がなかった。彼女たちは隊の前のほうを歩いている。それに宿泊先では当然部屋もちがった。よって、それまで話をする機会はなかった。

しかし熊野三山巡りの際に組む正式な隊列において、たまたまある女性と近くに居合わせた。ともに得度《とくど》をしていないため、隊の後ろのほうに並ぶことになったのだ。

はじめは別段気にとめていなかったが、近くでしばらく歩いているうちに、

(佇まいがきちんとした人だなあ)

と思いはじめていた。

熊野本宮大社、熊野速玉《はやたま》大社と詣で、いよいよ最後の熊野那智《なち》大社に到着。その頃になると、明らかにその人のことを意識するようになっていた。鳥居をくぐる仕草、社殿に入り神さまに対面したときの所作、勤行しているときの姿勢、どれをとっても誰より凛としていて慎ましい。これは絶対に昨日今日身についたものじゃないな、と感じた。神さまに対面して、ひとり静かに涙しているその横顔を見て、

（この人はどんな人なんやろ）

と強烈な好奇心がインプットされた。

それから4ヶ月後の11月25日、俺は太平洋の上にいた。茨城県の大洗《おおあらい》を午後6時30分に出港したフェリーは一路北海道をめざしている。翌日の午後1時30分、苫小牧《とまこまい》に到着する予定だ。

その女性は羅臼《らうす》に住んでいた。奈良県吉野から遠く離れた北海道、その中でもとりわけ遠い、もっとも東の果て、流氷で有名な世界自然遺産に認定されている知床半島にある小さな港町。対岸には北方四島の国後島《くなしりとう》が大きく迫る。本当に地の果て、日本国の終わり。海を隔てたすぐそこはもうロシアだ。

もちろん北海道へは飛行機でも行ける。そのほうが圧倒的に速い。けれど大峯奥駈修行にわざわざ北海道、しかも羅臼から参加した人に会いにいくのだ。どれだけ遠いのか、どれだけの想いを携えて参加したのかということを、実際に時間をかけて移動することによって体感してみたかった。飛行機に乗ってパッと北海道まで飛んでしまうと、その物理的な距離感が感じられない気がした。ゆえの19時間におよぶ船旅だった。

フェリーは非常に空いている。客のほとんどは、おそらく運送業関連のドライバーたちだろう。平日ということもあってか、（この人たちは旅行だな）と思えるのはひと組だけだった。北海道まで行くのにわざわざ船に揺られる選択をする酔狂な者はそういない、ということだろう。

その女性からは、あらかじめ忠告されていた。

「フェリーは時間もかかるし、なによりすごく揺れてキツいよ。飛行機にしたら？」

「いや大丈夫です。なんだかんだ、いろいろ経験はありますので」

親切心から言ってくれている貴重な忠告をやんわりと断って、俺はフェリーを選んだ。

実際アメリカ西海岸から東海岸まで、一度も降りずに車中2泊のノンストップ列車旅をしたこともあるし、いちばん安いチケットでブラジルに行ったときはシアトル、マイアミ、サンパウロ、リオデジャネイロと、家からホテルまでのドア・トゥ・ドアで40時間近くかかったこともある。（それに比べればマシやろ）と、いくぶん余裕をかまして乗り込んだのだが、いやいやどうして……これがなかなかにキツかった。

まず予想以上に揺れた。（大きなフェリーやからそんなには揺れやんやろ）と思っていたのだが、そうでもなかった。充分揺れた。子どもの頃、親父に連れられて乗った小さな釣り船ぐらいに揺れた。まっすぐ立っていられない。つねに10～15度くらい傾いているような感じ。実際にはそれほどでもないのかもしれないけど。

船酔いのせいで、バイキング形式の夕食もあまり食べられなかった。がんばって無理に食べてもどうせ吐いてしまいそうだったので、こんなときは寝たもん勝ちやと、念のために買っておいた酔い止め薬を飲んですぐ横になる。さいわいぐっすりと眠れ、何年かぶりに12時間以上の睡眠をむさぼった。

目を覚ますと、日はもうかなり高くなっていた。時間の経過をなによりも望んでいたはずなのに、なんだか損した気分だった。船旅をまったく楽しんでいない。乗って、寝て、起きたらもう到着間近だなんて。そうだ、風呂に入らなくては！　じつはこのフェリー、シャワーどころか湯船につかることができるのだ。小さめの銭湯といったところか。湯につかりながら窓の外を流れゆく海を見つめる。快適だ。身体は傾いているけど……。

最後の最後に少しだけ楽しめた。さっぱりとした身体で、いよいよ着港だ。

羅臼の水産加工工場

北海道はこれが二度目。前回は仕事だったこともあり、飛行機で羽田から旭川までパッと飛んでそのままそこに滞在したので、北海道の広さ、大きさを充分に実感することができなかった。しかし今回は文字どおり「上陸」という手応えを感じた。

苫小牧から羅臼までは、ダイレクトに行ける交通手段がない。というより、そもそも羅臼には電車の駅もなければバスターミナルもない。やってきた札幌行きのバスに乗る。苫小牧から札幌までの車窓には、田舎というよりは郊外と表現したほうがしっくりとくる落ち着いた雰囲気の景色が流れていく。とくに札幌周辺は、まったくもって田舎ではない。

移動に関してこのとき思ったのは、日本の総合格闘技のリングで闘っていたブラジル人格闘家っていうのはやっぱすごいな、ということだ。飛行機で丸一日かけて来日し、早いときには翌日に計量、翌々日にはリングに上がって、しかも勝っていくんやから。時差ボケなんてなんのその。ものすごいタフさだ。旅は人を感傷的にさせるというが、そんなふうにブラジルのことを思い出したりしながら、俺はバスに揺られていた。

2時間後、札幌駅に到着。

雨がしとしとと降っている。11月後半にしてはさほど寒くもない。せっかくのはじめての札幌なのだが、雨が降っているためかどんよりと暗くて、テンションが上がらない。

羅臼へは深夜バスで行くことにした。出発まで時間があるため、札幌駅周辺をうろうろする。地下鉄にも乗ってみる。驚くほど東京と変わらない。寒い東京、そう表現して済んでしまいそうなほど何でもあるし、街自体が綺麗で整然としている。

居酒屋でひとり時間を潰した後、午後10時に北海道を東へ横断する深夜バスに乗り込んだ。座席は6~7割がた埋まっている。意外に若い人が多い。男性より女性のほうが若干多いか。ほぼ全員が単身のようだ。冬休みにはまだ早いこの時期に、みんなどんな目的で、どこへ向かうのだろう。やっぱり帰省だろうか。

バスの終着点は根室だが、俺の行き先は少し手前の中標津《なかしべつ》だ。

このバスがすごかった。本などを読むときに照らす小さなライトなどはどこにもなく、カーテンは窓枠にきっちりと貼り付けられていて微動だにしない。そのため発車して5分ほどで消灯になってからは完全に真っ暗。何もすることができない。まるで護送車だ。夜中に一度目を覚まして、トイレに行こうかと思ったが、真っ暗すぎて人の足を踏んでしまいそうだったので断念する。尿意を我慢しているため熟睡もできず、うたた寝状態が続いた。

そうこうしているうちに突然、「おはようございます」と車掌のマイクによる挨拶が響き、電気がともった。6時前か。外の景色を見たいが、カーテンを開けられないのでそれも叶わない。(んな、あほな)せっかくの北海道横断バス旅行なのに。まあ、どうせ道中はずっと夜中だったんだし、カーテンが開いても同じだったよなとポジティブに納得してみる。

東京の自宅を25日昼過ぎに出発、茨城、太平洋上、苫小牧、札幌と経て27日早朝に中標津にたどり着いた。移動に費やした時間は約40時間。当初の予定どおり距離感は充分すぎるほどに実感できた。いや、マジで遠いわ!

ホテルの駐車場が停留所になっており、そこでバスを降りる。

中標津は、昨夜の札幌での雨がまるで嘘のように見事に晴れていた。暖かいオレンジの色をまとった光がさんさんと降り注いでいる。想像していたほどには寒くはない。

停留所まで迎えにきてくれることになっていた。あたりを見回す。

(んっ!? あの人かな)

なにぶん奥駈修行終了後の精進落としの打ち上げで、5分かそこら話しただけだったから、お互いに確信が持てない。それでも、おそらくあの人だろうと見定めて近寄っていった。よかった。やっぱり彼女だった！

以後、取材には応じてくれたが、名前は出さないでほしいということだったので、ここではAさんと呼ぶことにする。何から書こうか。匿名ということもあってなかなか難しい。

Aさんは羅臼で生まれ、羅臼で育った。高校を卒業して一度札幌に出たが、その後ふたたびこの地へ戻り、現在に至る。年齢は俺よりも少し上……そういうことにしておこう。細身で長身。学生時代ずっとバレーボールをやっていたというのも頷ける体躯をしている。人柄や性格といったようなことについては、あえて触れない。ここでは書ける範囲内のデータだけを淡々と記しておく。彼女について伝えたいことはもっと他にある。

若くして結婚し、お子さんはふたり。男の子と女の子。いまはふたりとも羅臼を離れて暮らしている。離婚経験あり。再婚はしていない。現在はご両親が経営している水産加工会社で働いている。住まいは会社の敷地内にあり、そこでひとり暮らしをしている。ご両親はすぐ近所に住んでいるし、会社は弟さんや妹さんなど家族みんなで切り盛りしているから寂しくはないと思うのだが、はたして。

羅臼は北海道でも有数の漁業の町だ。秋鮭、ホッケ、イカ、昆布、ウニなどの海産物が豊富で、その中でもホッケと羅臼昆布はサイズが大きいことで有名だ。Aさんのご両親は、地元漁師が獲った魚を自社工場で塩漬け、干物、切り身、缶詰などといった商品に加工して販売している。

このあたりの集落のほとんどは、知床半島を縁取るかのように海に面して走っている道路沿いに建っており、Aさんの住まいと工場もそうだった。目と鼻の先が海である。まさに海と共にある町と言っていいだろう。冬になると流氷がすぐそばまで来るという。

Aさんの行

羅臼滞在中はAさんの家に宿泊させていただいた。

おかげで話もたくさんできたし、なにより普段の彼女の生活、彼女にとっての信仰というものがよく分かった。Aさんはそんなに山に入るわけではない。そういう意味では山伏ではないのかもしれない。しかし行者なのである。それがよく理解できた。山伏でなくとも、山に入らなくても、行者という存在でいることはありえる。彼女を見ているとそう思える。

行者とは何か。それは普段の心持ちと、すべてのベースとなる日常の生活に根づいた精神のあり方ではないだろうか。

たとえば奥駈修行の８泊９日間のように、一定期間だけ行者らしく振る舞うことは、ある種、簡単なことである。しかし、それだけではあまり意味がないように思う。人生において圧倒的に占められている大部分の時間（それ以外の時）に何をし、考え、行動するのかが重要なのではないだろうか。それこそがまさに「山の行より里の行」の教えなのである。

山での行は、何らかの気づきを得るためのきっかけにすぎない。そこで感じたことをどう下界で実践するか、それがなければ修行なんて意味がないような気がする。半僧半俗である優婆塞《うばそく》の我々にとっては、とくにそうだ。繰り返しになるが、修験道の開祖である役行者《えんのぎょうじゃ》は優婆塞だった。修験道ではそれが基本。普段の生活が大事なのである。選ばれた者や特別な人のみが実践する宗教ではないからこそ、これからの時代に必要とされるべき宗教、いや山の教えになりうるんじゃないだろうか。

Ａさんといるとそういうことを考える。それは八海山の人たちからも感じることだ。

Ａさんの家には神棚と仏壇があって、どんなに忙しくても、朝と晩の2回の勤行《ごんぎょう》を欠かさない。まさに神と仏、神仏習合の修験道を体現している。ただ、そういった習慣は、奥駈修行に参加したから身に付いたということではなく、おじいちゃんとおばあちゃんが信心深い人たちだった影響が大きいのだろうとＡさんは言う。会社を営むご両親は忙しく、Ａさんは子どもの頃、おばあちゃんに育てられたそうだ。そのおばあちゃんが導いてくれたのだと。

こんなエピソードがある。子どもだったＡさんが、あるとき怪我をした。普通なら連れていかれるのは病院だろう。しかし、おばあちゃんがＡさんを連れていった先はお寺だった。そこには住職というより先生といったほうが近いような女性がいて、彼女に触れて念じてもらうと治ったという。風邪をひいたときなども、おばあちゃんが連れていくのは、やはり病院ではなくその〝先生〟のところだったそうだ。

おそらくそういうことはちょっと前の日本では、そこかしこであったのだろう。山伏や行者は、ひと昔前まで里では医者のような存在だった。豊富な知識を生かし、薬草から薬もつくっていた。吉野や高野山などで製造、販売されている陀羅尼助《だらにすけ》は腹痛に効くといわれているし、そもそも有名な「富山の薬売り」だって、立山修験からきているともいわれる。

Aさんの家から距離にして200メートルくらいの地点、会社の敷地のすぐ横の少し小高いところに鳥居と小さな社《やしろ》がある。かつてはいたらしいが、もう長いあいだその神社には神主がいない。だからといって放っておくわけにもいかない。掃除、手入れなど管理をする人が必要だ。その役割をAさんのおじいちゃんがずっとやってきた。おじいちゃんが亡くなった後はAさんのお父さんが引き継いでやっている。

ご両親の会社とAさんの家があるこのあたり一帯を、その神社の神さまが守ってくださっているのだとAさんは話す。住む土地の「鎮守の神」、氏神さまだ。これまで、おじいちゃんとお父さんで代々守ってきたが、

「次は私がその役目なのかも」

そういう環境でAさんは育った。そのせいか、神さま、仏さまに対する姿勢というか、信心には揺るぎがない。それは彼女にとっては普通のことなのだ。

そんなAさんが、大峯奥駈修行に参加することを決意した。

このままじゃいけない、いまの自分だと到底歩き通せないと思い、Aさんは年明けの1月早々から寒修行を開始したという。その内容は次のようなものだった。

深夜0時に氏神さまである近くの神社に赴き、そこで般若心経を三巻唱える。格好は白衣に素足。その後、家に戻って風呂場で水をかぶる。肩口から50杯。タバコも断つ。それを21日間連続でおこなう。6月に入ってからは札幌近郊の山にも登った。

そこで体力のなさを改めて痛感し、ふたたび近くの神社通いが始まった。神社は少し高いところにあるため坂を登ることになる。そこまでの往復を何度となく繰り返す。毎朝4時から6時までの2時間。それを6月いっぱいまでに10日間ほどおこない、7月からは仕事が終わった午後3時から5時までの2時間、やはり同じように繰り返す。そして最後の仕上げとして7月10日からの10日間、ふたたび水かぶりの行をおこなった。神社まで1時間歩いて、その後水をかぶる。最初の3日間は50杯だったのだが、その後100杯になり、最後には200杯かぶるまでになっていたという。

そういう人なのだ。真面目なのである。神仏に対してこのうえなく真摯な人。毎月28日の不動明王の縁日（お不動さんの日）におばあちゃんに連れられていったお寺に参ることも欠かさないし、お寺の催事にもできる範囲で参加している。とにかくそういうことが根づいている人なのだ。

大峯奥駈修行に参加する一行には、本当にいろいろな人がいる。Aさんのような人ばかりなのかというと、自分自身も含め必ずしもそうではない。それが、半僧半俗が基本とされる修験道の懐の深さであり、よい面でもある。けれど、そうはいってもやはりAさんのような人、いや正確にいうとAさんの姿勢には、強く惹《ひ》かれるものがある。夜中遅くまで話した次の日も、Aさんは早朝から勤行をあげていた。その声で目覚めるという日が何回かあった。

神の使い

そんなふうにもともと信心深いAさんだが、彼女が奥駈修行参加に至るまでの具体的な経緯についてはここでは控えさせていただく。そこにはもちろん、さまざまな出来事や出会いがあるのだが、Aさんが匿名を希望されている以上、それを書くわけにはいかない。ただ、あえてそれを書かなくても、Aさんの人となりは伝えられると思う。俺がAさんについて書きたいことは、そういう個人的な情報ではなく、あくまでも彼女の姿勢なのだから。

Aさんは誰に対しても、それは友人知人だけじゃなく、ふと入った店の店員さんにも、きちんと丁寧に話す。その姿勢は神仏を前にしたときのそれと基本的に変わらない。付け焼き刃ではなく身についているものだ。滞在させてもらっていたあいだに、何かれとしていただいた施しにもすごく感謝している。相手がとくに俺だからというわけではなく、Aさんは誰に対しても同じように遇するにちがいない。世話好きなのだ。というより、もしかしたら奉仕の精神に近いのかもしれない。Aさんを表現するならば、世話好きのおばさんというより、むしろ献身的に尽くす人といったほうがしっくりくる。

そしてそれは、神仏に仕える人といったイメージを喚起させる。

象徴的な話を聞いた。ある年の冬のこと。Aさんと当時14～15歳だった娘さんは車で移動していた。すると目的地への途中で道路工事に遭遇した。北海道の冬だから、外はハンパなく寒い。そんななかでガードマンが交通整理をしている。Aさんたちはそのまま普通に通過して目的地に着き、用事を済ませた。さあ家に帰ろうかというとき、娘さんが「飲み物が欲しい」と言って自動販売機に走り、温かい飲み物を抱えて戻ってきた。

帰り道、ふたたびあの道路工事の場所に差しかかった。片側車線を遮って一方通行にし、簡易信号とガードマンとの誘導で時間差をつけ、車を交互に通している。

向こう側から来る車の通過を待って、Aさんたちの車は工事現場の手前で止まっていた。そのとき、急に娘さんが車から降りてガードマンに近づいていった。そして持っていた暖かい缶コーヒーをひとつ差し出した。もちろんそのガードマンとは面識がない。行きの道で、寒いなか道路脇に立ち黙々と仕事をする姿を見ていて、感じるところがあったのだろう。そこでようやくAさんは、(なんでひとつ多く買ったんだろう)と少し疑問に思ったことに合点がいったという。

もちろんAさんは娘さんに何も言っていない。中学生の彼女の自発的な行動だ。俺も人の親だから分かる。自分の子どもがそんなふうに育ってくれたら、もうそれだけで充分じゃないだろうか。たとえいろんなことがあったとしても、親として、自分の人生は、自分がやってきたことは間違ってはいなかったと肯定できるような気がする。

「たぶん娘は私の影響は受けてないと思うわ。あの子は私よりももっと大きいのよ」

Aさんはそう言うが、一緒に暮らしている子どもが母親の影響をまったく受けないなんてことはありえないし、百歩譲ってAさんの影響が少なくても、先祖を大切にし、代々神社を守りつづけてきたAさん一家の家風というか血が、間違いなく娘さんに受け継がれているのだろう。

そういったAさんにまつわるすべての印象が、人のために奉仕する使徒のイメージに自然と繋がってくるのだ。神の使い、俺はそう思っているけれど、これを読んだAさんには怒られるかもしれない。

「大袈裟でしょ」と。

知床の弘法大師

Aさんには羅臼周辺をいろいろと連れていってもらった。

ここ羅臼には本当の〝地の果て〟がある。道の終わり。車で行くことができるこの国のもっとも東の果て。そこから先に行きたければ、車から降りて木々をかき分け、手つかずの森の中を自分の足で歩いていくしかない。だって道がないのだから。その先は知床半島の先っぽまで、日本でいちばん多く野生のヒグマが生息しているといわれる原始の森だ。

その地の果てまで行く途中にお寺があった。この国でもっとも東にあるお寺だ。じつはそのお寺こそが、Aさんが子どもだった頃、何かあったときおばあちゃんに連れていってもらっていたという場所だった。Aさんの風邪を治してくれた先代の先生はすでにお亡くなりになっており、現在は2代目の若い男性住職が守っている（先代とは血の繫がりはないそうだ）。

それにしても、なぜこの場所だったのか。

お寺の横には滝が流れていた。地図で見ると、知床半島中央部の幅はわずか15～20キロメートルくらいしかない。周りをぐるっと海に囲まれている。だから降った雨は山と森を経てすぐ海へと流れ出る。そんな環境下にある滝の水は、まったくといっていいほど穢《けが》れていない。先代の先生（住職）はそこに感じ入るところがあり、この場所に開山を決意されたのだそうだ。今風にいえばパワースポットといったところか。聖域。かつての山岳修行者が開山した山というのは、弘法大師が開いた高野山をはじめ、すべてがパワースポットなのである。ここもそのひとつなのだ。

お寺のある一帯も含めてこのあたりは、山というか丘というか、（なかなか説明しづらいのだが）知床半島全体が盛り上がっているという表現が、おそらくいちばんイメージに近いような気がする。知床半島の海岸線を縁取るように走るアスファルトの道路。その道を境に一方はすぐそこが海、そしてもう一方はすぐ側から上に向かって崖がそそり立っている。つまり平野がない。人がつくった道が海と山をくっきり二分してしまっているのだ。こっちから先は海の世界、あっちから先は山の世界というように。海も山もひっくるめて、そこにあるものすべてで知床半島のはずなのに、無理やりそうやって分けられてしまったかのようですらある。もしこの道がなければ、まるで人の手は感じられない土地だっただろう。逆にいえば、それがあるためにかろうじてこの地にも文明を感じとることができる。
事実、知床半島の本当の先っぽに行きたければ、船でぐるっと回って行くしか手立てはない。この時代、この国において残されている本当に数少ない未開の地だ。

俺には息子がいる。名を弘之助という。自分が和歌山生まれの和歌山育ちということもあって、高野山を開山した超人弘法大師さまから「弘」の一字を賜って名づけた。そんなありがたい名を頂戴した弘法大師さまと、まさかこの地でお会いすることになるとは思ってもいなかった。

Aさんが道路脇に車を停めた。清く流れる滝の前を横切り、お寺に向かって延びた階段を上がっていく。本堂に着いて戸を開け、中に入っていく。室内は暗く視界はあまりよくない。なにやら左手前方に異様な雰囲気が漂っている。そこには黒くて大きな「人」が立っていた。いや人型の像だ。等身大か、ややそれより大きいくらい。室内にこんなに大きな像が安置されている寺はあまりないのではないだろうか。住職に聞くと、弘法大師さまだという。

こんな日本の東の端っこ、地の果てにも弘法大師さまがおられた。各地の霊山を巡るなかで、たしかにそこかしこで弘法大師の足跡には触れてきたが、こんな地でも巡り会うことになるとは。遠く紀伊半島は高野山において興した真言密教の教えが、ここまで届いていたのだ。まさに人が暮らすいちばん果て。人が暮らすところにその教え（信仰）あり、だ。時間と空間を超えてなお存在する弘法大師の教え。信仰というものの凄さとそれを伝えてきた人々の営み、積み重ねられた千二百年という歴史の重み、それらを感じずにはいられなかった。

ただ日本全国を渡り歩いて修行した弘法大師も、ここ羅臼を訪れたという記録はないようである。先代の先生がお亡くなりになっているので、このお寺の弘法大師、真言密教との関わりなどの詳細は分からないが、この地で弘法大師さまに会えたのは嬉しかった。

斜里岳、そしてウトロへ

今回羅臼を訪れた目的はAさんに会うこと以外に、じつはもうひとつあった。

修験道《しゅげんどう》。改めて書くまでもないが、山に入り歩くことを教義とする、世界でも類を見ない「歩く禅」ともいわれる日本固有の宗教。しかし日本各地ほとんどの山に修験道の名残もしくは影響があるのに対して、なぜだか北海道の山にはその気配がない。本場は和歌山、奈良、大阪、京都の近畿地方だとしても、南は九州、四国、中国地方から北は東北まで息づいているのに。

北海道にも山はある。人もいる。

俺が追いかけている山の宗教。それは言い換えれば、山と人との関わりでもある。北海道の山とはいかなるものなのか。それを実感するために、北海道の山に登ってみたかった。

どうせ登るなら厳しい辺境の山がいい。そして、北海道にはふたつの辺境の山がある。

北海道の北の端っこにある稚内《わっかない》、その西側の日本海に浮かぶ島、利尻島《りしりとう》。ひとつは、その利尻島でもっとも高い利尻山（1721メートル）だ。別名利尻富士とも呼ばれる均整のとれた秀逸な形が特徴で、島に向かうフェリーから望む姿はまさに富士山そのもの、まるで島全体がひとつの山のようだとされる。360度周囲すべてが海。いつか行ってみたい。

そしてもうひとつが東の果てにある知床半島の主峰、羅臼岳（1660メートル）だ。羅臼岳への登山口は通常ふたつ。羅臼温泉登山口と、羅臼岳を挟んで反対側の岩尾別温泉登山口の2ヶ所だ。地図でいえば、知床半島の南東側（羅臼方面）と北西側（知床五湖方面）ということになる。その真ん中に羅臼岳があるという位置関係だ。

今回羅臼に滞在したのは11月の終わりから12月頭にかけて。北海道の山はもう充分に冬の装いになっている。羅臼岳に登るには羅臼側からよりウトロ側から行ったほうが少し時間を短縮できるということもあり、ウトロ側から登ることにした。

しかしどうやってウトロまで行くか。もちろん電車もバスもない。困っていると、Aさんが車を貸してくれるというので、その申し出をありがたく受けることにした。ほんとAさんにはお世話になりっぱなしだ。

羅臼からウトロまでは、夏であれば知床横断道路を使って比較的簡単に反対側へ行くことができるのだが、この時期は道路の凍結がすでに始まっており横断道路は通行止めになっていた。そのためウトロに行くには335号線を標津のほうに向かって走り、途中右に曲がって244号線に入り斜里《しゃり》をめざし、最後にもう一度右折して334号線を走ることになる。2回右折して元に戻るイメージだ。

知床半島の根元のほうをぐるっと車で回っていく。

ウトロまでのドライブは楽しかった。自分で運転して走ったことで、このあたりの地の果て感をより実感することができたし。羅臼からウトロまでは、寄り道せずにまっすぐ向かえば車で2時間から3時間。しかしそんな長い道程にもかかわらず、極端なことをいえば2回しかハンドルを切らなくていい。直進、右折、直進、右折、直進、これだけだ。それで着くのだからナビもいらない。信号もなく、自分の運転する車以外ほとんど走っていない。とくに標津から斜里に向かう一本道が印象に残っている。ほんとにずーっと向こうまでただただ一本道。左右に広がる景色は鬱蒼とした森という感じではなく、まばらに木が生えている林、もしくは草原に近いイメージだ。あとはたまに現れる牧場。

そんな中ひとつだけ変わらず、ずっと見えていたもの、それは左手にそびえる斜里岳だ。

だだっ広い大地に独り静かに佇む孤高の山。実際こうして見るまではあまり気にとめていなかったが一気に好きになった。俺はやっぱり里から見える山、人の暮らしと共にある山が好きだ。それが山と人との距離。山だけではなく、そこに人が関わるから想いが生まれる。当たり前だが、宗教とは人が考えたもの。人がいなければ始まることもない。

山への信仰というものは、原始的には下から山を望むことで生まれてきたものだと思う。

(あの上には神様が住んでおられるのかな)

(ご先祖様は亡くなった後あの地へ上がり、あそこで我々を見守ってくれているのかな)

そういった想いから始まっているはずだ。

異界としての山への畏怖感がベースとしてあって、次のステップとして、その厳しい異界に自ら望んで入っていって修行をする、自分を高めようとする者が現れだした。それがかつての山岳修行者であり、修験道の端緒となった。つまり里と共にある山でなければ始まらないのだ。もう一度言う。修験道も人がいなければ、人の想いがなければ始まらないのである。斜里岳はそれに当てはまる。しかし、といって修験の山というわけではない。龍神さまを祀ってある祠はあるらしいのだが。

斜里岳に思いを馳せつつ、斜里の町に寄り道して、そこからの斜里岳も充分に眺めた。斜里の町と山との距離を確認し、「必ずまた来ます」と斜里岳の龍神さまに挨拶をして、ふたたびウトロをめざす。

斜里からウトロまでは、知床半島のオホーツク海沿いの道をまっすぐにゆく。

途中、海に面して出っ張っている高台で営業している喫茶店に入った。客は誰もいない。ママらしき人はテレビに映る韓国ドラマの再放送に夢中だ。声をかけるとようやくこちらに気づいた。ハンバーグ定食を頼む。海に面した窓にはオホーツク海の大パノラマが広がっている。海しか見えない。この日は風が強く、白く大きな波が幾重にもなって打ち寄せていた。まったく果てしない。この先には何があるのだろう。凍てつくシベリアの大地か……。ここは辺境の地。

海岸線を先へと車を走らせる。広大な地をただ走る。気持ちいい。

ようやくポツポツと家が現れてきた。どうやらウトロの町に入ったようだ。ウトロは世界自然遺産「知床半島」の中心地だ。羅臼とはちがってある程度観光地化されているので、洒落た感じがある。

羅臼はその地に根を下ろす人たちが暮らす漁師町で、地元色が強い。そのため、あまり外部からの出入りはない。同じ知床半島でも羅臼岳を挟んで様相がまるで異なるのだ。知床観光の目玉は流氷だが、いまはまだその時期ではない。流氷が見られるのは年が変わった1月以降だという。

今夜は海沿いの民宿に泊まる。地のものが中心の海の幸が旨い。箸が進む。

羅臼岳に登る

今回の羅臼岳登山は、地元の山岳ガイドと一緒に登ることにした。

理由はいくつかある。結果的にはAさんが車を貸してくれたので事なきを得たけれど、当初は電車もバスもレンタカー屋もないところで、登山口まで行くのにもどうしようかと考えていた。東京にいると羅臼岳周辺の道路事情や交通手段などの細かな状況まではなかなか把握しづらい。加えて登山日が11月30日、北海道の山はもう完全に冬模様だ。楽観はできない。といって情報も少ない上にはじめての山だからと、テントだ、寝袋だ、アイゼンだ、ピッケルだ、ガスだ、食料だと、それらすべてのものを東京から携えてフェリーに乗り、深夜バスに揺られてくるのでは荷物が大袈裟すぎる。基本的に、羅臼を訪れたいちばんの目的はAさんに会うことであって、羅臼岳にテント泊するためではない。

そして、ガイドと同行することにしたもっとも大きい理由、それはヒグマ対策である。ヒグマの性質、羅臼岳における行動パターンを俺はまるで知らない。どのあたりに生息し、どのあたりで遭遇しやすいのか。夏は登山客も多いのでヒグマのほうも警戒してあまり近寄ってくることもないだろう。しかし通常この時期に羅臼岳に登る人はいないし、ヒグマもまだ完全に冬眠しているとはかぎらない微妙な折だ。加えて最近は温暖化の影響、それにともなう生態系や生活環境の変化のせいか、冬眠しない個体も出てきているという。

それらいくつかの理由で、羅臼岳にはガイドのTさんと登ることにした。

早朝4時、宿泊先の民宿をTさんの車で出発。

羅臼岳登山口までは10分ほどで到着した。この時期は、夏のシーズンなら入れる地点まで車でゆくことができない。通行止めとなっているのだ。そのため1時間余分に林道を歩くこととなる。標高20メートルからの登山開始だ。いかに知床半島の山と海が隣接しているかが分かるだろう。たったの20メートル。ほぼ海水面からの登り。羅臼岳1660メートルをほとんどすべて自分の足で登ることになる。これは極めて稀なことだ。一般的に、登山口というものはかなり高いところにある。例えば標高2000メートルの山といっても、登山口は500メートルや1000メートル地点にあることが多く、なんなら1500メートルくらいのところから登る山も珍しくはない。道路の発達と車の普及によってそれが可能になった。ロープウェイが利用できる場合もある。

かつての山岳修行者たちは、自分の足のみを頼りに里から登っていった。羅臼岳ではそれが実感できる。ひとつの山まるごと全部、自分の足で登るわけだ。

まだ夜が明けてない暗い中、ヘッドランプを頼りに歩きはじめる。

「ん？　なんかおかしいな。なんでこんなに眠いんやろ」

ふらふらする。いや、ぐらぐらする。

（俺、まっすぐ歩けてる？）

たしかに昨夜の睡眠時間はそんなに多くはない。しかし、充分に睡眠が取れていなくても歩くのは、大峯奥駈修行でも、その他の山行においても過去何回も経験積みだ。慣れている。だから分かる。寝ていないからではない。そういうことじゃない。

じつはすぐに感づいていた。これはあのときの感覚に近いと。

大峯奥駈修行の宝冠の森での護摩焚き、あの最中ぐらんぐらんとしてきて眠くなり、気合いを入れて起きているのに必死だった。あのときの感覚に近い。

ストックを出そうか……。身体をあずける杖《つえ》か何かがないと倒れてしまいそうだ。しかしここはアスファルトの林道、しかもまだほぼ傾斜のない平地。こんなところでストックを使うなど聞いたことがない。

（早く夜が明けてくれ……）

夜が明ければなんとかなる。直感で分かる。

（頼む。早く明けてくれ）

なにかが俺の身体に入ってきている。もしくはいたずらしているというぐらいの感覚。

悪意はまるで感じない。怖くはない。むしろ、もしかしたら守ってくれているのかもしれない。なにかと波長が合ってしまったという感じか。それは山の精霊たちだと思う……としか言いようがない。

羅臼では、いくつかの霊験あらたかな場所に行き、そこに関わる人たちと交流もさせていただいた。言うまでもなく信心深いAさんもそのうちのひとり。自分自身になんらかの力があるとは思わないが、そういうところを多く訪れたので感化されたのではないだろうか。この周辺は手つかずの原始の森が色濃く残され、あたりを覆っている。そこでは精霊たちの世界が、まだまだ守られている。ましてこの時期は人もいない。時刻も明け方。まさに彼らの時間だ。だから羅臼に来て、より影響を受けやすい身体になっていた身には敏感に感じられたのだろう。

立って歩いているのに、ぐらんぐらんとして眠くて仕方がない。そのままバタッと倒れてしまいそうだ。

(もうちょっとで夜明けや。しっかりせえ!)

心の中で自分に喝を入れながら、なんとか騙し騙し歩く。

ゆっくり歩いていると、余計に眠くて倒れてしまいそうなので、かなり速いペースで歩く。するとTさんから、

「そんなに速く歩かなくても大丈夫ですよ。ゆっくり行きましょう」

と声がかかった。

そらそうだ。まだまだ先は長いし、しかもここは全然核心でもなんでもない。夏なら車で入れる、

危険でもなんでもないアスファルトの林道なのだ。すでに周囲は鬱蒼とした森だったが、まだ山道にすら入っていない。そんな状態が1時間くらい続き、ようやくあたりが白んできた頃、夏期の登山口に到着した。休憩をとる。

予想どおり、夜が明けたらまったくの正気。完全に意識がしゃきっとなった。ここではじめてTさんに自分の身体の変調のことを話した。具合が変なときにいくら言っても理解されるかどうか分からなかったし、されなかった場合、説明するのも面倒だったので、体調が戻ってから話そうと決めていた。なぜだか夜が明けたら大丈夫だという確信があったのだ。だからそのとき話そうと。そして事実そうなった。

Tさんもおかしいと感じていたようだ。車中や歩きはじめの頃は普通に話をしていたのに、あるときを境に俺がまるで話さなくなったと。

(どうしたんだろ? もう一度民宿に戻って休んでもらったほうがいいのかな)

そう考えていたと言った。

やはり他人から見ても分かるぐらいの変調ぶりやったか……。

過去に似たような経験があり、それは悪いものではないのだという確信があったからパニックにならずに済んだが、とはいえ比較的平地の安全な林道でよかった。今後ああいったことが崖や危険な道、鎖場などで起こったとしたら、と思うとちょっと怖い。

修行して身体を清め、山におわします神仏や精霊たちに寄っていくのも、もしくは寄ってこられるのも嬉しいし畏れ多いことではあるけれども、単純に山に登る、登山という観点からいえば危険をともなう場合もあるかもしれないなと、改めてそんなことを考えた。

同じ条件下にいてもTさんはなんともない。何百回、何千回と山に入っていても、平気な人は平気である。そういう体験のない人はおそらく今後もずっとない。良いも悪いも、頂上を取る、征服するといった感覚で山に入る登山家には起こらない話だろう。神仏や精霊、そういったものの存在を信じ、感じようとするから、感化もされやすいのである。

余談だが、登山口ですごいものを発見してしまった。その名も「ホテル地の涯《はて》」。冬期シーズンのため休館中だったが。ここにいるとやっぱりそういうネーミングをしたくなるよなーと自分の感性が間違ってなかったことに妙に納得。


夜が明けて体調も戻ったことやし、いよいよ羅臼岳本峰に向けて出発だ。

ここからは本格的な登山道となる。なだらかな登り。順調に高度を稼いでいく。

しばらくしてふと振り返る。オホーツク海が見えた。

「オー」と思わず声が漏れる。目の前には知床半島の原野、そしてその先には遙か向こうまで続くオホーツク海。果てがない。重厚な雲がオホーツク海を覆っている。しばらく見とれていた……。と、空を覆いつくす雲の合間から一筋の光が海面を照らしだした。なんと神々しい光景か！

山に入っていると、時折身震いするような美しい光景に出合う。そんなとき、大いなるものの存在を思う。

森林限界とハイマツ

「森林限界」という言葉をご存じだろうか。

文字どおり森林の限界地点、つまり森林の体《てい》を保っていられるかどうかの境界線をいう。木が普通に上に向かって立っていられるぎりぎりのところ。

例えば、冬の富士山を遠くから見た場合、麓《ふもと》から頂上まですべてが白一色というわけではない。ある地点から上が雪化粧ということになる。そこが森林限界なのだ。実際に冬の富士山に行ってみれば分かる。雪はかなり標高の低いところでも積もっているのだが、遠くから見てもそれは分からない。なぜか。木々の葉が邪魔をして、根元に積もっている雪を見えなくしてしまっているからだ。

ところがある地点から、急に木々がなくなる。そこから頂上までは岩と砂だけ、つまり高いものがまったくなくなる。遮るものがないから一面に雪が張り付き、遠くからでも真っ白に見える。白い世界とそうでない世界とを隔てているところ、木々が普通に生えていられる環境か否か、その境界線が森林限界なのである。

一般的に本州では森林限界は標高2500メートル地点だといわれている。しかし東北の一部と北海道では様相が少し異なり、それは1500メートル地点となる。北に行けば行くほど自然環境が厳しくなるためだ。強い風と雪の影響で、森林限界近くでは木々は上に向かってまっすぐ生えることが難しい。そのため森林限界付近の木は上にではなく、横に向かって生えていく。その代表格がハイマツである。

山に登ればよく分かるが、そもそも木というものは標高が上がるにつれて、低く細く小さくなっていく。植生が変わっていくのだ。その標高に合った木が生える。麓では巨木が鬱蒼とした森を築き、上がるにつれて視界が開けてくる。空を覆うほどの高さだった木々の背丈がどんどん低くなっていくため空が近くなるのだ。そして最後には横に向かって生える。

本州のハイマツは細くて小さい。しかし、ここ羅臼岳のハイマツは勝手がちがう。太くて大きい！ものすごい存在感だ。そのハイマツが行く手を阻む。

どういうことか。夏のシーズンであれば、横に向かって生えているハイマツの枝の下をくぐって難なく通過できる。また年が明けた1月以降の本格的な冬のシーズンであれば、逆にハイマツ自体が雪に埋もれているので、ハイマツの上を踏み越えていける。

翻《ひるがえ》って11月30日の今日、ハイマツが埋もれるほどの積雪はまだない。つまり踏み越えてはいけない。かといって積雪はある。よって目の高さにドーンとハイマツの太い枝がくる。まるで通せんぼである。くぐって通過しようにもそこそこの積雪があるため、あまり低くも屈めない。ものすごく通過しづらい。

これは本州の山では経験できない。そもそもハイマツ自体が本州ではこれほど巨大ではないのだから。知床半島の厳しい自然環境の影響でこんな山の中腹に生えてはいるけれど、標高自体は1000メートルから1200〜1300メートルとさほど高くないため、また別の要因が働いて、それはそれで大きく育ってしまうのだろう。まさかこんな中腹ぐらいの地点が核心になろうとは、思いもよらなかった。

何もない天上の全能感

途中ヒグマが出没しやすい地点などの話を聞きながら、上をめざす。

傾斜が増してきた。このへんまでくると吹き溜まりでは雪も深い。

急登の沢筋が現れた。これを上がりきれば、いよいよ稜線だ。ついに羅臼岳本峰と対面できる。雪も深く、かなりの傾斜だが、一歩一歩登っていく。風が出てきた。稜線はもうそこだ。ビュー、風が鳴る。

「きたー!」稜線に出た。風がすごい。予報では天気は悪くないとのことだったので、あまり気にとめてなかったのだが、予想以上にキツい。

登りきったら平らなところに出た。右手には羅臼岳。ついにきた。真っ白い巨大な岩の固まり。それが羅臼岳本峰だ。

「まるでゴツゴツとした怪獣、ゴジラみたいやな」

知床半島の天上界。広くて真っ白で何もない。誰もいない。風だけがすごい勢いで吹いている。頂上をめざして、雪に覆われたその岩の固まりを登っていく。アイゼンはもう履いていたが、ここからはピッケルも出す。

アイゼンとは尖った刃が付いた靴の底に装着する道具のことで、滑り止めの役割をする。雪山を登るときには必須の道具で、12本爪が一般的だ。ピッケルとはT状の短い杖のことで、杖の底と上の部分が尖った金物でできており、やはり滑り止めの働きをする。滑落したときにはそれを雪面に刺して身体を止める、最後の砦的な道具である。短いものは鎌の形に近い。

この先は完全な雪山登山だ。滑らないよう慎重に登っていく。

全体的には晴れているのだが、頂上付近だけが雲間に入ったり出たりを繰り返している。上がるにつれて風が強さを増していく。音が「ビュー」から「ゴー」に変わった。塊となってぶつかってくる。歩けないほどではないが、相当手強い。正直、予想以上だ。これが日本の最果ての地にある山の洗礼か！

しかし嬉しくもある。これを求めてこの地まで来たのだから。

森林限界の考え方に近いのだが、北海道の山を考える場合、実際の標高にプラス1000メートルと思ってちょうど良いとよくいわれる。つまり北海道の1500メートル級の山は、本州では2500メートル級の山に匹敵するということである。それぐらい北海道の山の気象条件は厳しいということだ。しかしこの法則にも当てはまらない山がふたつある。それが最北の山「利尻岳」と地の果ての山「羅臼岳」である。このふたつはなんと「プラス2000メートルだと思え」とされる。つまり標高1661メートルの羅臼岳は3661メートルということになる。富士山ではないか！　もちろんこれは冬の話である。

冬の羅臼岳は3000メートル級の山なのである。

最後のあと5メートル、ピッケルも使ってよじ登った。

「よし！」

そこが頂上だった。

なにもない。風だけが吹いている。主だった日本の山に必ずある鳥居や祠の類が一切ない。ここが頂上であることを示す杭が一本立つのみである。

反面すべてがここにはある。360度まったく遮るものがなく、すべてを見通せるという全能感。

ここは天上界だ。

見える。

海を隔てて大きく迫る国後島。羅臼、ウトロの町に展開されている小さな人の営み。この先まだずっと延びている知床連峰の山々。捉えどころのない広がりを見せるオホーツク海。それらすべてがほんの目と鼻の先にある。つかめそうなほどだ。

これが地の果てにある山の頂上、そこから見た景色だ。

神の目線。

やはり登ってよかった。修験の山じゃない、北海道の山に。何も変わらない。山は山だ。もともと島国という特殊な環境が生み出す、平野が少なく、じつに国土の76パーセントまでもが山だという起伏に富んだ日本の自然環境。その中でも、とくにそれが顕著な知床半島。そこでは山と海が隣接し、まだ人の手があまり入っていない。観光地化した山が失ってしまったものが、まだそこには残されている。まさに地の果て。しかも冬。だからだろうか、俺には本州の山より、もっと大いなるものの存在を感じさせてくれる山だったような気がする。

蝦夷の山におわす神

北海道の山にはなぜ修験の影響がないのか。

修験道を始めたのは役行者とされる。千三百年以上もの昔、飛鳥時代のことだ。羽黒修験を始めた蜂子皇子《はちこのおうじ》のほうが古いとする説もあるが、ここでは一応役行者としておく。

その後多くの修験者たちが修行のため各地の山に入り開山してきた。修験道が全国に広まったのである。しかしそれはあくまで津軽海峡より南のことで、決していまで言うところの本州の域を出るものではなかった。

それはある意味当たり前のことで、かつて北海道は日本ではなかったからだ。

現在の東北地方は、昔は陸奥国《むつのくに》と呼ばれ、そこから先は蝦夷《えみし》が住んでいた（後に「えぞ」と呼ばれるようになる）。陸奥国までが日本。

畿内の中央政権が、服従した地域を徐々に陸奥国に組み入れていったため、時期によって陸奥国の支配域は異なる。ちなみに8世紀前半まで、東北地方における畿内政権の支配地域は、現在の宮城県一帯より南側までだった。それが、鎌倉時代には現在の青森県全域までが陸奥国となった。その時点でも北海道（蝦夷地《えぞ》）にはまだ倭人の影響はない。北海道内に倭人が進出してくるようになるのは、遺跡から採集されている陶磁器から推測して14世紀後半以降だといわれている。

そして江戸時代になってようやく徳川家康によって認められた松前藩が蝦夷（北海道）に拠点を構える。といっても、いまの函館あたりを中心とする渡島半島南部くらいまでが支配圏だった。最終的に北海道全域への入植が始まったのは明治以降。しかしその頃には修験道は明治政府によって廃止されていた。明治元年（１８６８年）の神仏分離令と明治5年（１８７２年）の修験道廃止令によって――。

したがって北海道に修験が広がるはずはない、という話である。

では北海道（蝦夷地）には誰がいたのか。蝦夷と呼ばれていたのは誰なのか。アイヌの人々だ。アイヌとはもともとこの国にいた先住民族のことであり、弥生時代に大陸から移住してきた渡来人の影響をあまり受けていない、縄文人直系の子孫である在来系によってほぼ占められていた人々である。ちなみに現代日本人は縄文系の人々をベースに渡来系の人々が重なり合ったとされている。

だから北海道の山名はアイヌ語から生まれたものが多い。トムラウシ山、ニペソツ山、カムイエクウチカウシ山、ペテガリ岳……など。羅臼岳にもアイヌ名がある。「チャチャヌプリ」。チャチャ（爺さん）とヌプリ（山）という語から成っている。頂上部が岩山になっているので、頭のはげたお爺さんに見立ててそうつけられたようだ。

ちなみにアイヌの世界では、熊は「キムイ（山の）カムイ（神）」といわれる。山の王、山でいちばん尊い存在、といったところか。ヒグマのいる北海道ならではの考え方だ。

このようにアイヌの人々も万物には神が宿ると信じ、実り多きものをもたらしてくれるものとして、彼ら独自の方法論で自然と接してきた。そこには当然畏敬の念と感謝の気持ちがあったはずだ。

教義化はされていないかもしれないけれど、根っこにあるものは修験道と何も変わらないではないか。カタチはちがえども通底するものは同じ……。

たしかに北海道には修験の山は存在しない。しかし、山はある。となれば、そこには必ず神仏が

〝おわす〟。それが実感できた。
山は山だ。
ありがとう、羅臼。

*

Aさんは12月、吉野へと旅立った。金峯山寺《きんぷせんじ》で得度を受けるために。
彼女の旅もまた続いている。

富士山に登る理由《ワケ》

富士山周辺俯瞰図

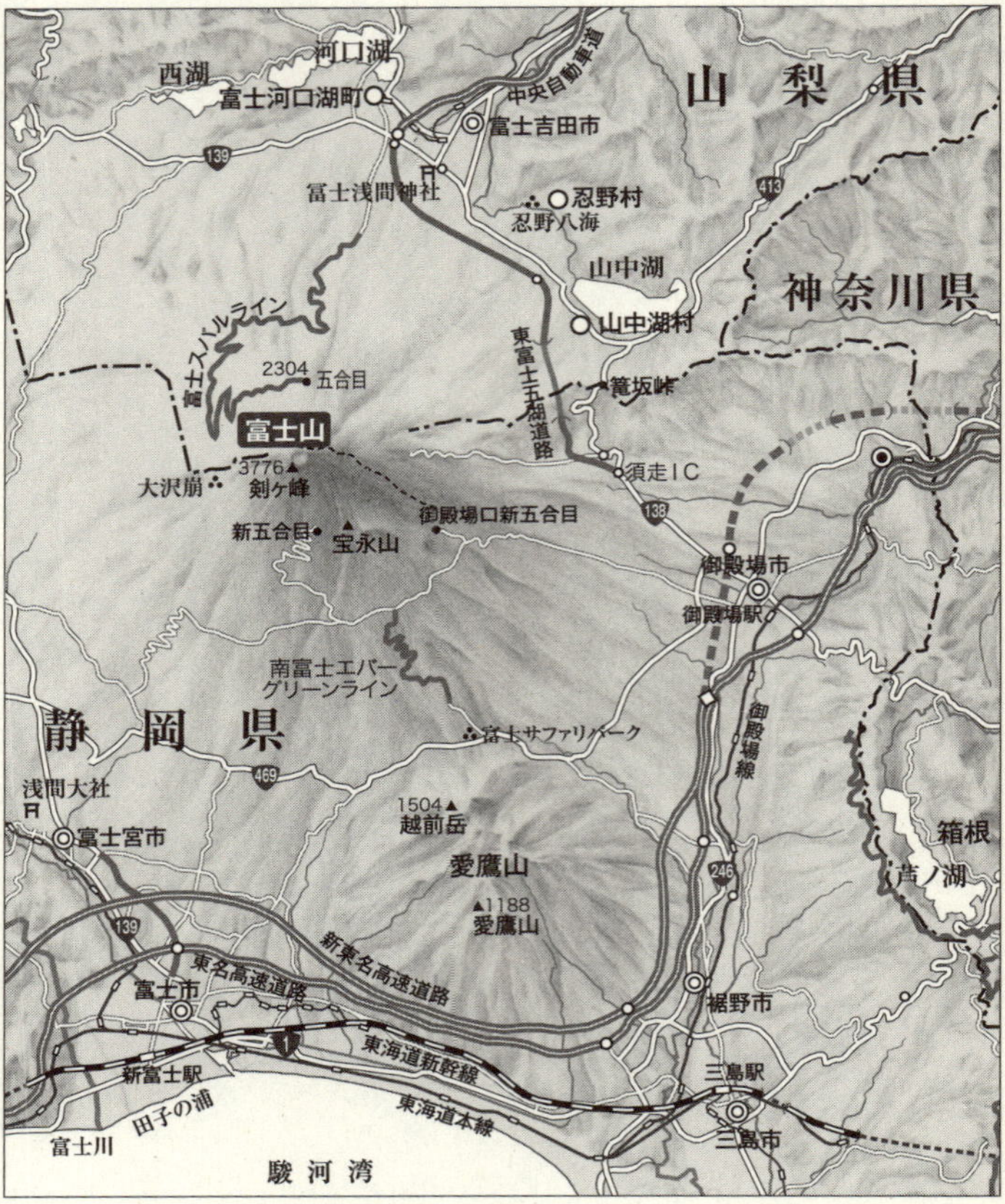
西湖
河口湖
富士河口湖町
中央自動車道
富士吉田市
山梨県
139
413
冨士浅間神社
忍野村
忍野八海
山中湖
神奈川県
富士スバルライン
山中湖村
東富士五湖道路
2304
五合目
籠坂峠
富士山
3776
須走IC
大沢崩
剣ケ峰
138
御殿場口新五合目
新五合目
宝永山
御殿場市
御殿場駅
南富士エバーグリーンライン
御殿場線
静岡県
富士サファリパーク
469
浅間大社
1504
越前岳
箱根
富士宮市
愛鷹山
芦ノ湖
246
1188
愛鷹山
139
新東名高速道路
東名高速道路
富士市
裾野市
1
東海道新幹線
新富士駅
三島駅
田子の浦
東海道本線
三島市
富士川
駿河湾

富士山登山道

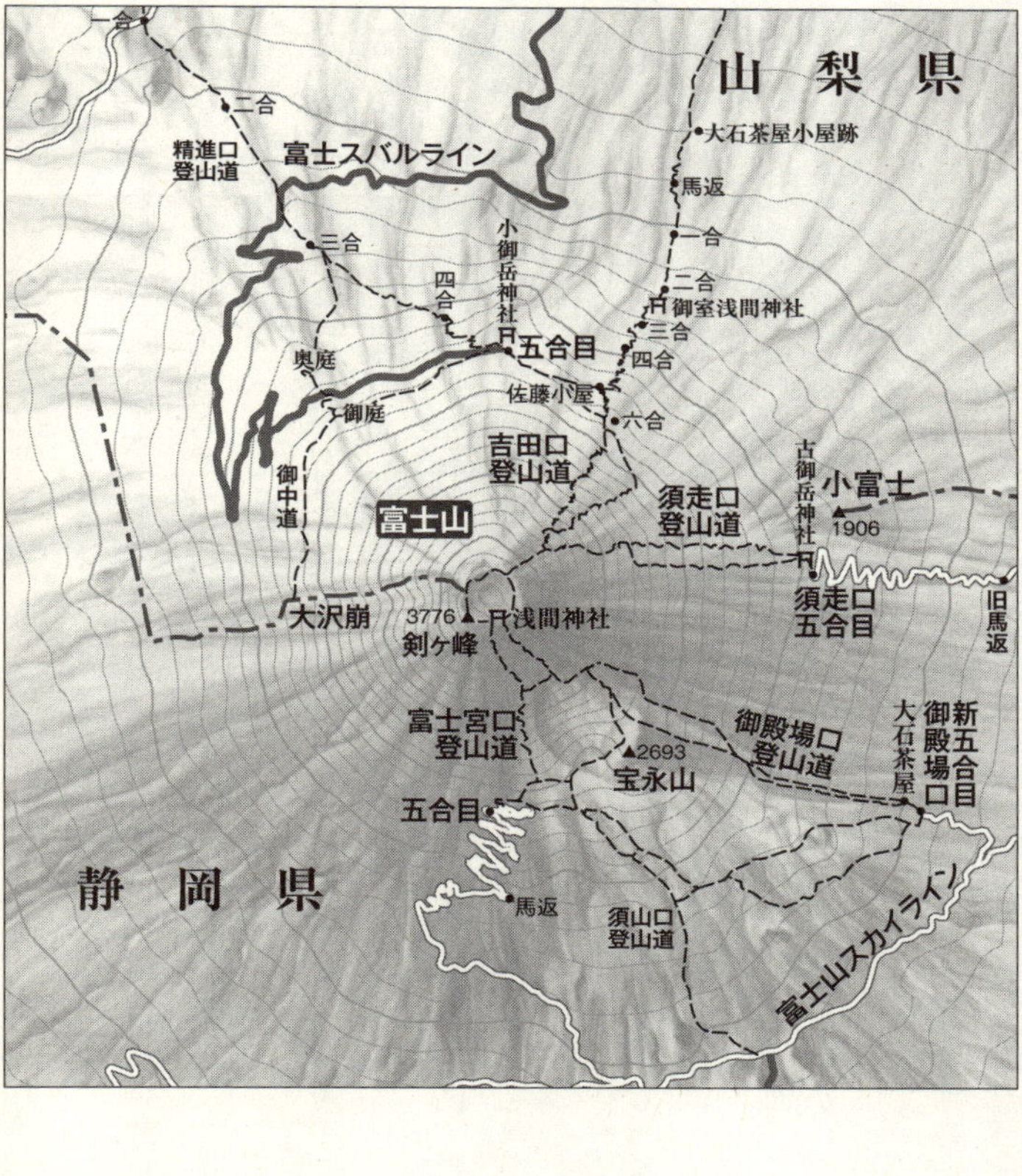
山梨県
静岡県
一合
二合
精進口登山道
富士スバルライン
大石茶屋小屋跡
馬返
一合
二合
御室浅間神社
三合
四合
小御岳神社
三合
四合
五合目
奥庭
御庭
佐藤小屋
六合
吉田口登山道
御中道
富士山
須走口登山道
古御岳神社
小富士
1906
須走口五合目
旧馬返
大沢崩
3776
剣ヶ峰
浅間神社
富士宮口登山道
御殿場口登山道
2693
宝永山
大石茶屋
新五合目
御殿場口
五合目
馬返
須山口登山道
富士山スカイライン

ヒマラヤを凌駕する冬富士

晴れた日に東京から東海道新幹線に乗ると、三島を過ぎてしばらく経った頃から断続的に、右手に富士山が見えてくる。個人的には新大阪から乗って東京に向かうときの、左手に見えてくる富士山のほうが好きだけれど、多分それははじめて見たときの富士山の印象が強かったせいだろう。

日本人の心であり、日本の象徴。夏には30万人もの人が繰り出すといわれている、紛《まご》うことなき我が国でもっとも天に近い山。標高3776メートル。日本一の霊峰、富士山。

霊山のことを書いてきてこの山を外すことなどできない。ふたつとしてない不二《ふじ》の山。剱岳《つるぎだけ》、妙義山、戸隠山、八海山……好きな山は数あるが、俺はやはり富士山がいちばん好きかもしれない。

富士山には夏、大勢の登山客で賑わうある種観光地としての顔がある一方で、もうひとつまったく別の顔が存在することをご存じだろうか。それは、白い魔境とも呼ばれる冬富士だ。

富士山の登山シーズンは通常7月と8月の夏だけ。山小屋の営業も基本的にはその時期にかぎられる。なぜなら、それ以外のシーズンには常に雪があり、到底一般登山者には登れないからだ。

雪だけならまだいい。冬富士の最大の特徴、それは風と氷にある。

富士山は美しい円錐形をした完全な独立峰だ。周りに他の山がない。そのため四方八方から風が吹く。風を遮るものがないのだ。そして、あらゆる方向から同時に吹いてくるため風同士がぶつかり合い、ときに渦を巻き、突風が発生する。その風は変速的で、予測がつかない。風速40メートルまでになることも珍しくない。そんなところには雪が積もらない。風で消し飛んでしまうのだ。

また、冷たい風にあおられ続けた雪は硬く氷化して富士山を覆う。足を踏みはずして滑ったら終わりだ。最初の2~3メートルで止められなかったら、傾斜が緩まる数百メートル下か、どこかの岩にぶつかってスピードが緩まるかまで止まることはない。

しかし、その頃には身体がどうなっていることか……。

最悪の場合には、足の裏に装着してあるアイゼンが雪面に引っかかって身体が跳ね、ふたたび落ち、また滑る。それを繰り返しながら滑落していくともいわれる。自分の体重でものすごいスピードが出ているなか、そんなことが起こるのだ。滑落が終わったときには、首、手足など身体のいたる部分が、あちらこちらを向いているという有様になることだろう。

ツルツルの大きな一枚氷の滑り台、それが冬の富士山。

日本でいちばんの高峰であること、そして独立峰であること。この2点が富士山を他の山とはまったくちがった様相にしている。「荒れた冬の富士山はヒマラヤ以上」ともいわれる由縁がそこにある。実際、冬の富士山は、海外の高峰登山のトレーニングとして登られることも多い。

1月の頂上付近の平均気温はマイナス20度。それに加えての風だ。体感気温はマイナス30度以下にもなる。滑落して即死しなかったとしても、そんな寒気に晒《さら》されつづけたら、凍死するのは必定である。それを裏付けるかのように、毎冬何人かの死傷者が出ている。それでも、決して多くはないが登る人は後を絶たない。それが白い魔境、冬富士なのである。

八海山の山伏《やまぶし》月岡永年さんは、かつて海外の山に登ろうとしたことがある。めざしたのはアフリカ最高峰キリマンジャロ。２０００年のことだ。当時、月岡さんはまだ普通に働いていた。まとまった休みを取るとなると、年末年始しか都合がつかない。

しかし、世界的なコンピュータの誤作動危機（いわゆる「２０００年問題」）で、鉄道や航空管制などの交通機能の麻痺が懸念されていた時期だけに、月岡さんはご家族と信者さんたちから猛反対され、最終的にキリマンジャロ行きを断念した。

それにしてもどうして月岡さんは海外の高峰をめざしたのだろうか。山伏でありながら海外の高峰を登ろうというような人は、かなり珍しいタイプといえる。新穂高温泉から槍ヶ岳、大キレット、奥穂高岳、ジャンダルム、西穂高岳までと、日本屈指の難ルートを日帰りで抖擻《とそう》した月岡さんには、思うに、山伏として自らをさらに追い込むことができる山がもうなかったのではないだろうか。

山伏は登山家とはちがうから、単純に難ルートを攻略すればよいというわけではない。未踏峰や未踏のルートに挑まなければならない理由もない。大峯山を開いた役行者《えんのぎょうじゃ》や、白山《はくさん》を開いた泰澄《たいちょう》、日光の男体山を開いた勝道《しょうどう》、槍ヶ岳を開いた播隆上人《ばんりゅうしょうにん》など、開山するために入った昔の山岳修験者たちは別として、現代の山伏にとって、難ルートや未踏峰自体はすべてに優先して大きな意味を持つようなものではない。

修験道《しゅげんどう》の教えでは、山に入り歩くこと、窟《いわや》に籠もることに意味がある。日常から離れて異界に入ることで自分と対面し、畏れを知り、祈る。そういう心持ちになることに意味があるとされている。とはいえ修行は修行だ。あまりに簡単すぎる行程ばかりでは、自分を見つめ、省みることもないのではないか。だから当時の月岡さんにとって、次にめざすべき異界、畏れの在処がキリマンジャロだったということなのだろう。

俺にとってはそれが冬富士だ。厳冬期の富士山。大峯《おおみね》山、越後三山、出羽三山とその地の山伏たちと共に抖擻し、その他にも各地の修験の山を歩いてきたが、自分をもっとも追い込める山、もっとも修行になる山が冬富士だと、あるとき思い至った。他の場所が物足りないというわけではないが、自分にとっては冬富士がいちばん「行」という感じがする。自分との対話、それがそこにはある。

修学旅行の新幹線にて

富士山にはこれまでに14回登っている。

夏6回、冬8回。登頂したのはそのうち11回。

富士山には四つの登山口がある。静岡県の西側から反時計回りに富士宮《ふじのみや》口、御殿場《ごてんば》口、須走《すばしり》口、そして山梨県側の吉田口だ。よくいう夏の富士登山とは、吉田口から登っていくルートである。吉田口は交通のアクセスもよく山小屋も多いなど、多くの人にとって便利な環境が整えられている。

登山客の多い順に並べると、吉田口、富士宮口、須走口、御殿場口となる。一般的に東京を中心とする関東方面からの登山客は山梨県側の吉田口、関西方面の西側から来る人は静岡県側の富士宮口が多いといわれている。ちなみに須走口と吉田口は8合目あたりで道が合流するので、最終的には同じ道になる。

すべての登山口から登ったが、圧倒的にキツいのは御殿場口だ。次に須走口、僅差で吉田口ときて最後が富士宮口だ。いちばんキツい御殿場口といちばん楽な富士宮口ではスタート地点の標高が全然ちがう。御殿場口は1440メートル、富士宮口は2400メートルからのスタートだから、実質1000メートルの差がある。御殿場口5合目から頂上までの登りは2300メートルあり、これは国内登山においては最大級の標高差となっている。

御殿場口はいちばんキツいから、登山客もいちばん少ない。

明治初期、気象観測所を富士山頂上に建設しようという気運が高まり、御殿場口はそのために開かれた。比較的新しい登山道なのだ。そのかいあって1936年、山頂剣ケ峰《けんがみね》に「富士山頂気象観測所」が建設された。これは当時としては世界最高所の常設気象観測所だった。なぜ御殿場が選ばれたのか。第一に、突風吹き荒れる冬富士において、御殿場口は比較的風が安定していた。第二に、はるかに続く雄大な裾野には他の登山道に比べて岩が少なかったため、仮に滑落しても岩にぶち当たって死ぬ確率が多少なりとも軽減するはずとの判断があったと思われる。

富士山をはじめて見たのは中学3年生のときだった。

修学旅行で東京へ向かう東海道新幹線「ひかり」の車中、みんなでワイワイガヤガヤとやっていたら、急に、

「おおー！」

「うわ、富士山や！」

あちこちでどよめきが起こった。

沸きたつ声につられて車窓に顔を向けると、

「すげえ！　富士山」

子どもの頃から怪獣やウルトラマン、ロボットなど、そういう大きくてごっついものが好きだった俺には、まさにドンピシャのインパクトだった。ちなみに富士山と同じように衝撃を受けたもうひとつのもの、それは小学5年生の遠足で見た奈良の大仏さまだ。そのときの印象を綴《つづ》った作文は、どこかでなにかの賞を取った。まあ、小学生の目には大仏さまも大概なでかさだったが、富士山はそれを凌駕するスケールだった。

すーっと左右に伸びたきれいな稜線。大きさもさることながらその美しさに心を奪われた。当時和歌山で暮らしていた俺は普段から山自体は見慣れていたが、目の前に広がる巨大な山容は自分がいま

まで見てきた山とは明らかにちがっていた。こんな存在感のある山は見たことがない。新幹線は富士山の広大な裾野を少し巻くようにして進んでいく。その日は幸運にも天気に恵まれて、はっきりと富士山が見渡せた。みんながもう飽きて、ふたたびトランプ遊びや雑談に興じるようになっても、俺はひとり富士山が完全に見えなくなるまで車窓の向こうを目で追いつづけていた。

あのとき、俺の心に富士山は刻まれた。

富士山の大きさを実感したいのであれば、静岡県側の御殿場口から登ることをお勧めする。標高差2300メートル、延々続く裾野を上に向かって歩いていく、とにかく長い山道だ。人も少ない。夏、赤茶けた土に覆われた大地は火星のようだ。冬は冬で、凹凸のない真っ白い斜面が終わることなく続く異世界。ここは本当に日本なのかと思ってしまう光景の連続だ。

キツいけど、俺は御殿場口登山道がいちばん好きだし、実際もっとも多くの回数をここから登っている。

厳冬期へ向けてのトレーニング登山

富士山デビューは2008年12月、雪上訓練のために行った吉田口だった。

雪上訓練、通称セックンとは、冬山登山必須の技術であるアイゼン、ピッケルの使い方や、万一滑落したときの停止の仕方などを実際に雪山を歩くことによって体験するものだ。ただし、あくまで訓練が目的だから頂上は踏まないことが多い。

はじめての富士山。そこで衝撃を受けた。

前を歩いていた人の身体が突然、ふわっと20センチほど浮いたのだ。

「えっ?」

風だ。

やや前のめりになって着地した次の瞬間、当然のようにバランスを崩して滑り出す。なにしろ見渡すかぎり一面真っ白な雪なのだ。

「おい、おい!!」

慌てて手を伸ばし、前にいた人の身体をつかんだ。その瞬間、こっちの身体まで一緒に滑って持っていかれそうになる。

(ヤバい! けど、ここで止めやんと下まで行ってまうやろ)

必死で踏んばった。

「なんちゅう風や!」

そんなことが、その日2回もあった。人の身体があんなに簡単に、まるで風船のように浮かび上がったことに、ただただ驚いた。

(そこそこ体重のある大人やで……。頂上まで行ったらどんなことになってんのやろ)

まさに未知との遭遇だった。人智を超えた大いなるもの……神ともいうべきものの存在を少なからず意識せざるを得ない日となった。

この日を皮切りに、富士山との本格的な付き合いが始まった。

吹きすさぶ風のなかで、近い将来、厳冬期の富士山の頂《いただき》に立つと心に誓った。

これは俺の行なんやと。

富士山では、早い年には9月の終わり頃から雪が降るといわれる。だから11月の富士山には、雪山装備でなければもう登れない。事実、2010年の11月には、アイゼンを装着せずに登った外国人登山者が滑落して亡くなっている。

5月の終わりにも登ったことがあるが、下界は春真っ盛りでも3000メートルを超えると依然として雪の量はすごい。剣ヶ峰にある頂上を示す石碑が、ほぼ雪に埋もれていた。つまり富士山は7月と8月以外、年間を通してほぼ雪に覆われているということだ。少なくとも11月から5月いっぱいは完全なる冬山。冬のあいだでもとくに過酷なのが通常12月終わりから1月、2月までで、この期間を厳冬期という。

そして、どうせ登るなら厳冬期の富士山に登ってみたいと俺は思っていた。

とはいえ厳冬期の富士山は本当に厳しい。やる気はあっても、客観的に考えると一発目で頂上に登れるとは到底思えなかった。そのため、いくつかのトレーニングというか手順を踏むことにした。雪のある5月に登ったのもその一環だった。

登りやすい夏期に、冬と同じ地点からスタートしても駄目だ。それでは冬富士に対応するための負荷にはならない。そこで、標高455メートルの御殿場駅から富士山の頂上をめざしてやろうと考えた。


2010年9月初旬。夕方6時過ぎに御殿場駅を出発して、はるか遠くにそびえる富士山をめざし、アスファルトの車道を黙々と歩いていく。とりあえずの目標地点は標高1440メートルの御殿場口5合目。標高差は1000メートル、距離は17キロメートルある。正味の話、そこまで歩くだけでもひと苦労だ。しかし、これは行なのだ。

途中のコンビニで休憩を兼ねて夕食。あたりは次第に暗くなってくる。ふたたび出発。ただただ上に向かって歩いていく。自衛隊の駐屯地と米軍基地付近を過ぎてからは、行き交う人もいなければ車もほとんど通らない。傾斜も目に見えて増してきた。

厳冬期の富士山をめざすこの挑戦には、宮西君というひとりの相棒がいた。1985年、北海道は釧路の生まれで、現在は東京の病院で看護師をしている。かなり年齢が離れていることもあって、まあ相棒というよりは後輩といった感じだが。彼は山伏ではないが、心根の優しい信用に足る人物で、これまでにも各地の霊山へ一緒に行っている。山に対してもきちんとした想いを持っているし、また畏れを抱いてもいる。

真っ暗な夜空の下、変わりばえのしない一車線のアスファルト道路をひたすら歩く。正直彼がいなかったら退屈で仕方がなかったことだろう。

時折走り抜けていく車が怖い。ドライバーにしてみれば、まさかこんな時間に、こんなところを歩いている人間がいるなんて思ってもいないから、ものすごいスピードで通りすぎていく。当たったらぴょーんと跳ね飛ばされておしまいだ。車のエンジン音が聞こえたらヘッドランプを揺らして、精一杯自分たちの存在を示す。それしか方法はない。

かなりのスピードで歩いた結果、午後10時30分に5合目に到着した。休憩時間を差し引いて約4時間の登り。なかなか順調だ。大石茶屋前にあるテーブルにて大休止。

しかし、まだなにも終わってはいないし、始まってすらいないともいえる。ここからが本番なのだ。ここから頂上まで2300メートルを夜通し歩いて、なんとか頂上でご来光を拝みたい。

11時過ぎに頂上に向けて出発した。

御殿場口登山道は大部分が砂地だ。そのため傾斜が増してくると、3歩進んで2歩下がるは大袈裟だとしても、かなり砂地に足を取られ戻される。だから距離が長いうえに余計疲れる。これも、他の登山道に比べ御殿場口登山道が圧倒的に人が少なく、また敬遠されがちな要因のひとつだろう。

5合目で先ほど休憩した大石茶屋には、前に一度宿泊したことがある。はじめて御殿場口から富士山に登った2009年の夏のことだ。登山前日の夕方到着した際、名前と連絡先などを記帳する宿泊台帳のようなものを渡された。サインしようとして2枚めくった4ページ目が次の空欄になっていた。

「少ないな。もう8月も半ばやで。いまが稼ぎどきやろ」

正確には覚えていないが、数えてみるとそこに記帳されていた人数はだいたい20人かそこらだった。いくら人気のない登山道やといっても天下の富士山やで。えっ、と思った。

しかし話はそれで終わりではなかった。宿泊年月日を見て驚いた。

「これって今年分の登山客やないんや……。3年分やん!」

そうなのだ。なんとそれは2年前から記帳されていたノートだった。天下の霊峰富士山の山小屋に3年間で20人あまりとは……。これが御殿場口登山道の現実である。

不思議な気配と白い明かり

いくら砂地で歩きにくいとはいえ、

(こちとら厳冬期に登ろうかってんだ!)

と最初は順調にどんどん高度を稼いでいった。しかし、いつもは最後までずっとついてくる相棒の宮西君が、途中遅れだした。どうも今日は体調がすぐれないようだ。

富士山の場合、基本的に通る道は一本だからはぐれようがない。とくに夏はそうだ。まして彼はすでに富士山に何回も登っている強者。心配はない。

「自分のペースでええから、ゆっくりこいよ」

立ち止まって声をかける。

明かりはヘッドランプのみ。ただ天気がよかったので月も照らしてくれている。時折振り返ると、宮西君との距離はそのたびに広がっていった。そしてとうとう彼のヘッドランプの明かりも見えなくなってしまった。今日はほんとに調子が悪いようだ。


真夜中。最初にそれが起きた時刻、標高は覚えていない。

黙々と歩いていると、ふいに前方が明るくなった。あきらかに自分のヘッドランプ以上の光の強さだった。てっきり後ろから照らされているのだろうと思って、

「おお！　宮西、追いついたか！　すごいな」

振り返るが、そこには誰もいない。

（あれっ？　おかしいな）

気のせいかと思い、ふたたび歩き出した。しばらくするとまた、ぼわっと目の前が明るくなった。うん？　と振り返る。誰もいない。ふたたび歩き出す。また明るくなる。おそらく誰もいないんやろなとは分かっていても、一応確認のために振り返る……いない。

もうこの頃になるとそんなには驚かなかった。

なんだか人の気配みたいなものを感じる。もちろん声は聞こえないし、なにも見えないのだけれど、

少し暖かみが感じられる。白い、明るいものがふわっと、そしてゆっくりと近づいてきて、自分を追い抜いていく感じ。それを繰り返すこと数回。なぜか怖さは感じなかった。不思議ではあるけれど。

　本当に追い込まれた厳しい状況下において、登山家はもうひとりの自分に会うことがあるという話は、聞いたことがあった。一種の幻覚作用だ。しかし、たいていはヒマラヤなどのものすごい高所での話だ。そういう場所では、脳に行きわたる酸素の量が平地の2分の1から3分の1と絶対的に少ないわけだし、疲労度もハンパではないから、幻覚が起きてもおかしくはないと理解できる。

(じゃあ、いま起こってることも、それに似たことやろか)

と冷静にその症例と照らし合わせながら歩く自分がいる。いたってまともである。

そんなはずはない。富士山はそこまでの高度障害が起こるほどの高所でもなければ、俺自身そこまで疲れてもいない。事実、宮西君との距離がどんどん開いていくほどに、ぐいぐい歩けていた。異常はない。ただ、ぼわっと明るくなって、なにか人の気配のようなものを感じるという点をのぞいては。ちなみに寝不足、疲れ、高所からくる意識薄弱というような症状はちゃんと後でやってきた。だからこの時点ではそれは当てはまらない。ではなんなのか。命を落とした登山者、はたまたかつての修験者の霊か、もしくは富士山の神さま木花咲耶姫尊《このはなさくやひめのみこと》か。どちらにせよ、怖さや嫌な感じはしなかったので歓迎してくれているのだと思うことにした。一緒に登ってくれているといった感じか。いちばんしっくりとくるのは、白い装束に身を包んだ修験者や行者たちのイメージかもしれない。

富士山には昔からそれこそ数えきれないほどの行者が日本各地からやってきていた。江戸時代、「富士講《こう》」が広く世にゆきわたってからは、とくに多くの行者、および参詣者が富士山に登っていた。そんなふうに〝人に揉《も》まれた〟歴史も富士山は古くから持っている。もしかすると、そんな彼らと一瞬、自分はこの山肌で邂逅していたのかもしれない。そう考えると、怖いというよりは胸が躍るような心持ちがした。

富士講とは何か

ここで富士講について少し話をしたい。とりわけ興味深いのは、その興《おこ》りにおいて重要な役割を果たした、聞くも魅力的なふたりの行者の存在だ。富士山を媒介として、「自分のための行」から「他者のための救済」へと導かれていった彼らのエピソードは、なぜだか琴線に触れて仕方がない。

さて、そもそも講とは何なのか。広辞苑によると、

「神仏を祭り、または参詣する同行者で組織する団体。一種の金融組合または相互扶助組織」とある。

同じ信仰を持つ人々が集まって、宗教行事をおこなう会合や組織を講というのだ。

富士講にかぎらず、日本の山には各地で多くの参拝講があった。有名なところでは御嶽講、出羽三山講、大峯講、伊勢講、熊野講、八海山講などがある。

昔は富士山に登りたいと思っても、そう簡単にはいかなかった。費用もかかれば日数もかかる。庶民には相当な負担だ。そんなとき、講のメンバー全員で少しずつお金を出し合って、集めたお金で代表者に富士山に行ってもらう。そうすることで、直接足を運んだ代表者のみならず、メンバー全員がご利益を享受できるというシステム――それが講なのだ。

それぞれの講によって細かなちがいはあっただろう。なにしろ当時は富士講だけでも江戸八百八講、講中八万人といわれるほどの賑わいを見せていたというのだから。

伊勢講のシステムもおもしろい。伊勢講では、代表者はくじ引きで決められた。一度当たった者は次回からくじを引く権利がなくなる。そのため自然と講のメンバー全員に機会が均等に分配されることになる。かしこい仕組みだ。このように講は比較的民主的に運営されていたケースが多かったようだ。

では富士講の発祥はというと、長谷川角行《かくぎょう》によって始められ、食行《じきぎょう》身禄《みろく》によって発展したとされている。

富士信仰の立役者

長谷川角行は、富士の人穴《ひとあな》(洞窟)に籠もり7日間不眠の行をおこなった後、15センチ四方の角材の上に爪先立ちするという、ある種奇行ともいえる「爪立行」を千日続けたといわれている。仏教の教えを学んだ経験もなければ、そのための修行をしたこともない。ただ自ら各地の霊場に赴いては断食、不眠などの激しい行を繰り返した。すべて我流。教えを乞う師がいるわけでもなければ、規範となるべき教義経典があるわけでもなかった。

ただ、諸国遍歴修行の旅で立ち寄った陸奥国《むつのくに》達谷《たつこく》の洞窟での断食修行中、角行の前に役行者が現れ、富士山に登拝するよう、また山麓の人穴で修行をおこなうよう告げたという興味深い言い伝えがある。役行者の言にしたがい富士の人穴で千日の籠もり行をしていたあるとき、角行は富士山の神の導きによって自らの思想、教義に開眼した。その神様は「仙元大日神」という姿で角行の前に現れ、こう告げたという。

「一国の乱れは天子のおこないによる。汝に天子の名代を申しつけるので天子に代わって大行を勤め、国の乱れを鎮めよ」

角行はこれを聞いて自らのためにおこなう自行をやめ、万民救済を目的とする活動に向かった、という。とりわけ有名なのは1620年、当時江戸で大流行していた疫病を呪術によって祓《はら》い、多くの命を救ったという話だ。それにより一躍有名になり、江戸の人々の心をつかんだようだ。

角行はもともと身分の高い生まれにはなく、僧になるような環境に育ったわけでもない。早い話がエリートではなかったわけだ。そんなところも、半僧半俗が基本の修験道につながる部分ではないかと思える。

こうした角行の存在は、お上から抑圧されて沈滞と閉塞の状況下に喘《あえ》いでいた庶民層にいたく受け入れられた。角行の教え、いや、むしろ彼の存在自体が、教義などの因習や伝統に一切とらわれない信仰を民衆のあいだに育んだのだ。世直しを第一義とする現世的富士信仰。これを境に、富士山が大衆の下まで降りてきた。富士山が大衆のものとなったわけだ。誰でも登れる山、登ればご利益がある山として――。現代まで脈々と受け継がれている、国民すべてに愛される山、富士山が誕生した瞬間であるといっていいだろう。

１０６歳まで生きたという角行の死後、彼の生き様や教えは弟子たちによって伝えられ、６代目に当たる弟子の食行身禄によってさらに発展する。

身禄という名前は、釈迦が亡くなって56億７０００万年後に出現して世直しをするという弥勒菩薩《みろくぼさつ》の「弥勒」から取ったものだ。身禄は１６７１年、伊勢国の百姓の家に生まれる。13歳で江戸に出ると呉服雑貨商で奉公。17歳のとき、江戸で広まりつつあった角行の富士信仰に身を投じ、独立して始めた油売りをしながら、瞬く間にのめり込んでいった。

身禄は呪術による加持祈祷を否定し、正直と慈悲をもって勤労に励むことを信仰の原点とした。宗教というよりむしろ道徳というべきか。しかし先鋭的な部分もあった。この時代にして男女の同格や身分の否定などを謳い、江戸幕府からたびたび弾圧を受けたという。身禄もまた高い身分の出ではなかった。

彼が活躍したちょうどその時代、日本各地で自然災害が猛威を振るった。１７０３年には関東地震のひとつである元禄大地震が、1707年には東海・南海・東南海連動型地震である宝永大地震が、そしてその49日後にはかの有名な宝永の富士山大噴火が起きた（以降、現在まで富士山は噴火していない）。

このような大難が続いた時代、「将来をよくするためにはまず自分がいま置かれている立場、足元から見直すべし」という身禄の教えは、否が応にも庶民のあいだに広く浸透していったことだろう。元禄、宝永、正徳ときて、次に享保と元号が変わり、1732年には享保の大飢饉が起きる。元禄時代の急成長の後の地震、噴火、飢饉と世はまさに国難続き。その苦境を踏まえて江戸幕府により断行された享保の改革下では、なによりも倹約、質実の精神に重きが置かれた。身禄の教えがより広まりやすい土壌が、時代の要請によってできあがっていったといえるだろう。身禄もまた世に出るべくして出てきた人物なのだと思う。

長谷川角行、食行身禄のふたりはその最期もすごい。角行は富士山麓の人穴において、身禄は富士山中腹にある烏帽子岩の上に座したまま三十五日後、ともに入定《にゅうじょう》した。入定とは、本来は悟りを意味する言葉で、ふたりは瞑想状態のまま絶命してミイラ状態に、つまり即身仏になったのだ。

高度障害のなか拝すご来光

姿の見えない不思議な存在感に気をとられながらも、黙々と歩きつづけた。

標高3000メートルを超えた。ペースは悪くない。快調に歩は進む。宮西君が追いついてくる気配はないが、このぶんなら頂上でご来光を拝めるかもしれない。

3500メートル。しだいにペースが落ちてきた……。やはり、か。どっと疲れが出てくる。どこがどうというのではなく全身がだるい。あと頭痛が少し。典型的な高度障害（いわゆる高山病）だ。高度が上がるにつれ酸素は薄くなる。その影響で、身体に異変が生じる。今回もか……。毎回3500メートルを超えたあたりから表れる。頭痛、吐き気、倦怠感、そしてそれらをともなった眠気。目の奥あたりが痛くなるという人もいる。高度に強いか弱いかは人によりけりで、体力があるから強いとか弱いとかそういった話ではない。遺伝子レベルの話だ。そして基本的に慣れることもない。傾向としては、高齢者よりも若い人、筋肉が少ない人よりも多い人のほうが高度に弱いとされる。はたして俺は？　不惑だからもうそんなに若くはない（残念ながら）。しかし筋肉量は多いほうだと思う。山に登ることだけを考えれば、本当はあと5キロはウェイトが軽いほうがいい。筋肉を動かすために酸素を消費するから、筋肉が多ければ、そのぶん脳にいくべき酸素量が減ってしまうのだ。早い人だと標高2000メートルくらいから症状が出る。

昨日の夕方6時過ぎから歩き出して、ここまでじつに標高差3000メートルを上がってきた。疲れていないわけがない。眠い。空の色が変わりつつあった。色にグラデーションがつきだした。夜が明けるのか……。

頂上まで標高にしてあと200メートル。だが、この200メートルがキツい。間に合うか、間に合わないか。ついに数歩あるいては止まり、また数歩あるくというリズムに陥ってしまった。気持ちはあっても身体がついてこない。

そして夜明け。もう頂上は見えているけれど、たどり着かない。しかしどこから見てもご来光であることに変わりはなく、しばし日の出を眺める。一度明るくなりだすとその後は早い。薄紫、青、オレンジ、白とめまぐるしく色を変えていく。今日も天気がよさそうだ。感謝。言葉はない。

よし、もう少しだ。行くぞ。じり、じり、じり、じりと一歩ずつ。

「ハア、ハア、ハア、ハア」

緩い階段を上がる。鳥居はそこだ。一礼して、くぐる。到着!

「はあ」

夜通し歩くこと12時間、御殿場駅からの標高差3300メートルを登りきった。本当に着いた。人間ってすごいな。足を一歩ずつ前に出す、したことはそれだけ。

「やった……」

とにかく休みたい。富士宮口登山道の頂上のほうに行こう。あそこには売店の大きな建物がある。その陰で休もう。

……着いた。もう一歩も動けない。そのままへたり込んでしまった。

あ、宮西君にメールを打たないと。ゆっくりケータイを取り出した。

《頂上到着。売店前で待つ》

と打つ……いや打っていない……寝ていた。いかんいかん、打たなければ。打つ……がくっ……えっ、打っていない。3文字ぐらい打ったところで寝てしまう。それを三度繰り返して、もう諦めた。

(いいや、寝ちゃおう。そのうち宮西もくるだろう)……落ちた。

どのくらい眠っていただろうか。気がつけば宮西君がすぐ隣で寝ていた。安心してふたたび眠りに落ちた。

それはそれとして。とにかく俺たちは昔の修験者のように、里から自分の足だけで富士山に登ったのだ。冬富士にまた一歩近づいた。

冬富士へ

冬が間近に迫ってきた。

冬富士は麻薬だ。白い魔境とはよく言ったもので、まさに天国と地獄、地獄であり浄土。

冬の富士山は、誰もがまだ山に入らなかった時代——山がまだ異界(聖域)として存在していた遙か千数百年も昔——役行者が駈けていた当時の、山本来が持つ人を容易に寄せつけない雰囲気と神威に満ちている。

だから登りたい。修験者として。

冬富士は天候次第だ。それがすべてであるといっても過言ではない。天気によって天国にも地獄にもなる。途中山腹で一泊すれば体力的には相当楽になるが、風の危険性を考えれば、容易にその案も選べない。強風でテントのポールが折れて、恐怖と闘いながらそれを手で押さえつづけて一晩を過ごしたという話を知人から聞いたことがある。しかし、そのときは登頂を果たした彼も、翌年の冬富士で亡くなった。

ポールが折れるだけならまだいい（嫌だけど）。２００９年の暮れには、ある登山家のパーティーで、大人ふたりが寝ていたテントが丸ごと飛ばされてそのまま滑落し、ともに凍死した。大人ふたり分の体重ごと持っていかれるのだ。なんたる風。

安全を優先するなら、やはり基本的には「一日で」登って下りてくるしかない。

ということで、冬の富士登山では、１４４０メートル地点の5合目にある大石茶屋前にテントを張ることに最初から決めていた。ここなら夜、仮に何か不測の事態が起こったとしてもすぐに撤退できる。第一まずそれは起こらない。この時期は無人小屋となっているので、建物に密着させてテントを張ることができる。そのためほとんど風の影響を受けないで済むのだ。安全と体力を天秤にかけて、より安全な策を取る。この選択が躊躇なくできるように、いままで鍛えてきたともいえる。

とはいえ冬の富士山は本当に体力がいる。理想としては昼12時ぐらいまでには登頂したかった。午後になると風が強まるからだ。午前中は晴れていて無風に近かったとしても、午後になると必ず風が吹く。頂上から地を這うような吹き下ろしの風が吹いてくる。これが怖い。だから一分一秒でも早く安全圏に身を置きたい。12時に頂上、そのためには何時に出発すればよいか逆算する。

一般的にいって、富士山にかぎらず冬の登山は夏よりも断然厳しい。着替えやアイゼン、ピッケル、テントなどで荷重は増えるし、靴の底にアイゼンを装着するぶん足も重くなる。「片足分で500グラム増えるだけでしょ」と侮るなかれ。たしかに100歩あるくだけならたいしたことはない。では、3万歩だったらどうか。積み重なる疲労は決して無視できるものではない。加えての風と寒さだ。

登山者の多くが愛用している『富士山―御坂・愛鷹（山と高原地図31）』（昭文社）によれば、夏の御殿場口登山道のコースタイムは7時間30分とある。夏はそのタイムより早く歩けても、冬期はそうはいかない。それと同等、いやそれ以上にかかるだろう。仮に8時間だとして、万全を期すためさらに1時間の余裕をとり9時間、それゆえ、大石茶屋を午前3時に出発。これが来るべき今シーズン、冬富士を前に考えていたプランだった。

そしてそのときはきた。

山を始めてからというもの、日々の天気予報チェックは欠かせない作業だ。今シーズンこそはと思っている冬富士を前にしてはなおさらだ。

明日あさってと天候が安定している。これは行くべきだ。

こうして２０１０年12月９日、ついに決行の日を迎えた。相棒の宮西君も一緒だ。

ここからは試みに、ケータイを使ってそのときどきにツイッターでつぶやいた文面を引用しながら記してみたい。

ご存じのように、ツイッターとは、ケータイやスマートフォン、パソコンなどのインターネット・メディアを通じて、個々のユーザーが１４０字以内の「つぶやき（ツイート）」を投稿し合い、不特定多数の人々とその場で緩やかに繋がれるコミュニケーション・サービスである。２００６年に米国で誕生したツイッターは、ブログやメールにはない「リアルタイム情報の伝達ツール」という特性によって、すでに日本でも広く浸透している。

地の文章で書いただけのものより、あるいは臨場感が伝わるかもしれないと少しの期待をこめて——。

御殿場口5合目でテント泊

12月９日

1239　出発！（※以降、上の４ケタの数字は時刻を表す）

1242　今日も天気はいい、このまま明日も晴れてくれ！
1335　池尻大橋なう

御殿場までは新宿出発、池尻大橋経由の高速バスにて向かうことが多い。値段は1630円と電車よりも安く、時間的に見ても2時間かからないくらいで到着するから電車よりも早い。なにより平日は空いているので、当日予約なしに飛び込みで切符を買っても、確実に座れてゆったりと行けるのがいい。最近はもっぱらこれだ。いつもどおり池尻大橋から乗車した。

1338　なんやかやいうても東京はまだまだあったかいが、あそこはちがうだろう
1455　おお富士山見えてきた！　でかい！　白い！　そして凄え‼
1456　4カ月ぶりか。明日あの頂に立てるか
1459　コノハナサクヤ姫様に会いにいこう。吹きすさぶ風の中
1505　ぱりっとした空気の中にひとり佇む冬富士の迫力。なんや！　あれは！
1506　筆舌に尽くし難し！
1507　さすが独立峰
1508　さすが霊峰富士

この時期はバスがないので、御殿場駅からはタクシーで太郎坊へと向かう。値段は4500〜5000円。そこから御殿場口5合目にある大石茶屋まで歩いていく。時間にして30〜40分ぐらいだろうか。

この日はめちゃくちゃ風がキツかった。「うわっ」と言うぐらいに寒くて震えた。テントを張る大石茶屋までは本格的な登山ではないし、時間的にもそうかかるわけでもないからと軽装で来ていた。もうひとつ、山の感覚がまだ戻っていなかったこともある。冬山がどういったものでいかに寒いかということに感覚がうまくアジャストできていなかった。北海道・羅臼《らうす》では里からすでに充分寒かったし、いわば車を降りた瞬間からが登山だったので準備も万端だった。しかし今日はほんの数時間前まで天気のいい東京にいたせいか、うまくイメージできていなかった。

凍える寒さ。気温がどうというよりも強風にあおられるので体感温度は相当に下がる。手袋をしていない指先の感覚が次第になくなってきた。

あと30分で着くという距離だったのでそのまま突っ切ることにした。御殿場口に着いたのが少々遅くなり、時間的にあまり余裕もないために急いだというのもある。暗くなる前にテントを張らなくてはならない。いま重いザックを下ろして中を開け、装備を万全にするのと、5分でも早く着いて素早くテントを張り態勢を整えるのとを天秤にかけて、先を急ぐことにした。

寒い。強風にともなって雪もちらほら降ってきた。あたりも暗くなってくる。この時期は一年でもっとも日が短いのだ。わずか標高１４００メートルにしてこの寒さ、そしてこの強風。

（明日、登れるんやろか……）

かなりの早足で転がり込むように大石茶屋に着き、まずやったことは手袋をはめることだった。そしてすぐにテントを張った。真っ暗になる直前になんとか態勢を整えることができた。危なかった。

ついさっきまで駅前にサブウェイがあるようなところにいたのに……一気に異界に放り込まれた。不思議な感覚。ここはもう木花咲耶姫の霊威漂う神域、冬富士だ。

この風が、否が応にもそれを実感させてくれる。

ビュー、ビュー、風が吠えている。

1914　なんとかテント内に逃げ込んで食事中

1956　ちょっとつぶやくか

1959　ただ今富士山御殿場登山口１５００メートル付近にテントを張り寝袋にくるまってTwitter中

2006　今はある程度風はやんでるが、16時から19時ぐらいまでの風は凄まじかった

2008　正直明日の登山をやめたくなるほどだった

2009　霊峰富士の凄まじさにひるんでしまった。それぐらいの圧倒的な近寄り難さ

2012　こんなとこ登れるんやろかという絶望感。絶対的な冬富士の存在感。畏怖といってもいい

2012　こんなとこ本来人間は登っちゃいかんのやろな
2014　昨シーズンも、正確にいうと今年1月と2月にも挑戦して敗退している
2016　冬富士は条件が揃わないと登れない
2017　さて明日はどこまで行けるのやら
2019　気をつけなければ。しかし本来山に絶対などない
2022　死にたくなければ登らない、という選択肢しか本来はない
2027　また風が吹いてきた
2030　風よやんでくれ。頼む！　コノハナサクヤ姫さん
2032　20時30分現在、かなりの風
2033　このままやと明日は無理やな
2059　手袋してる手がかじかんできた
2100　どうやら悪条件の中でつぶやきすぎやな
2108　風の音がすごくて寝れん
2113　いや明日無理ちゃうか。どんどん風が強くなってる
2141　寝たいが寝れん！

青と白のコントラスト

12月10日

0159　起床！
0203　いま現在、風はある程度やんでる
0300　出発！

0932　なんとか無事
0935　9時30分現在、3250メートル地点
0939　残り標高500メートル。しかしここからが本当の核心。とにかく眠い
1012　現在標高3360メートル。これは記録にもなるから適宜つぶやいてく
1324　登頂!!!　やりました
1325　その後、下山中
1326　実は登山の事故のほとんどが下山中に起きる
1328　言わなかったが、まったく同じ登山道、富士山御殿場口でほんの5日前、ひとりの方が下山中に亡くなっている

1329　ご冥福をお祈りします
1329　最後まで気を抜いてはいけない
1544　無事下山！　15時40分終了！　どうやら生きて東京に帰れそうですｗ

この日、富士山に登頂したのは我々だけだったようだ。広大な白い世界にふたりだけ。何もない。静かだ。晴れた日の冬富士の特徴である濃い青空があたりを覆っている。青と白の世界。コントラストが高い。雲ははるか下。

この国でいちばん神々に近いところ。ここでなら神と交信できそうだ。

冬の富士山は、大いなるものの存在をぐっとリアルに感じさせてくれる。

12月11日
昨夜遅くに立石の自宅に帰ってきた。

昨日は午前2時に起き、その後3時から午後4時まで約13時間ぶっ通しで冬富士を歩いていたので、さすがに疲れてすぐ眠ってしまった。

山の翌日は決まって早くに目が覚める。それは今朝も同じだった。家族はまだ寝ている。変わらぬ日常がそこにある。コーヒーを淹れ、いつものようにノートパソコンを開く。

俺はツイッターにログインして、キーを叩きはじめた。

0702　冬富士はすべての条件が揃わんと絶対に登れん
0703　もちろんそれは俺だけにかぎった話ではない
0703　いちばんは風だ
0705　風が凄いと、とてもじゃないが登れない
0706　人間がビュンと飛んでいくこともあるそうだ。そしてそのまま滑落して…
0706　そこまでやないが、俺も一度体が浮いたことがある
0706　荒れるとそれほどまでに厳しい気象条件になる
0707　やから、やっぱりもう一度感謝しとこう
0711　昨日の天気、本当にありがとうございました。山の神様、コノハナサクヤ姫様

晩飯を済ませ、部屋でテレビを見てくつろいでいても、どこか気持ちは上の空だ。

2131　さっきテレビに富士山が映っていた。あの真っ白い頂に昨日立ってたかと思うと感慨深い
2238　昨日下山してきたときは、山は当分いいやと思っていた。特に富士山は
2240　しかしもう今現在また行きたくなってきてる
2240　冬富士は麻薬だ

年の改まった2011年の1月、ふたたび富士山をめざすことをこのとき決心した。今度は3年越しの目標、もっとも厳しい冬、厳冬期の富士山頂に立つために。

厳冬期の富士に挑む 一

1月7日

今回はバスではなく電車で行くことにした。

0811 出発！

0935 富士山まっ白‼ でかい！

0936 冬は空気が澄んでるから神奈川からでもくっきり見えるね

0940 富士山秀逸。あれぞ日本の山。あっぱれ

0943 しかし富士山はある程度の距離をおいて見たほうが、その美しさがよく分かる。見る山とはよく言ったもんや

0959 三島着。再び乗り換え

1043 御殿場着。フジヤマ見る山

1044　俺にとっては登る山でもある。いざ霊峰富士へ！

1628　２０００メートル地点にテント設営終了。さむい!!!

今回はいつもの大石茶屋前ではなく、二合八勺にある避難小屋前にて幕営。１時間半かけて整地を済ませる。雪がほとんどないため、かえって時間がかかった。期待していた水の確保にもひと苦労。山はほんとに来てみないと分からない。発つ前にはいろいろと想定しておくのだが、実際はちがっていることや、また天候の悪化などにより変更を余儀なくされることも多い。

1801　風が出なければいいが……

1846　おしっこしに外に出た。満天の星。冬の星座オリオン座もよく見える

1853　下界に目を転ずれば御殿場の明かり。そして遙か遠くには東京が

1854　明日も無事下山し、あの街に帰る

1856　にしても寒い！　それしか言葉が出てこない

1932　寒すぎて寝れん！　現在の装備。ダウン二枚重ねしての上着5枚、ズボン2枚、手袋2枚、靴下3枚プラス目出帽に寝袋。笑える

2039　風が出てきた

1月8日

0209　起床。まったく寝れてない
0214　テント内、霜で真っ白
0315　出発！
0316　コノハナサクヤ姫さまに年始の挨拶にいく
0318　行者としては上らせて頂き、武道家としては挑む。そんな心持ちか…
0319　どちらにせよ畏敬の念と真摯な気持ちを携えて一歩ずつ歩む
0320　神仏のご加護があらんことを！

1642　無事下山！
1643　やっとあったかい物が食える

この日は寒すぎて、12月のときのように途中ポイントごとにツイートすることができなかった。手袋を3枚重ねていたからケータイのボタンは打ちづらいし、といってわざわざ手袋を外してやるほどの余力もなかった。

1932　しばらく富士山はええな。燃え尽きた。ジョーのように。ちなみに燃え尽きてリアルに髪が真っ白になった人を俺は知っている。いやいや髪だけじゃなく全身の毛という毛が…

ピッケルが刺さらない！

1月9日

1235　厳冬期富士山の特徴。「風」、そして雪ではなく「氷」
1235　12月に登ったときはまだそこまで氷化していなかった
1236　今回俺は相棒がいなかったら死んでいたかもしれない…
1239　俺の持っていたあるメーカーのピッケルが刺さらなきゃならないときに刺さらなかった。あまりの硬さの氷を前に
1240　単独行だったらあのときに終わっていたかもしれない…
1243　厳冬期富士山恐るべし
1248　今回俺ら以外にもうひとり登頂した人がいた。その人は地元御殿場の人で、週1回のペースで実に500回以上富士山に登ってるという強者だ。その人の話によると、今回は氷化してたのは上部一部だけだったが、2月になると上部すべてが氷になるらしい

1252　12月、1月と富士山に登り、厳冬期富士山に登るという当初の目的は達せられたが、2月に登るというまた新たな挑むべきものができたのも事実
1253　ただそれは来シーズンということで。。。とりあえず今は休もう
1254　昨日少なからず死を意識しただけに

以上のツイートにあるように、この日は死を意識した。

早朝まだ暗い中、2000メートル地点に張ったテントを出て、頂上に向かって歩いていた。この日は、この時期にしては珍しく2000メートル付近ではほとんど雪がなかった。明らかに12月に登ったときよりも少ない。ほとんどが砂や土の状態なので、まだアイゼンの装着には早いと判断し、ストック2本を用いて登っていた。正直それで事足りた。

あまり早くからアイゼンを付けると刃は痛むし、より歩きにくくなるから無駄に体力を消耗する。先はまだまだ長いのだから、それは避けたかった。しばらく行くとちらほら雪も出てきたが、依然としてほとんどが砂と土の状態だったので、そのままで進んだ。

次第に傾斜が増してきた。あたりは暗く視界もあまりない。だいぶ雪と氷が出てきたが、なるべく土の部分を選んで登っていった。視界はヘッドランプの明かり2〜3メートルくらいか。ザッザッ。2歩、3歩と進む。

「うわっ!」

滑った。

あわてて体勢を整える。幸い身体は止まったものの、斜面にへばりつくことになってしまった。

（おいおい、勘弁してくれよ）このときはまだ余裕があった。

立とうとした。ズルッ。

「おわっ！」

また滑る。へばりつく。

こうして斜面に釘付けになったまま一歩も動けなくなってしまった。

ずんずんずんと進んでいき、さあこのまま次のステップと思ったときにはもう遅かった。どうやら氷化した地帯に入ってしまっていたらしい。

ただ、まだそれでもそんなには焦っていなかった。へばりつきながらも冷静に周囲を見回し、少しだけ出っ張っている石を見つけると、なんとかそこに片足を置き、それをストッパーにした。その幅わずか1〜2センチと非常に心許なかったが、それでもないよりはましだ。滑らないようにそろーっとザックを下ろし、ピッケルを取り出した。

（これを氷に突き刺して、あそこに見えてる安全なところまで行けばいいんや。大丈夫や、なんの問題もない）

えいやっとピッケルを振る。刺さらない。

（えっ？）

寝たままの体勢で、もう一度思いっきり振りかざし斜面に突き刺す。

「とりゃあ！」

刺さらない、氷に弾き返されて。

「嘘やろ」

ここでようやく本気で焦りはじめる。

「そんなわけない。もう一回や！」

ばーんと突き刺す。氷が少し割れた。でもやっぱり刺さらない。何度やっても同じ。

「マジかよ……」

こんなときにかぎって風も出てきた。あたりはいまだ真っ暗。

少し離れた後方から様子を見ていた宮西君は、まだ安全地帯にいる。

「あかん。宮西、俺のピッケルまったく刺されへん。おまえのはどうや」

宮西君がピッケルを出し、近くまで来て刺してみると、
ガチッ！　と見事に氷に突き刺さった。

「なんや！　なんで俺のは刺さらんのや」

ピッケルの社名は伏せておく。ちなみに宮西君のピッケルはペツル社製。

「宮西、一歩も動けやんようになってしもうた。ここから先は危険地帯や。ダガーポジションで氷にピッケル刺して、あそこの安全なとこまで行ったら、そこでアイゼンを付けて、おまえの身を完全に

確保したら助けに戻ってきてくれ」

ようやく宮西君も事の重大性に気づいてくれたらしく、

「えっ？　なんで井賀さんのピッケル刺さらないんですか⁉」

こんなことってあるだろうか。命を繋ぐものとして持ってきているピッケルが、いままさに刺さって欲しいというときに刺さらないだなんて……。持ってきている意味がない。

（これはヤバい……。まるきり動けん）

そう確信すると、しだいに焦りが増してきた。悪いほうのイメージが止まらなくなる。

（ここから滑落したらどうなるやろ）

目線だけで宮西君を追うと、ピッケルを確実に突き刺しながら上がっていき、無事安全な場所に到達した。荷を下ろしてアイゼンを装着している。

「焦らんでええぞ。ゆっくり、確実にアイゼンを装着しろ。ゆっくりとな」

こっちは斜面になんとかへばりついてはいるが、なにせ無理な体勢だから、それをキープするのに全身の力を使っている。疲労がどんどん溜まる。壁にへばりつくカエルみたいなものだ。しかし残念ながら、人間はカエルのように斜面に吸いつくことはできない。

心の中では、

（早くしてくれぇ！　ヤバい、かなり限界にきてるんや）

と叫びまくっていたが、もちろん口には出さなかった。それを言うことによって宮西君を焦らせてしまい、彼にもなにかあったらそれこそ本末転倒だ。耐えるしかなかった。

そして容赦のない風。じっとしているだけに寒くなってきた。ビュー、ビューという唸り声を聞きながら時折下を見る。どこまでも真っ暗だ。あそこには行きたくない……。

待つこと何分くらい経っただろうか。ようやく宮西君がアイゼンの装着を終え、ザッザッザッと小気味よい音を立てて近づいてきた。

「宮西、アイゼンやったら大丈夫か」

「ええ。まったく問題ないですね」

やはりアイゼンを付けておけばよかったのか。でも、いまはそんなことを言っている場合ではない。

「下に回り込んで。そう、そこでしっかり足場を確保して、もし俺が滑ってもうたら受け止めてくれ」

「分かりました！」

「どうや、アイゼンしっかり効いてるか」

「はい。大丈夫です」

よし、これで最悪滑っても大丈夫やとばかりに、ザックから自分のアイゼンを取り出した。アイゼンを手にするための動きはどうしても少々強引になるため、宮西君が下に着くまでは万一を想定して控えていたのだ。なんとか滑らずにアイゼンは取り出せたものの、いまの体勢のままでは足にカチッとはめるのは難しいかもしれない。

(うーん……やっぱ、ちと厳しいか)

「宮西、ちょっとアイゼンを押さえててくれ」

彼に手伝ってもらい、うまくはまった。ようやく生きた心地がした。すかさずザッザッザッと歩く。アイゼンを履いたらなんの問題もない。さっきまでのカエル状態が嘘のように歩けた。


これがもし単独行だったら、と思うとゾッとした。

午前3時30分から4時の30分間、標高2200~2300メートルの斜面にへばりついたまま、上にも下にも、右にも左にも一歩も動けず氷の壁にへばりついていた。季節は1月。夜明けがくるのは1時間30分も先だ。寒さに耐えかねてうかつに動いたら滑落していただろう。といって暖かくなるまであの体勢をキープできるかといったら、それもおそらく無理だ。やはり力尽きて滑落……。仮に滑落したとしても即死ではなかっただろう。しかし五体満足ではいられまい。そうなると次に襲ってくるのは、零下20度の気温だ。その場で動けずじっとしていたら、いずれにしろ凍死していただろう。

反省を込めていろいろと考えた。なぜこうなったのか。

いちばんの誤算はやはりピッケルが刺さらなかったことだ。通常この時期なら存在しているはずの雪がなかったことで、アイゼン装着のタイミングが難しかったのも一因だ。

まだ暗く視界の悪い真夜中に、二合八勺(2000メートル)からスタートしたことも原因のひとつだろう。いままでどおり大石茶屋のある1400メートル付近からスタートしていれば、傾斜も増して危険となってきたあたりでは、もう夜が明けていたはずだ。よって視界は良好、3メートル先で氷化している地点は目視できていたにちがいない。視界の悪さを考慮して、いつもより20分ほどスタートを遅らせてはいたが、それでは不十分だったようだ。
もっと標高の高いところでの滑落、あるいは下山中での滑落は常に意識していたが、まさかこんな形での危険が襲ってくるとは考えもしなかった。
なにかが起こるときというのは、いくつかのことが微妙に重なり合って起こるのだと改めて思い知らされた。
1255　今日は晴れた良い日だ。。。
1314　山を始めて死を意識するようになると、いろんなことに感謝できるようになる。ただそんなこともせんとおまえは感謝もできんのか！　というツッコミはあるが（笑）
1316　下界にいてももっと謙虚に。。。まだまだ修行の身である

1月10日
早朝目覚めると、疲労からくる腰痛もあって昨日そのままにしておいた山道具の掃除、洗濯に取りかかる。祝日（成人の日）ということもあり、あとはひさしぶりに家でゆっくりと過ごした。

身体にはまだ冬富士の余韻が残っている……。気がつけば夕方になっていた。

1730　ボクシングは麻薬である
1734　引退したはずの選手があの光り輝くリングが忘れられずまた戻ってきてしまう
1735　非日常感
1748　冬富士もまたそれに似ている。登った後は、しばらくはもういいやと思っているのに、日が経つにつれてまたあの厳しく、激しく、堅く、白く、寒く、そして大きい。。。あの世界がじわりじわりと恋しくなってくる
1750　こうなったら麻薬だ。白い魔境「冬富士」にとりつかれる人は少なくない
1751　どうやら俺もそのひとりになってしまったようだ

厳冬期の富士に挑む　二

2月22日
1122　出発。日差しは完全に春やな。厳冬期は終わった。３０００メートルオーバーのみやな
1127　里がこう暖かいと山に入るまで気合いが入らんのよな。気持がゆるーくなってまうという

か。しかし山はじゅうぶん冬やという。そのギャップ。そこがこれから残雪期にかけてのヤなところ

1135 俺はやっぱ厳冬期のピリッとした空気が好きや。たとえ晴れてても空気がピリリとしてるあれや、あれ

1147 雪は残雪期のほうが多い。天気も安定しない。やから山によっては残雪期のほうが困難な場合もある。加えて残雪期は雪崩に注意しないといけない。そんな残雪期が俺は好きではない

1157 春と冬の狭間。。。まっ、なんだかんだいって、夏が一番好きやけどね。山から下りてきて浴びる川の水なんてもう最高やで

1218 池尻大橋なう。高速バスにて御殿場へと向かう。富士山へは最近この行き方が多い

1258 おっ、富士山が見えてきた。真っ白。春特有の湿気を含んだ空気のせいか、霞んで見える

1328 富士山は遠くから見てるほうが恐ろしい。圧倒されてしまう。白い滑り台

1330 登る前はいつも思う。あんな上に立てるのかと

畏怖。それが信仰へと繋がる。信仰へと変わっていく。

明日に備えて早く寝たいのだが、気分が高揚しているせいか寝つきが悪い。山に来ると大概そうな

のだが、冬山では寒さのあまり、とくにそれが顕著となる。とはいえ寒さは前回の1月に比べれば格段にましだ。

しかし、また別の気がかりな点にぶつかった。御殿場駅前にある駐在所に登山届を出しにいった際、ちょうどその場に居合わせた富士山山岳救助隊の人から次のような忠告を受けた。

「昨日までこのあたりは結構雪が降ってたんですよ。富士山にもかなりの新雪が付いていると思われます。まだそんなに時間も経っていないですから定着はしてないと思うので、雪崩には充分気をつけてください。とくに頂上直下の傾斜が増してきたあたり、あのへんが危ないですね。あそこはよく雪崩れてますから。長田尾根を上がれば、雪崩は避けられますけど、そっちはそっちでまた氷の付いた岩稜帯ですから、それはそれで危ないですしね。まあとにかく気をつけて。無理しないでください」

雪崩と氷か。毎回なんだかんだで緊張する。

そんなことを考えていたらよけいに寝つけなくなった。

まあでも、眠れんでも行く。そこはもう慣れた。慣れたというか、そういうもんやと思って行く。それを言い訳にはせん。行くか行かんか、それだけ。

よいこともある。

午後10時過ぎ現在、風はそんなに吹いていない。寝る前に、最後にもう一度おしっこをしておこうとテントから外に出た。

「うわぁ……」

頭上には満天の星。何度見てもきれいなものだ（この星空はいつか子どもたちにも見せたい）。そして後ろを振り返れば、月明かりに照らされ白く浮かぶ富士山。頂上まではっきりと見てとれる。

「大丈夫や、明日は絶対に晴れる」

ただし明日にかぎっては、天気がよすぎて気温が上昇し、雪崩を誘発されても困るけどな。

2月23日

0202　起床…って、あんま寝てないけどw　まっ、一応ね。おはようございます

0203　睡眠時間、2時間か

0310　風はない。コノハナサクヤヒメ様に会いにいこう

0332　出発！

1829　富士山に登頂し無事下山しました。東京に帰れるw　今日が一番疲れた

想像していたほどには雪はなかったから雪崩れる心配はないと判断して、長田尾根を上がらずに、夏道から登った。2月の富士山は上部全部がアイゼンも容易に刺さらないカチカチの蒼氷になると聞いていたが、今回はそれほどでもなかった。もちろん、ところどころは硬い氷で覆われていたので気

は抜けなかったが。

山はやはり来てみないと分からない。それが魅力であり怖さでもある。ときに我々が予測する範疇にない。山はどこまでも大きい。

この日もやっぱり（晴れた冬富士特有の）青空が広がっていた。濃い色の。頂上から下山しはじめ、最後にもう一度山頂を見ておこうと振り返ったとき、一筋の雲を発見した。

龍神さま――。

下山中、その雲が消えたかと思うと、また別の筋雲が現れた。そして、また別の筋雲が……。それは登山が終わるまでやむことはなかった。

見上げれば常に龍神さまがいた。見守ってくれていた。

2月24日

1244　山道具の後片付けは意外と大変。でもとっても重要。ときには命に関わる

1512　昨日の富士山、条件は良かった。晴れてたし午前中は風もなかった。心配してた雪崩も問題なかったし。午後になると、冬の富士山特有の吹き下ろしの風が出てきたけど

1519　しかし昨日もまた標高３５００メートルを越えてから、がくっと落ちた

1522　３５００メートルを越えてからが俺の課題だ。果たしてそれ以上の高所で動けるのか

1528　途中おう吐して体調が芳しくなかった相棒と、睡眠2時間のみだった俺らふたりは、あまりの疲労のせいか、2月の富士山頂上にて昼寝をするという暴挙に出てしまった。零下での昼寝……あり得へん！

2245　昨日の富士山、上空を捜索のヘリが飛んでいた。恐らく先月遭難した高校生の捜索だろう

2249　冬の富士山は危険だ。改めて無事下山できたこと、木花咲耶姫様、龍神様、不動明王様、神変大菩薩様に感謝

2月27日

1454　今知ったんやけど、2月23日は富士山の日やったらしい。2月23日ってこのあいだ俺が登った日やんけ！　まったく知らなんだ。狙ってた訳やないだけに嬉しい。やはり富士山と何か縁があるようだ

俺が富士山に登る理由《ワケ》

我が人生訓は「人事を尽くして天命を待つ」。

人として、自分のできうる最大限のことをしたらあとは天に任せる。冬の富士山はまさにこれだ。

いろいろなことを想定して準備をし、努力して臨んだとしても、天候が崩れ、風が吹いたらおしまい。「登れやんときは登れやん」のだ。だからといってへこむこともなければ後悔することもない。最後は天の意思。驕《おご》ってはならない。そう思う。

だからといって何もしなくていいのか。すべては天まかせ、運まかせで。そうじゃない。むしろだからこそ、やれることは一所懸命やっておく。物事が少しでもよい方向にいくように。それでもあかんときはあかん。過去や結果にとらわれてはいけない。それを踏まえて次へ——どこまでいってもその繰り返しだ。いい意味での諦観というやつ。

どれだけ努力しても叶わない夢はある。人生は平等ではないし、人の能力は同じではない。では努力することには意味がないのだろうか。

なにかをめざして進んだ。結果は当初思い描いていたものではなかったかもしれない。でも動いたから得たものもある。未来が少し変わったかもしれない。

こういうことだ。受験に失敗した。でも勉強したぶん知識が増えたではないか。試合に向けて猛練習した。結果は負け。しかし猛練習したぶん確実にその前よりは強くなっている。

一歩一歩は小さくても、その歩みを止めさえしなければ、山の頂には立てる。たとえ人より時間がかかったとしても。山って、そういうものなんだろうと思う。

日本でいちばん高い山、富士山はそれを教えてくれる。

エピローグ　終わらない山

最後の生みの苦しみを味わいながらこの原稿を書いている。浅草のホテルに缶詰になって。

数日前、あまり籠もりすぎも身体によくないやろと、夜になって走りに出た。国際通り沿いにあるホテルから隅田川にいったん出て、そこから川沿いに上流へと走り、常磐線の鉄道橋で折り返す。走り終え、クールダウンを兼ねて隅田公園を歩いていると、なんだか場違いな光景に出くわした。

50代ぐらいの女性だろうか。いかにもチャキチャキの江戸っ子といった感じの人が闇夜に向かって手を合わせている。

(神社仏閣があるわけでもないこんなところで、いったい何やろ)

目線をその方向に移すと、そこにはドーンと大きく迫った東京スカイツリーと真ん丸い大きな月が浮かんでいた。

15日、その日は満月だった。

最初はあまりに見事に浮かび上がっているスカイツリーに手を合わせているのかと思ったが、いやいや満月にやな、と思い直す。しかし俺にしてみればスカイツリーでも満月でも、正直どっちでもよかった。東京のど真ん中、浅草で何かに手を合わせて頭を垂れる……そこには感謝の念なり、祈りなり、何かしらそういった想いが込められているはずだ。そんな感性を持った人に出会えたことが嬉しかった。なんか得した気分だった。粋、そういう言葉が浮かんだ。そして思った、これが日本人だと。

その昔、この国には八百万《やおよろず》の神々がいたという。日本が神国といわれる由縁だ。後に仏教が入ってきて神仏習合（混淆）という日本独自の考えが生まれ、修験道が興《おこ》ったが、なんのことはない、それ以前からこの国には多くの神々がいたのだ。

どこに？　木に、岩に、滝に、川に、そしてそれらを包括する山々に。

なぜ日本にはそんなにたくさんの神々がいたのだろうか。

国土が南北に細長く、周りをすべて海に囲まれている島国という特殊な環境のため、亜寒帯から熱帯までの幅広い気候区分を持ち、また北極や南極のような高緯度でもなく、まして赤道直下というわけでもない、概ね北緯25度から45度の中緯度に位置する我が国は、四季がはっきりと存在する稀有な風土を有している。それら四季の微細な変化によって、この国には多彩な生物と自然が育まれることになった。それは奇跡的ですらある。そんな環境下にあっては、万物には神が宿るとする自然崇拝的な考えが生じるのも無理はない。自然にそう思える。

一方で、島国という厳しい環境から、古来より地震、台風、津波、噴火、洪水と、天災の多い風土でもあった。

命を育み、繋ぐ創造力と、一瞬にしてすべてを持っていってしまう破壊力。ふたつの相反する圧倒的なまでの力を有する自然。それはまさに人智を超えた大いなるもの、神として人々の目に映ったはずだ。

アメリカでアムトラックの長距離列車に乗り、ニューオーリンズからカリフォルニアに向かってテキサスを横断したときのことを思い出す。窓の外には、砂漠化した不毛な大地が途切れることなく広がっていた。延々同じ景色が続く。それはそれで果てしなく雄大なのだが、正直飽きてくる。いったん自分の席に戻り、本を読んだり昼寝などをして時間を潰した。その後、総ガラス張りになっている展望車の2階席に戻ってみるとびっくりだ。極端な話、6時間前と景色がなんら変わっていない。なんだろう……このような地では、あまりにも世界が漠としすぎていて、思想とか文学とかそういったものが生まれてきそうな気がしない。

翻《ひるがえ》って日本で列車に乗って旅してみれば、窓から見える景色は街の喧騒から始まって、その賑わいが終わったかと思うと山が見え、川が流れ、田んぼが広がり、かと思えば海に出くわし、また街に出る。そんなふうにころころと目まぐるしく移り変わっていく。

大雑把ではなく、ある種箱庭のようにミニマムで儚《はかな》くて繊細。それはまた日本人の気質、美意識にも通じる部分だ。それが神国「日本」の、そして山の美しさだと俺は思う。

その多様性は、日本人の宗教観にも深く影響を及ぼしている。

砂漠しかない地ではそんなに多くの神々は存在し得なかった。そうした地での宗教が、白か黒か、是か非かの一神教になるのも理解できる。

しかし多種多様な生命と自然に満ちた我が国はちがう。大昔には八百万の神々がいた。いまでは神さまも仏さまもいる。大晦日は寺で除夜の鐘の音を聞き、新年が明けると神社に詣でるという、ある種節操のない宗教感覚。しかしよくいえば、さまざまな変化を受け入れる、懐の深い寛容さに満ちた国民性ともいえる。忍耐強さともいえようか。日本人と日本の風土に組み込まれたDNAなのかもしれない。

そんなこの国で大地震が起きた。2011年3月11日14時46分、そのとき俺は池袋サンシャインシティの5階にいた。

プロローグにも書いたが、池袋にあるトライフォース柔術アカデミーで月・水・金の10時30分から始まる朝のクラスを主戦場にしているため、金曜日のこの日は池袋に来ていた。

いつものように練習を終え、仲間らと昼飯を食い、その後ひとりサンシャインシティへと向かった。パスポートを更新するためだ。5階の申請所で手続きを終え、待合のベンチに座って、お役ご免となったパスポートのページを繰りながら過去10年間に行った先々のことを振り返っていた。このパスポートに記録された10年が、俺の30代の10年間とほぼ重なっているため、より感慨深かった。結婚し、子どもが生まれ、家族ができ、仕事も軌道に乗り出してと、ほんとにこの10年はあっという間に過ぎていった。人生でいちばん忙しくて楽しかった日々。

見返した訪問先は多岐にわたっていたが、そのほとんどがブラジルに入る前にトランジットで立ち寄ったアメリカとブラジルの入国許可を示すスタンプで埋められていた。もっとも熱くておもろかった日々……。

さて、次の10年はどんな日々が待っているのだろうか。そんなことを思いながら、ふとケータイでツイッターの画面を見た。

《揺れた》と誰かのツイート。

（んっ？　……揺れたって何が）

と思った1〜2秒後、ぐらぐらっと揺れた。いや動いた。

「なんやこれ！　でかい‼」

思わず立ち上がってしまった。といって何をするわけでもなくただ立ち尽くすだけ。しばらくは、そのうち収まるやろと多少高を括《くく》っていた。だが、いっこうに収まる気配がない。それどころか、しだいに照明や周りの設備などが、ガガガガガッ！　と大きな音を立てて揺れだした。

（これはヤバい‼）

止むどころかどんどん大きくなってきている。申請所の部屋はかなり広く、そのときは20〜30人ほどがいたと思うが、誰からともなくテーブルの下へと身を隠しはじめた。ただ、そのスペースにもかぎりがあったので俺は周りに注意しながら立っていた。反省すべきは小さい子どもを連れたお母さんをテーブルの下に速やかに誘導できなかったことだ。その役は、近くにいたおばさんがやってくれた。ああいうときにすっと動けないと、まだまだ俺は行者として甘い。

なかなか止まない地震にみんなが不安を感じはじめているのが雰囲気から分かる。もちろんそれは俺も同じだ。一瞬、（……終わりかな）という思いが胸をよぎった。揺れの大きさもたしかにすごかったが、いちばん恐ろしかったのは、その時間の長さだ。あんなに長い地震は経験したことがない。間違いなく1分以上は揺れていた。

言葉では到底表現しきれない時間がようやく過ぎ去り、みんながテーブルの下から出てきて、「怖かったね」「すごかったね」と囁《ささや》き合っている。同じ思いを共有したいというその気持ちはよく分かる。ある妊婦さんは揺れが収まった後、安心したのか泣き出してしまった。そりゃそうだろう、自分ひとりの命やないんやから不安で不安でしょうがなかったにちがいない。

ふたたびケータイでツイッターのタイムラインに目をやると、《震源地宮城沖》の文字。「震源地は宮城！」とひと言大きな声で言うと、俺はその部屋を飛び出した。脱兎のごとく階段を駆け下りる。エレベーターは動いていたが信用できない。

（早く帰らなければ……）

池袋の街は都会の難民で溢れかえっていた。電車が止まってしまったため、車での移動を求める大勢の人でバスとタクシーの乗り場は長蛇の列。仮に乗れたとしても、道路はひどく渋滞していてどの車もほとんど動いていない。（歩くか）そのほうが早そうだ。ごった返す池袋駅前を早々に後にして、東へと向かって歩き出した。とにかく早く帰らなければ。なんとなくこのまま終わるような気がしなかった。根拠はない、ただ漠然とした不安と焦燥感が俺の心を占めていた。

小学3年生の娘は学校に、1歳の息子は保育園にいるはずだ。こんな日にかぎって嫁は千葉まで行っていた。家族がばらばらだった。とにかく娘と息子のことが心配だった。歩きながら電話をかけ、メールを送ろうとしたが、その頃にはもうケータイは繋がらなくなっていた。連絡がつかないことが余計に不安を募らせた。

池袋から葛飾にある自宅まで、歩いたことはないが、なんとなく道は分かっている。とりあえず山手線沿いを外回りに歩く。池袋から大塚、巣鴨、駒込、田端……。リュックサックの紐《ひも》が肩に食い込んできた。普段から道衣などの荷物とは別に、リュックに5キログラムのプレートを2枚、合計10キログラムの重りを入れて背負っている。トレーニングのためだ。しかしこの日にかぎってはそれが裏目に出る。登山用のリュックじゃないので紐が細く、長時間背負うのには向いていない。肩が痛い。しかし歩みを止めずに歩く。一度だけ喉の渇きと空腹を満たすために立ち寄ったコンビニを除いては、ひたすら脇目もふらずに自宅をめざして歩いた。

とにかくあの日は東京中みんなが歩いていた。さながら民族大移動。誰もが誰かのことを想って、少しでも早く家路へと。

荒川を渡って、ようやく我が町に帰ってきたという気がした。その頃にはなんとか嫁とも連絡が取れて、娘と息子の無事は一応確認できた。娘は児童館に、息子は保育園にいるとのこと。歩きはじめて約4時間。午後7時ちょっと前にようやく児童館に着いた。娘の他にはふたりしか児童は残っていない。彼女は意外と落ち着いていた。大丈夫だ。一度荷物を自宅に置きに帰って、今度は娘とふたりで息子を保育園まで迎えにいく。保育園は親の帰りを待つ子どもたちでまだいっぱいだった。保育士さんたちも大変だ。頭が下がる。それぞれ自分の家族があるだろうに。

(なんで今日はパパが?)

といったふうにキョトンとした、若干頼りなげで、でもほっとしたような息子の微妙な表情が忘れられない。

自宅近くの蕎麦屋で子どもふたりと夕食。その最中、嫁から連絡が入り、ようやく蕎麦屋にて家族全員が合流。午後8時くらいのことだった。

家に帰ってテレビをつけ、ただただ茫然とした……。海から押し寄せるその巨大なうごめくものは、我々人間が何年、何十年とかけて築いてきたものを一瞬にして破壊し、飲み込んでいった。まるでその営み、おこない、いや存在すら否定するかのように。人の力など到底及ばない、人智を超えたものの成せる所業だった。畏れ。まさかそんな感覚を山でもない日常において、こんなリアルに実感する日が来るなんて。

しかしこれで終わりではなかった。その後さらに予想もしないことが我々を襲う。東京電力福島第一原子力発電所の事故による放射能汚染という、絶対にあってはならない未曽有の事態。明らかに我々日本人はちがうステージに入ろうとしていた。そんなことは、これっぽっちも望んでいなかったのだが。

東北ほど甚大な被害ではなかったにせよ、東京もまた被災地だと俺は思っている。4月いっぱいは余震に怯え、ようやくゴールデンウィーク頃、それが落ち着いてきたかと思えば、今度は俺が住む葛飾あたりは、福島県いわき市あたりと同程度の、意外に放射線量の高いホットスポットだということが判明した。小さい子どもを持つ親の身としては、気が休まることはない。加えて連日テレビからは東北の惨状が伝えられる。

時折、いろんな人から同じことを訊かれた。

「東北に写真を撮りにいかないのですか」

それに関する俺の考えは明確だった。

1995年1月17日未明に関西地方を襲った阪神淡路大震災。あのときはすぐに神戸へ飛んだ。地震後6～7日目のことだったと思う。写真を始めて間もなかった当時の俺は、テレビの映像を通してではなく、自分の目で見て確認したくてしょうがなかった。

いまだ神戸までの列車は復旧しておらず、東京からバスで神戸の街に入った。戦争を知らない世代の俺がはじめて見た惨禍がそこには広がっていた。いま思えばあのときが、人の力の及ばないもの―畏れ―そういった感覚をおぼえた最初だったのかもしれない。

「ええ写真いっぱい撮るぞ!」と勇んで東京を出てきたけれど、いざ神戸の街に立ってみると、まったく撮れなかった。建物は撮れても人が撮れない。テレビで神戸の街の惨状を見て、あまり深く考えず、とにかく見たい、撮りたいと飛び出してはきたものの、単なる野次馬でしかない俺には、撮る資格もなければ、また覚悟もなかった。

ここで何枚かシャッターを切ることになんの意味があるのか。それをどうするのか。発表するのか。ただ作品として撮るのか。なんのために。そんなことを考えだしたら撮れなくなってしまった。

一方そんな俺をよそに、この惨状を前にバシャバシャとシャッターを切っている者たちがいた。よくそんなに撮れるなと注意深く観察してみると、腕に新聞社の腕章を付けている。そうか、なるほどな。

いろんなことを感じながら神戸の街を彷徨《さまよ》い、自分の中である結論に至った。ここで写真を撮れる者はふたつの人種しかいない。報道カメラマンと被災者。良いも悪いも仕事として撮る者と、この地で暮らし実際に震災にあった者、この2種類の人間だ。もしくは、それ相当の想いを持ってこの震災を撮りきる、見届けると覚悟してこの地に来た者のみ。

そのどれにも当てはまらない俺の出る幕はなかった。帰りのバスに間に合わず、神戸の街で野宿した。野宿する気などなかったから、それに備えて準備をしてきたわけでもない。人の営みが消えた、火の気のまるでない、ゴーストタウンと化した1月末の深夜の街は、それはもう寒くて寒くて凍え死ぬかと思った。苦い思い出だ。

しかし、その後の俺の写真に対する取り組み方に少なからず影響を与えた、意義のある道程だったと今では思っている。

それを経験していたから、自分の立ち位置がはっきりしないまま東北にとりあえず写真を撮りにいくという考えは微塵もなかった。まして1995年当時とちがって、いまや誰もがケータイで写真も動画も撮れる時代だ。そこには、あの頃以上に撮る意義、撮影者の視点が求められて然るべきだろう。そうでなければ、わざわざ東京から撮りにいく意味はない。

それよりもむしろ今回は自分が住む街、この東京で、東日本大震災に向き合いたかった。なにを感じ、どう思うのか。俺にできることはなにか、と自問しているあいだ、まったく原稿を書けない日々が続いた。

事実、この本は3・11以前の世界について書いているため、あの日を経験してしまった俺には、その前のことを書くのが困難になってしまった。そして今回ほど〝自分は何者か？〟と考えたことはない。

そんなとき、八海山山伏の月岡さんと遠藤さんから言われたことを思い出した。

俺は護摩《ごま》を焚き、印を結んで真言を唱え、病気を治したり、災いを祓《はら》ったりできるわけではない。そんな力もない。そういう意味では俺の修行は誰かのためになっているわけではない。だからこの本を書くにあたって、（俺の修行ってなんなんやろ）と、改めて考えないこともなかった。

2月におこなわれた寒行の際、そんな想いを月岡さんと遠藤さんにぶつけてみたところ、ふたりは静かに語り出した。

「あんたはもう持ってるよ。あんたには写真があるじゃないか。いまも本を書いてるんだろ？　それで人に感動なり何かを伝えられる。素晴らしいことじゃないか。間違いなく、あんたの写真を見て、本を読んで、救われる人もいるんだよ。いままでも、そしてこれからも」

頭にガツンと響いた。たしかにそうかもしれない……。20代前半の軽い引きこもりのような状態だった当時の俺を癒してくれたもの、それは紛れもなく本だった。決して生きていくのに必要とされるものではなくて、本だった。人間はときに食べ物や衣服ではなく、一冊の本によって救われることもある、そのことを思い出した。

俺は登山家でもなければプロ格闘家でもない。まして僧でもなければ神職でもない。ではなんだ？　写真家だ。写真と文字であらわす表現者だ。そして日本人である（そう、いまほど自分が日本人であることを意識したことはかつてなかった）。自分に与えられたこと、目の前のことを粛々とやる。現在の俺にとって、それはこの本を完成させることであり、今後も写真を撮りつづけることだ——それが俺の使命だと信じて。

言葉には魂が宿るとされる。そして写真には人智を超えた何かが写るときがある。またある種、念力のようなものが必要なときもある。イメージをつかみ取る力、引き寄せる力と言ってもいい。そのうえで最後に何かが降りてくるのがいい。

街を撮るとする。ファインダーを覗く。なかなかに良い。シャッターを押す。まさにその瞬間、四角く切り取ったフレームの外から車が飛び込んできた。カシャッ。シャッターが下りる。結果予期してなかった写真となる。車が写り込むことは想定外だったからだ。しかし写真は悪くない、いや、むしろ車が入っていたほうがいい。

俺は写真においてはこういった偶然性をアリとしている。すべてをコントロールしようとするとロクなことはない。第一そんなものはつまらない。俺の感覚はどこまでいっても「人事を尽くして天命を待つ」だ。写真においてもそれは変わらない。

かつて山伏《やまぶし》の世界には芸能があったという。そういった意味では、俺の仕事も大きな意味ではその範疇に入るのかもしれない。ある種、第六感的な部分、直観力ともいうべきものが必要なのだ。

自分の身体を使って感じたこと、その場に行って撮ること。俺にとって表現とは、身体感覚をともなったものだ。それは自らの身体でもって体験し、それによって精神を高めていくという修験道《しゅげんどう》本来のあり方、「実修実験」に通じるものである。俺が修験道に惹《ひ》かれた理由もそこにある。

たまに聞かれることがある。

「修行して変わったことはありますか」

ほとんどない。3年かそこら修行したからといって、急に人格が変わって聖人君子になれるわけもなければ、まして霊能者のような力を持てるようになるわけもない。そんな簡単に変わるようなら、それこそ嘘だ。

でも、ちっちゃなことなら三つほどある。

ひとつめ、挨拶をよりきちんとするようになった。

「おはようございます」

「いってきます」

「いってらっしゃい」

「こんにちは」

「ただいま」

「おかえりなさい」

「こんばんは」

「いただきます」

「ごちそうさまでした」

「おやすみなさい」と。

15歳のとき入門したボクシングジムで最初に教わったことは挨拶だった。挨拶。短いけれども、そこには感謝の念や相手に対する興味や関心、思いやりの心など、いろんなものが詰まっている魔法の言葉だ。そういえば、おかげでご飯も残さなくなった。

ふたつめ、掃除をなるべくやろうと思うようになった。「また今度」はなし、気づいたときにすぐやる。といっても、とても毎日はできないから、あくまで可能な範囲で、だ。かつてブラジルで、ある格闘家の家に居候させてもらっていたとき、

「タカシは絶対に日本人じゃない。日本人はもっとキレイで几帳面なはずだ。タカシはブラジル人よりひどい」

と匙《さじ》を投げられ、寝起きしていた一角を「鳥の巣だ」とまで言われていた俺にしてみれば、これは大きな変化である。

寺での修行というと朝早く起きて、床を何度も雑巾がけするといった掃除のイメージがあると思うが、それは実に大切なことで、多くの示唆を含んでいる。ひとつのことに集中し、淡々と同じことをおこなうというのは心が落ち着くし、意外に考え事ができたりする。普段の生活において、食器を洗ったりするとき、そのような心境になったことはないだろうか。それは普段使っているものへの愛着や感謝の念を生み、物を大切にする姿勢へと繋がっていく。恥ずかしながら、不惑の歳になってようやく掃除の意味と大切さを知るとは、随分とかかったもんや。

また、家には人間だけでなく神さまも住んでいて、汚くしていると神さまが寄り付かなくなり、あるいは運とともに去ってしまい、結果その家は没落する——座敷童子に代表されるそうした民俗信仰的な教えも、いまの俺には腑に落ちる。2010年に「トイレの神様」という曲がヒットした。トイレには神様がいる。だから毎日きちんと掃除するんやでと、おばあちゃんに言われていたというあの歌の世界観は、おそらく昔の日本にはどこにでもあった先人たちの知恵であり教えだろう。

三つめ、神棚というか仏壇というか、それらしきものを作った。ごくちっちゃいものだけれど、仏さまとお札、そして、いただいた龍神さまの像が写っている写真、おかんとお義母さんの写真などを祀ってある。修験道の神髄、神仏混淆の祭壇だ。それに向かって毎日お祈りをあげている。実際は祈りというほど堅苦しいものじゃなく、挨拶したり、ちょっとしたことをお願いしたりと、ただ話しかけている程度のことだ。

修行して変わったのはそのくらいのことにすぎない。何かが見えるようになったわけでもなく、手かざしで治療ができるようになったわけでもない。当たり前だ。第一そんなことを求めてやっているわけでもない。

奇しくも東日本大震災の直後、「ポポポポーン」とテレビから頻繁に流れてきたCMは、挨拶を促すものだった。また放射能汚染に関しては、まめな掃除や洗濯が放射線量を減らすことも立証されている。いくら原発反対と声高に叫んで活動しても、家が汚けりゃ意味がない。まずは身の回りのことからだ。

元禄16年（1703年）に関東を襲った元禄大地震、宝永4年（1707年）に紀伊半島沖で発生した宝永大地震、そしてその49日後に起こった富士山の大噴火と大難が続いた時代に、江戸の街で広く受け入れられたという食行《じきぎょう》身禄《みろく》による教えが、教養というよりむしろ道徳に近かったというのも分かる気がする。まずは自分の足元から。それがひいては未来なり、社会へと繋がっていく。それは当時と同じように、東日本大震災を経験した我々に通じる話だと思う。
当たり前のことを当たり前にする大切さ。じつはこれがいちばん難しいのかもしれない。

おかんは完全に目が見えなくなるまで、毎日鳴滝不動に行き、祈りつづけた。その祈りは自分の目のことやったかもしれないし、家族の健康を願ってのことやったかもしれない。もしくはもっと別のなにか……それは今となっては分からない。

おそらくおかんは修験道のことも、役行者《えんのぎょうじゃ》のことも知らなかっただろう。当然鳴滝不動が役行者によって開かれた由緒ある行場であることも知らなかったはずだ。おかんにしてみれば運動を兼ねての散歩の途中、「一応お参りしとくか」といった程度のことやったのかもしれない。それがいつしかおかんの中で欠かすことのできない行為へと変わっていった。本来信仰とはそういうものなのかもしれない。なにかあったときだけ、特別な日だけお参りするというのではなく、もっと普遍的に日常の中に存在するもの——。

生まれ育ったところがたまたま山近くで行場があるところだったから、ということではない。いま自分が住んでいるところの周囲にちょっと目を向けてみるといい。あるいは幼少を過ごした懐かしい場所を思い出してほしい。きっとお寺なり神社なりといったものが、何かしらあったはずだ。境内に参道、そしてその周りには、この国そのものとでもいうべき豊かな自然が広がっていたはず。それがこの国の風土であり、日本人と自然、神仏との距離なのだと思う。

「それにしても大きいなあ」

眼下には広大な湖が横たわっている。寄り添うようにして、その手前には豊かな水田が広がる。ようく見ると他にも水の溜まった場所が見える。池や沼だろう。またそれらを繋ぐようにして小さな川も流れている。

ここは水の国だ。実際に来てみるまでは思いもよらなかった。盆地特有の山国の景色を勝手に思い描いていた。

遮るものはない。視界は大きく開けている。少し霞んでいるが遠くまで見渡せる。まずは思いっきり空気を吸った。風が流れている。気持ちいい。天気は快晴。

いま俺は磐梯山《ばんだいさん》の頂上にいる。会津富士とも呼ばれる、里からスッと屹立《きつりつ》した山。里の暮らしとともにある山だ。こういう山は、どこへ行っても必ずと言っていいほど信仰の対象になっている。磐梯山は修験の山としてはあまり聞かない。しかし、俺が立っているこの山頂には祠があり、〝磐梯明神〟とある。やっぱりだ。この山と、日本で4番目の大きさ（面積）を誇る猪苗代湖の恵みを存分に受けて、この地方は潤ってきたのだろうから、信仰が芽生えないわけがないと納得した。

今日は2011年の6月19日。

東日本大震災が起こったとき、次に登る山は東北の山と決めていた。その後、福島第一原子力発電所による放射能汚染がなかなか収束せず、それどころか広がりつづける様相を見て、福島の山にしようと決めた。福島の山といえば磐梯山である。

「なんと豊かで、美しい」

山と水と田んぼ。ここから見える景色は、ある種この国の縮図のようだ。海から80キロメートル以上も離れたこのあたりは津波の被害もなく、放射線量もそんなに高くはない。周りの山々に守られたのだろう。

何百年、何十年間かに一度、大地震が起こる。それはしょうがない。46億年生きている惑星地球のスパンからしたら、ちょっと寝返りを打ったようなものかもしれない。いわば生理現象だ。

しかし原発事故はちがう。明らかに人災だ。

国土が失われる、その危機感。全国の山を歩いてその美しさを実感してきただけに、そのことにいちばん心が痛んだ。改めて思う。この国の風土、この奇跡的に美しい恵みに対して、いくら畏敬の念を抱いても充分過ぎることはない。それが人災によって失われるなどということは、絶対にあってはならないことだ。我々は他の生命と同じように生かされている。特別な存在やない。主客転倒してはならない。それを踏まえていれば、自ずと処し方は決まってくる。

それが、国土の実に7割以上までも山に覆われたこの地に生まれ、生きる者の務めだと俺は思う。この国のあり方を山が教えてくれている。

頂上直下の岩の上に立ち、水面に光を湛《たた》え、キラキラと輝く湖景を前にして、これ以上この美しい国土を穢《けが》してはならないと誓ったことを忘れない。その想いを胸に、生きてゆく。

万物に感謝し、山を畏怖し、己を見つめながら登る。

それが俺の山。終わることはない。

俺は、これからも山をはしる。

謝辞

本書を執筆するにあたっては、多くの方々からのお力を拝借した。

大峯奥駈修行への参加を許可していただき、「原稿チェックは要らん、好きなように書いてええよ」と言ってくれた東南院住職の五條良知さん。行中のみならず後日改めて話を聞かせてもらった八木康雄さん、市居清善さん、小崎信應さん、山根秀進さん。奥駈修行の行程を時系列で克明に記した手書きメモのコピーを見せくれた洲本尚輝さん。越後三山奥駈修行をはじめ寒行、火渡り大祭など、なにかとよくしてくれた先達の月岡永年さん、金内文男さん、遠藤岳道さん、そして八海山尊神社宮司の山田泰利さん。羅臼での滞在中ご自宅にまで泊まらせてもらい、言葉もないほど本当にいろいろお世話になったAさん。こうした方々の協力なくして、この本は完成しえなかった。

深く感謝いたします。本当にありがとうございました。

一冊の本を書くという行為には限りがない。ややもすると出口のない迷路に嵌り、なかなか抜け出せなくなってしまう。そんな中、定期的に俺の愚痴を聞き励ましてくれた亜紀書房の高尾さんと、15年来の友人で見事な装丁に仕上げてくれたデザイナーの落合慶紀にも、あらためてお礼を言いたい。ありがとう。

２０１１年11月８日、和歌山市内の病院で、親父が息を引きとった。もう長い間病を患っていたためある程度は覚悟していたが、急変だった。この本の出版を心待ちにしてくれていただけに、親父に見せられなかったのが少し心残りだ。結局おかんに続いておとんにも、感謝の念どころか、まともな言葉ひとつかけてあげられなかったような気がする。

本当に、死は突然訪れる。

おかん、おとん、ありがとう。

ようやく完成しました。

最後に、本書がひとりでも多くの方にとって、日本固有の宗教である修験道、山の教え、そして我々が暮らすこの国の風土――それらの素晴らしさをもう一度見つめ直すきっかけとなってくれたら、これほどうれしいことはない。

春の日差しが感じられるようになってきた２０１２年２月　東京にて

井賀 孝

17～19日　八海山（越後三山縦走）
22～23日　山上ヶ岳（戸閉め式）
30～　槍ヶ岳～奥穂高岳～前穂高岳縦走
10月
～3日　槍ヶ岳～奥穂高岳～前穂高岳縦走
10日　根来山
19日　八海山（屏風道）
11月
2日　妙義山（表）
4～7日　白山
14日　妙義山（裏）
16日　妙義山（表）
30日　羅臼岳
12月
2日　天狗岳
5日　余市岳
9～10日　富士山（御殿場口）
27日　三輪山

2011年（平成23年）
1月
7～8日　富士山（御殿場口）
2月
1～3日　八海山（寒行）
22～23日　富士山（御殿場口）
5月
5日　妙法ヶ岳
6月
18～19日　磐梯山
7月
9日　妙法ヶ岳
8月
2日　乾徳山
22日　御岳山～大岳山
24～　羽黒修験・秋の峰入り
9月
～1日　羽黒修験・秋の峰入り
16～18日　八海山（越後三山縦走）
10月
17～18日　笠ヶ岳
11月
2～3日　北岳
20日　蓼科山
12月
28日　龍門山
30日　龍門山
31日　大福山～岩神山

井賀 孝　Takashi Iga
1970年7月21日和歌山市生まれ。写真家。高校時代はアマチュア・ボクシングに没頭し、大学卒業後に独学で写真を始める。27歳のときニューヨークで出会ったブラジリアン柔術がきっかけで“闘って撮る”写真家の道を志向。その後、たび重ねてブラジルへ通うなかで多くの総合格闘家たちと交わり、『ブラジリアン バーリトゥード』（情報センター出版局）を上梓。
現在、各種メディアにて格闘家やスポーツ選手、アーティスト等の撮影をこなす傍ら、トライフォース柔術アカデミー池袋本部にて指導者として活躍中。

記録 2008 ～ 2011

2008 年（平成 20 年）
10 月
1 ～ 20 日　編笠岳～権現岳（八ヶ岳）
12 月
5 ～ 6 日　硫黄岳
11 日　両神山
16 日　武甲山
20 ～ 21 日　富士山（吉田口）

2009 年（平成 21 年）
1 月
16 ～ 17 日　北横岳
2 月
5 ～ 6 日　雲取山
9 ～ 10 日　赤岳
26 日　大山
3 月
4 ～ 5 日　赤岳
24 ～ 25 日　日光白根山
4 月
4 ～ 5 日　木曽駒ヶ岳
11 ～ 12 日　富士山（吉田口）
5 月
2 ～ 3 日　立山
13 日　男体山
15 日　陣馬山～高尾山
16 日　赤城山
19 日　秩父御岳山
23 ～ 24 日　天狗岳（八ヶ岳）
6 月
2 日　女峰山
13 日　戸隠山
16 ～ 17 日　鳳凰三山（地蔵岳、観音岳、薬師岳）
7 月
7 日　高尾山～陣馬山
8 ～ 9 日　富士山（富士宮口）
11 ～ 19 日　大峯奥駈修行
30 ～　劔岳（早月尾根）～立山
8 月
～ 1 日　劔岳（早月尾根）～立山
18 ～ 20 日　槍ヶ岳（表銀座縦走）
27 ～ 28 日　富士山（御殿場口）
9 月
5 日　富士山（吉田口）
12 ～ 13 日　甲斐駒ヶ岳（黒戸尾根）
18 ～ 20 日　八海山（越後三山縦走）
23 日　筑波山
26 日　富士山（須走口～御殿場口）
10 月
5 日　上州武尊山
11 月
3 日　男体山
15 日　両神山
12 月
17 日　金峰山

2010 年（平成 22 年）
1 月
11 日　陣馬山～高尾山
15 ～ 16 日　富士山（御殿場口）
31 日～　木曽御嶽山
2 月
～ 1 日　木曽御嶽山
13 ～ 14 日　硫黄～横岳～赤岳縦走
28 日～　富士山（御殿場口）
3 月
～ 1 日　富士山（御殿場口）
11 ～ 12 日　西穂高岳
13 ～ 14 日　石鎚山
4 月
17 日　塔ノ岳
24 日　日光白根山
5 月
2 日　高野山～泉南飯盛山～鳴滝山（葛城修験行場）
11 ～ 13 日　奥穂高岳～涸沢岳
20 ～ 21 日　谷川岳（西黒尾根）
31 日　富士山（富士宮口）
6 月
7 ～ 9 日　戸隠山～西岳縦走
12 日　那須岳
7 月
3 日　太郎山
8 ～ 9 日　庚申山～皇海山
17 ～ 25 日　大峯奥駈修行
8 月
7 日　恐山（大尽山）
8 日　岩木山
9 日　八甲田大岳
18 ～ 19 日　富士山（吉田口）
20 ～ 22 日　出羽三山（羽黒山、月山、湯殿山）
9 月
3 ～ 4 日　富士山（JR 御殿場駅より山頂）
11 ～ 12 日　甲斐駒ヶ岳（黒戸尾根）～鋸岳

参考文献

『はじめての修験道』田中利典・正木晃（春秋社）
『越後・佐渡の山岳修験―修験道歴史民族論集３』鈴木昭英（法蔵館）
『修験道の本―神と仏が融合する山界曼荼羅』（学習研究社）
『熊野、修験の道を往く―「大峯奥駈」完全踏破』藤田庄一（淡交社）
『アイヌの歴史―海と宝のノマド』瀬川拓郎（講談社選書メチエ）
『富士山コスモロジー』藤原成一（青弓社）

山をはしる
１２００日間山伏の旅
二〇一二年四月一一日　第一版第一刷　発行
著　者　井賀　孝
発行所　株式会社亜紀書房
〒１０１-００５１　東京都千代田区神田神保町一-三二
電話　０３（５２８０）０２６１
http://www.akishobo.com
印刷所　株式会社トライ
http://www.try-sky.com
地　図　平凡社地図出版

ISBN978-4-7505-1202-0